French AS

# élan 1

Danièle Bourdais
Marian Jones
Gill Maynard
Caroline Terrée

## OXFORD
### UNIVERSITY PRESS

*Welcome to Élan!*

*The following symbols will help you to get the most out of this book:*

**◉** listen to the cassette with this activity

**S◉** this recording is also on the *Elan en solo* cassette

**👥** work with a partner

**👥** work in a group

**📖** use a dictionary for this activity

**Grammaire** an explanation and practice of an important aspect of French grammar

**⇨ooo** refer to this page in the grammar section at the back of the book

**⇨Wooo** there are additional grammar practice activities on this page in the *Elan Grammar Workbook*

**En plus** additional activities, often on Copymaster, to extend what you have learned

**Expressions-clés** useful expressions

**Compétences** practical ideas to help you learn more effectively

**Phonétique** pronunciation practice

*We hope you enjoy learning with Élan.*

*Bonne chance!*

# Table des matières

# Avant-première

By the end of this unit you will be able to:

- Describe the area you live in
- Convey detailed information about a French-speaking region
- Speak about yourself in some detail
- Understand some key events in French history
- Write an account of someone's life

- Use the infinitive
- Use genders
- Use verbs in the present tense
- Write a brief description
- Use a bilingual dictionary
- Record and learn vocabulary effectively

## BIENVENUE À ÉLAN!

**1a** Regardez les pages d'*Elan 1*. En groupes, discutez des thèmes. Que savez-vous déjà? Quels thèmes vous intéressent le plus? Pourquoi?

**1b** Regardez les points de grammaire, pages 2 et 3. Quels points connaissez-vous déjà bien? Quels points voulez-vous réviser? Quels points sont nouveaux?

**En plus** Faites d'autres activités sur Feuille 3.

**2a** Connaissez-vous bien la France? Reliez les chiffres et les faits. (Pour les nombres, voir page 8.)

**2b** Ecoutez pour vérifier. Notez un autre détail sur chaque fait.

**2c** Ecrivez des phrases pour résumer.

*Exemples:* 1 La population française est de ...; Il y a ... départements; Le Français moyen mesure ...

| | | | |
| --- | --- | --- | --- |
| 1 | La population française | a | 1,72 mètre |
| 2 | La population de Paris | b | 18,3 ans |
| 3 | Les départements français | c | 81,5 ans |
| 4 | La taille du Français moyen | d | 99 |
| 5 | L'espérance de vie d'une Française | e | 1789 |
| 6 | Le nombre de chiens en France | f | 4 807 mètres |
| 7 | Les visiteurs en France chaque année | g | 2 160 000 |
| 8 | La durée moyenne des études | h | 10,6 millions |
| 9 | Le point le plus haut de France | i | 58 millions |
| 10 | La date de la Révolution française | j | 61,5 millions |

# Aux quatre coins de France

C'est comment, la vie en France? Cela dépend des régions! Quatre jeunes parlent de l'endroit où ils habitent.

### Agnès Gauthrot, 17 ans

« J'habite à Nantes, en Loire-Atlantique. C'est une ville de 500 000 habitants, à la fois historique et moderne: il y a des vieux quartiers mais aussi des industries et une université.

C'est une ville jeune et vivante: il y a beaucoup de choses à faire et à voir. J'habite au centre-ville, c'est pratique pour sortir. Je vais souvent au théâtre, au cinéma et à des concerts.

La région est très agréable: on est entre la mer et les plages de Bretagne et la campagne et les châteaux du Pays de Loire! C'est une région calme mais intéressante.

L'année prochaine, je vais à l'université ici et plus tard, j'espère travailler à Nantes. Moi, je suis bien ici! »

▼ Lille, dans le Nord-Pas-de-Calais

▲ Nantes, en Pays de Loire

### Jean-Louis Murel, 16 ans

« J'habite une ferme à côté de Meymac, une petite ville de Corrèze. C'est une région très rurale, avec des forêts, des lacs et plus de vaches que d'habitants! Il n'y a pas d'industrie ici alors les gens partent. Il reste quelques agriculteurs, des artisans et des touristes l'été!

J'aime la campagne, me promener avec mes chiens, pêcher, travailler dans les champs avec mon père.

Vivre ici n'est pas toujours facile: les hivers sont froids et on ne sort pas beaucoup. Il n'y a pas d'activités pour les jeunes. Mais j'aime ma région et je veux y rester.

Je vais partir faire des études agricoles à Limoges et après, je voudrais reprendre la ferme de mes parents. Quitter la Corrèze? Jamais! »

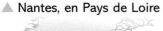

▶ Meymac, en Corrèze, dans le Limousin

## Hervé Langlais, 17 ans

« J'habite à Lille. C'est la grande ville du Nord, avec plus d'un million d'habitants.

La région du Nord n'attire pas en général. On imagine une région industrielle, triste, où il pleut souvent. En fait, c'est une région très sympa, très dynamique, même s'il pleut! Il y a beaucoup de choses à faire pour les visiteurs et avec l'Eurostar, c'est pratique.

Les gens ici ont la réputation d'être tristes. C'est faux! Sortir, se retrouver pour faire la fête, on adore ça! Il y a beaucoup d'associations et de festivals.

L'année prochaine, je vais faire des études à l'université de Lille. J'aimerais devenir prof et rester dans ma région, ou alors partir en Angleterre. Ce n'est pas loin! »

## Yousra Benbera, 17

◀ Mimet, village de Provence

**1** 📼 Lisez et écoutez Agnès, Jean-Louis et Hervé. Répondez aux questions pour chaque jeune.

1 Où habites-tu?
2 C'est comment, là où tu habites?
3 Penses-tu rester dans ta région?

**2** 📼 Ecoutez Yousra. Notez ses réponses.
*Exemple: 1 Elle habite à Mimet, en Provence.*

**3** 👥 Posez les trois questions de l'activité 1 à un(e) partenaire. Notez ses réponses.

**4a** Recopiez et complétez les expressions-clés avec des éléments des textes.

**4b** Ecrivez une courte description de votre région. Utilisez les expressions-clés et les textes comme modèle.

### Expressions-clés

J'habite à + ville

C'est une ville/région historique/moderne/dynamique.
Ce n'est pas …
Il y a la mer, les plages, …
Il n'y a pas d'industries, …
Je vais
J'espère
Je voudrais
J'aimerais
} + *infinitif* (aller, rester, quitter, …)

### Grammaire ⇨160 ⇨W32

#### The infinitive

● The infinitive is the basic form of the verb, like the English "to …". The typical endings of French infinitives are:

| -er | -ir | -re |
|---|---|---|
| travailler | finir, sortir, voir | faire, prendre |

**A** Find examples of each type of infinitive in the texts.

● The infinitive can be found:

**a** after another verb
*j'espère travailler …* I'm hoping to work …

**b** after a preposition
*c'est pratique pour sortir* it's handy for going out
*beaucoup de choses à faire* lots to do

**c** sometimes on its own
*Vivre ici n'est pas facile* Living here isn't easy

**B** **a** Find other examples for a–c in the texts.
**b** Write three sentences using the a–c styles, about your feelings for your region.

# Ici aussi, on parle français

On parle le français un peu partout dans le monde. Découvrons un petit bout de France de l'autre côté de la Terre!

## La Polynésie française

1 La Polynésie française se trouve dans le Pacifique, à [1] kilomètres de la France métropolitaine et à [2] kilomètres de la Nouvelle-Zélande. C'est un T.O.M. (Territoire d'Outre-Mer), constitué de cinq archipels.

2 Ces archipels de [3] îles ont environ [4] habitants; la grande majorité habite à Tahiti, l'île principale. La capitale est Papeete. 70% de la population est d'origine polynésienne, 11,55% européenne, 4,3% asiatique et 14,2% métis. A Tahiti, on parle français et tahitien, qu'on étudie à l'école.

3 Au 18ème siècle, deux marins anglais, Wallis et Cook, font connaître ces îles à l'Europe. En [5], la France annexe l'archipel et en [6], il devient un T.O.M.: tous les habitants deviennent français. Depuis [7], le mouvement indépendantiste se développe.

4 Pour les touristes, Tahiti a l'image d'un paradis: climat agréable, lagons, fleurs et fruits exotiques. Pour les Tahitiens, par contre, vivre ici n'est pas facile: 20% des jeunes sont au chômage, l'économie est pauvre et ne se développe pas. Depuis quelques années, des programmes d'aide européens et français encouragent l'exploitation des ressources locales (par exemple, les huîtres).

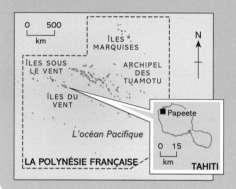

**1a** Ecoutez et lisez l'article sur Tahiti. Notez les chiffres pour compléter le texte.

| | | | |
|---|---|---|---|
| 1 880 | 4 000 | 210 000 | 1946 |
| 1 987 | 18 000 | 130 | |

**1b** Retrouvez le titre de chaque partie de l'article:

A Un bref historique

B La vie de la région

C La situation géographique

D La population

**1c** Ecrivez une phrase sur chaque point, A–D.
*Exemple: La Polynésie française est un T.O.M. à 18 000 kilomètres de la France.*

### Les nombres après 70

| | |
|---|---|
| 71 = soixante et onze | 1000 = mille |
| 80 = quatre-vingts | 1001 = mille un |
| 81 = quatre-vingt-un | 1999 = mille neuf cent quatre-vingt-dix-neuf |
| 90 = quatre-vingt-dix | |
| 91 = quatre-vingt-onze | 5 637 = cinq mille six cent trente-sept |
| 100 = cent | |
| 200 = deux cents | 1 000 000 = un million |
| 201 = deux cent un | |

Map labels: 0 500 km · ÎLES MARQUISES · ÎLES SOUS LE VENT · ARCHIPEL DES TUAMOTU · ÎLES DU VENT · N · L'océan Pacifique · LA POLYNÉSIE FRANÇAISE · Papeete · 0 15 km · TAHITI

La ora na! C'est "bonjour" en tahitien! *Je m'appelle* Sammy Rotua, *j'ai 17 ans* et *j'habite à* Tiarei, à 25 kilomètres de Papeete, la capitale de Tahiti. Je suis français, d'origine polynésienne. *Je parle* français, tahitien et *j'apprends* l'anglais. *Je vis avec* ma mère, mon frère Eddy et mes petites sœurs, Laetitia et Sabrina. Mon père est mort. Toute ma famille vit à Tiarei et on se voit tous les jours.
*Je suis* lycéen à Papeete. Je me lève très tôt le matin: je prends le truck* pour aller au lycée à 6 heures. *Je suis* en première et *je passe* le bac l'année prochaine. *Je me passionne pour* le sport,

surtout le boogie*. Je m'entraîne presque tous les jours depuis huit ans! *Je voudrais devenir* prof de sport.
La vie est dure à Tahiti. Ma mère travaille dans un restaurant mais mon frère est au chômage. Alors, moi, dans deux ans, je pars à Hawaii. *J'aimerais* rester ici parce que j'adore mon île mais il n'y a pas assez de travail. Et à Hawaii, il y a des vagues super pour le boogie!

---

* truck: camion pour le transport scolaire
* boogie: style de surf pratiqué à Tahiti

**2a** Lisez la carte postale de Sammy. Prenez des notes pour compléter sa fiche.

| | |
|---|---|
| nom _____ âge _____ | occupation _____ |
| domicile _____ | _____ |
| nationalité _____ | passe-temps _____ |
| langues parlées _____ | |
| _____ | projets _____ |
| famille _____ | |

**2b** 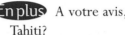 Écoutez l'interview de Sammy et vérifiez vos notes.

**2c** Ecrivez une description de Sammy à partir de vos notes.
*Exemple:* Il s'appelle Sammy. Il a 17 ans.

**3** Connaissez-vous bien votre partenaire? Complétez une fiche. Posez des questions pour vérifier.
*Exemple:*

A: *Tu t'appelles X?*
B: *Oui, c'est ça. Et toi, tu t'appelles Y?*
A: *Oui. Tu as 16 ans?*

**4** Ecrivez une "carte postale". Utilisez les expressions soulignées dans le texte de Sammy.

---

**En plus** A votre avis, pourquoi la vie est-elle "dure" à Tahiti?

**Grammaire** ⇨ 161–162 ⇨ W32–37

The present tense

● To conjugate verbs in the present tense, see page 162.

(A) Find in the two texts on pages 8–9 at least one verb conjugated in the present tense for each type of infinitive: *-er*, *-ir* and *-re*.
*Example:* -er = se trouve

● When is the present tense used?

(B) Match the sentences (1–6) to the definitions (a–f).

1 Les Français colonisent Tahiti au 18e siècle.
2 Tahiti est très loin de la France.
3 Sammy parle de sa vie à Tahiti.
4 Il va au lycée à Papeete.
5 Sammy a le bac dans un an.
6 Il fait du boogie depuis longtemps.

a to refer to the present moment
b to refer to something recurrent
c to refer to something started in the past that is still being done
d to refer to historical events
e to speak about the future
f to refer to something "universal" (e.g. *un et un font* deux)

(C) Find more examples of uses a–f in the two texts.

9

# Histoires de France

Connaissez-vous ces grandes dates qui ont marqué l'histoire de la France?

| 52 avant J.C. | 800 | 1429 | 1661 | 1789 | 1804 |
|---|---|---|---|---|---|

**A**

Début du règne de Louis XIV, surnommé le Roi-Soleil.
Installation de la cour au château de Versailles en 1682.

**B**

Le Front populaire.
Amélioration des conditions de vie des ouvriers sous le gouvernement de Léon Blum (augmentation des salaires, congés payés).

**C**

Charles de Gaulle, président de la 5e république.
Les années soixante: période de décolonisation (Indochine, Algérie, pays d'Afrique noire).

**D**

Défaite de Vercingétorix le Gaulois à Alésia.
Occupation de la Gaule par les Romains.

**E**

Années Mitterrand.
François Mitterrand, élu président en 81 et réélu en 88: période de changements sociaux (abolition de la peine de mort, 5ème semaine de vacances, etc.) et de progrès technologiques (TGV, Tunnel sous la Manche, etc.).

**F**

La Deuxième Guerre mondiale.
Occupation allemande (1940), Collaboration (le Maréchal Pétain), Résistance (avec le Général de Gaulle).
Débarquement (le 6 juin 1944). Libération et Armistice le 8 mai 1945.

**1a** Replacez les événements A–L dans la chronologie.
*Exemple: 52 avant J.C. = D*

**1b** 🔲 Ecoutez la cassette pour vérifier. Notez un fait supplémentaire par événement.
*Exemple: Vercingétorix meurt six ans plus tard à Rome.*

**2** 👥 **A** donne une date, **B** donne l'événement (livre fermé). Un point par bonne réponse! (Attention au genre des noms! Regardez la Grammaire.)
*Exemple: A: 1968*

*B: Manifestations des étudiants et des ouvriers à Paris.*

**En plus** Faites des recherches sur un des événements cités ou choisissez un événement dans l'histoire de votre pays. Ecrivez une description.

**En plus** Faites d'autres activités sur Feuille 4.

## Grammaire  ⇨ 151 ⇨ W4

### Genders – masculine/feminine

**Knowing whether a noun is masculine or feminine helps you to:**

– choose the correct determiner: *un/une, le/la, du/de la, mon/ma/ce/cette*, etc.

– choose the correct pronoun: *il/elle*, etc.

– make appropriate agreements with adjectives and past participles: *nouveau/nouvelle; allé/allée*

| 914–1918 | 1936 | 1939–1945 | 1958 | 1968 | 1981–1995 |

**G**
Sacre de Napoléon Bonaparte, Empereur des Français.
Victoires de la Grande Armée (célébrées sur l'Arc de Triomphe).
Défaite de Waterloo en 1815 et fin de l'empire.

**H**
Première Guerre mondiale.
Mobilisation de l'armée (été 1914), les batailles de tranchées (la Marne, Verdun). Victoire des Alliés et Armistice le 11 novembre 1918.

**I**
Couronnement de Charlemagne.
Unification de son empire. Naissance de la *Francie occidentale*, ancêtre de la France, en 843.

**J**
Victoire de Jeanne d'Arc sur les Anglais à Orléans, et couronnement de Charles VII: deux événements importants de la Guerre de Cent Ans.

**K**
Révolution française.
Prise de la Bastille (14 juillet 1789) mais aussi Déclaration des Droits de l'Homme et du Citoyen (août 89), Abolition de la royauté et l'An 1 de la République (septembre 92).

**L**
Mai 68.
Manifestations des étudiants et des ouvriers à Paris; le pays est en grève; démission de De Gaulle en 1969; évolutions sociales (féminisme, écologisme, régionalisme, etc.).

Learn each new noun with its gender. You will get a feel for masculine/feminine words. To help you, here are some typical endings (though there are exceptions):

- feminine
  -ade, -aison, -ce, -tion/sion, -tié/ité/té, -ie/rie, -ise, -itude, -esse, -ette, -ienne, -ère, -ée, -ure

- masculine
  -age, -at, -eau, -éen, -ème, -ien, -ier, -ment, -ing, -isme

(A) Work out the gender of the nouns in the texts above. Check in a dictionary.

(B) Work out the gender of the nouns in the following sentences in order to fill in the determiners and make the appropriate agreements.

Les Trente Glorieuses (1945–1974)

1 ...... population est passé... de 42 millions en 39 à 60 millions aujourd'hui.

2 C'est ...... résultat de la politique ...... gouvernement qui favorise les naissances et crée ...... Sécurité Social... .

3 De 1939 à 1970, les richesses produit...s par la France sont multiplié...s par quatre.

4 La France est ...... grand... puissance mondial... .

5 Des secteurs nouv... se développent: ...... tourisme, ...... marketing, des énergies nouv... .

6 Mais après ...... crise de 1973 apparaissent aussi des problèmes nouv..., comme ...... chômage.

# Français célèbres

Quand on demande aux Français de citer les personnalités les plus représentatives de la France, ils nomment souvent les dix suivantes:

- Napoléon Bonaparte, Victor Hugo, Louis Pasteur, Charles de Gaulle, Gérard Depardieu
- Jeanne d'Arc, Marie Curie, Coco Chanel, Simone de Beauvoir, Edith Piaf

**1** Les connaissez-vous? Reliez chaque personnalité à sa photo.

**9** Chanteuse [1915–1963]

**1** Héroïne et sainte [1412–1431]

**2** Empereur de France [1769–1821]

**8** Ecrivain [1908–1986]

**3** Poète et écrivain [1802–1885]

**7** Général et homme politique [1890–1970]

**10** Acteur [1948– ]

**4** Chimiste-biologiste [1822–1895]

**6** Couturière [1883–1971]

**5** Physicienne [1867–1934]

**2a** Lisez et remettez ce portrait de Simone de Beauvoir dans le bon ordre. Commencez par D.

**A** Dans les années cinquante et en mai 68, elle lutte avec Sartre, son compagnon, contre les guerres, les préjugés et les injustices **1** [____].

**B** En 1943, elle commence à publier des ouvrages sur la condition **2** [____]. Elle devient mondialement **3** [____] avec *Le Deuxième sexe* (1949), *Les Mandarins* (1954) et *Les Mémoires d'une jeune fille rangée* (1958).

**C** Sartre meurt en 1980, de Beauvoir en 1986.

**D** Simone de Beauvoir naît à Paris en 1908 dans une famille très bourgeoise. Elle a une enfance **4** [____].

**E** Plus de vingt ans après leur mort, leur œuvre influence encore beaucoup la philosophie, la littérature et la société **5** [____].

**F** Entre 1931 et 1943, elle enseigne la philosophie dans des lycées.

**G** **6** [____] élève, elle fait des études de philosophie à la Sorbonne. Là, elle rencontre Jean-Paul Sartre.

**2b** Ecoutez pour vérifier. Complétez le portrait avec les adjectifs qui manquent, à la bonne forme.

**3a** Complétez le portrait de Victor Hugo avec les verbes ci-dessous à la bonne forme.

devenir     écrire     être élu     mourir     naître
partir     recevoir     revenir     se révolter     venir

**3b** Ecoutez pour vérifier.

Victor Marie Hugo **1** [____] en 1802 à Besançon. A 13 ans, il **2** [____] des poèmes et des pièces de théâtre. A 17 ans, il **3** [____] un prix littéraire et à 18 ans, une pension du roi Louis XVIII. Il **4** [____] le plus célèbre des auteurs Romantiques, avec des œuvres comme *Notre-Dame de Paris*.

En 1848, le peuple français **5** [____] contre la monarchie et Hugo **6** [____] républicain. Il **7** [____] en exil à Jersey et Guernesey. De là, il **8** [____] ses plus grandes œuvres: *Les Contemplations*, *La Légende des siècles*, *Les Misérables*.

En 1870, il **9** [____] en France, acclamé par le peuple. Il **10** [____] sénateur en 1876. Il **11** [____] à Paris en 1885. Plus d'un million de personnes **12** [____] assister à ses funérailles.

**4** Traduisez en anglais un des deux portraits. Lisez *Compétences* 'Using a bilingual dictionary'.

## Compétences

### Using a bilingual dictionary

● Look up words that you can't guess or if you feel you need to check your guess.

● If the word is relevant and worth remembering, note it down. Use the information given in the dictionary: gender + examples.

● When looking up a word in the English-French section, double-check its use in the French-English section to avoid misuse.

**En plus** The activities on Feuille 5 will help to use a dictionary.

**5a** Ecoutez le portrait de Marie Curie et notez un ou plusieurs détails sur les points suivants.

1 sa date et son lieu de naissance
2 ses centres d'intérêt
3 ses études
4 sa vie privée
5 ses réussites professionnelles

**5b** Ecrivez une description de Marie Curie d'après vos notes. Lisez *Compétences* 'Writing a brief description'. Attention aux verbes et aux accords au féminin!

**En plus** Choisissez une autre personnalité française citée ici. Faites quelques recherches et écrivez une courte description.

## Compétences

### Writing a brief description

● Give main details in as few words as possible.

● Give your description a structure (for example, chronological when describing someone's life).

● Round up your text by a concluding phrase.

● Use the present tense to bring the description to life.

● Check your text once written (verb endings, gender agreements).

# Au choix

**1a** S📼 Ecoutez et reliez les régions aux photos.

La vallée de la Loire
La Provence
La région Rhône-Alpes
La Bretagne

**1b** Notez trois mots-clés pour chaque région.

**1c** Quelle région préférez-vous? Pourquoi?

**2** Faites oralement une courte description-mystère (60 mots). La classe devine de qui/quoi il s'agit. Choisissez:

   **a** un endroit
   **b** une personnalité historique
   **c** un événement historique important.

**3** Choisissez et écrivez en 60 mots:

   **a** votre portrait
   **b** le portrait de votre famille
   **c** le portrait de votre ville ou région.

## Compétences

Recording and learning vocabulary

- Select! Not all words are worth memorizing.
- Choose a format that you like, e.g. notebook, index cards, cassette.
- Choose the best method for you, e.g. look, cover, write and check, or record onto tape with blanks.
- Learn vocabulary in context, to help fix words in your memory, e.g. invent short texts with the words you're learning.
- Use a dictionary to find and record:

  (i) the English translation of the word, and/or a definition in French

  (ii) how the word is used (with what other words, phrases, etc.)

  (iii) grammatical information: gender and plural of nouns, forms of verbs, etc.

- Golden rule: *Little but often!* Spend 10 minutes learning five new words or phrases a day. Think how many you will know by the end of the year!

1 👥 What vocabulary from this starter unit should you record and learn? And how? Discuss with a partner and try out the tips given here.

**En plus** Do the activities on Feuille 3.

# La famille

By the end of this unit you will be able to:

- Talk about your family and how well or badly you get on
- Talk about common parent-teenager disputes
- Give reasons for and against marriage
- Talk about changes in the family unit in society today

- Use *depuis* correctly
- Use possessive adjectives
- Express your opinion
- Pronounce some French vowel sounds
- Use adjectives
- Use definite and indefinite articles

1 Regardez ces photos et décrivez une famille à partir de ces paires de chaussures.

Essayez d'inventer un maximum d'informations!

# La vie de famille

S'entendre avec sa famille, ce n'est pas toujours facile ...

TÉMOIGNAGES

### Alain

Dans ma famille, nous sommes cinq: mes parents, mon frère, ma sœur et moi. Mon frère s'appelle Gilles et ma sœur s'appelle Michèle. Moi, j'ai dix-sept ans, mon frère a vingt ans et ma sœur a dix-huit ans: je suis donc le cadet de la famille.

Ma famille est très unie. Chaque week-end, depuis des années, mes grand-parents maternels viennent manger à la maison. D'habitude, ma grand-mère joue au Scrabble avec ma mère pendant que mon grand-père et mon père discutent avec nous dans la cuisine. Le seul problème, c'est que mes parents travaillent beaucoup tous les deux pendant la semaine et qu'on ne se voit vraiment bien que pendant les week-ends et les vacances. A mon avis, ce n'est pas assez. Je pense qu'on devrait aussi essayer de faire des choses ensemble le reste du temps.

### Julie

J'ai seize ans, je suis fille unique et mes parents sont divorcés depuis plus de dix ans.

J'habite avec ma mère pendant la semaine et je passe généralement les week-ends chez mon père. Il s'est remarié et il a maintenant trois autres enfants avec sa nouvelle épouse.

Du coup, j'ai maintenant deux demi-frères et une demi-sœur: Marc (trois ans), Pierre (six ans) et Léa (huit ans). Le problème, c'est que je ne m'entends pas trop bien avec ma belle-mère. Aussi, comme mes demi-frères et ma demi-sœur sont beaucoup plus jeunes que moi, c'est parfois difficile de faire des choses ensemble et il y a des week-ends où je n'ai pas vraiment envie d'aller chez mon père.

---

**1a** 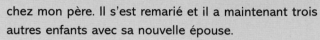 Ecoutez et lisez les deux témoignages. Répondez aux questions.

1 Qui a une belle-mère?

2 Qui n'a pas de frères ni de sœurs?

3 Qui a une sœur aînée?

4 Qui a des parents divorcés?

5 Qui est le cadet/la cadette de sa famille?

6 Qui vit dans une famille monoparentale?

**1b** Trouvez dans les témoignages un synonyme pour les mots ou expressions suivantes.

1 le garçon le plus jeune d'une famille

2 les parents de ma mère

3 alors que

4 parlent

5 d'habitude

6 donc

**1c** Répondez aux questions pour Michèle, la sœur d'Alain.

1 Il y a combien de personnes dans ta famille?

2 Tu as des frères et des sœurs? Décris-les.

3 Tu t'entends bien avec ta famille?

4 Qu'est-ce que tu fais en famille le week-end?

**2** Ecoutez David décrire sa famille, puis répondez aux questions.

1 Depuis combien de temps sont mariés ses parents?

2 Qui est Alexis?

3 Quel âge a Vanessa?

4 Qui a vingt et un ans?

5 Qui est l'aînée: Kim ou Sonia?

6 Que fait Philippe?

7 Combien d'enfants a Kim? Et Sonia?

8 Citez deux choses que David fait avec sa famille.

## Grammaire ⇨162 ⇨W65

### depuis + present tense

In French, you use the present tense after *depuis* (= 'since', 'for' a period of time) whereas you would use the past tense in English. Compare the verbs in these pairs of examples:

Mes parents sont mariés depuis 33 ans.
*My parents have been married for 33 years.*

Philippe est à l'université depuis l'an dernier.
*Philippe has been at university since last year/for a year.*

On habite ici depuis 1995.
*We've lived here/been living here since 1995.*

(A) Look back at the texts by Alain and Julie on page 16. Find two phrases containing *depuis*, copy them out and translate them.

(B) Translate these sentences into English (1–3) and into French (4–6).

1 Mon frère a une petite amie depuis trois mois.
2 J'habite avec ma mère depuis l'été dernier.
3 Mes grand-parents nous téléphonent tous les soirs depuis des années.
4 My parents have been divorced for a year.
5 I have been living in Paris since 1999.
6 I have been an uncle since February.

**3** 👥 Choisissez six questions dans cette liste et posez-les à votre partenaire.

1 Comment t'appelles-tu?
2 Quel âge as-tu?
3 Où habites-tu?
4 Tu as des frères et des sœurs? Si oui, donne des détails (âge, nom, etc.).
5 Parle-moi un peu de tes parents.
6 Est-ce que vous vous entendez bien dans ta famille?
7 Qu'est-ce que tu aimes faire avec tes parents ou avec tes grand-parents?
8 Est-ce que tu as des animaux à la maison?

**4** Décrivez votre famille en 80 mots. Utilisez les expressions-clés, les adjectifs possessifs et *depuis*.

## Grammaire ⇨152 ⇨W6–7

### Possessive adjectives

To choose the right word for 'my', 'his' or 'her' in French, don't think about the gender of the person speaking. Look instead at what is owned:

● is it masculine or feminine?
● does it start with a consonant, a vowel or a silent 'h'?
● is it singular or plural?

Take all three points into account, and you'll get the right form of the word. For example:
'my family' → *famille* is feminine, singular → *ma famille*
'my girlfriend' → *amie* is feminine, singular, starting with a vowel → *mon amie*

| English | masculine | feminine | plural |
|---|---|---|---|
| *my* | mon | ma | mes |
| *your* | ton | ta | tes |
| *his/her* | son | sa | ses |
| *our* | notre | notre | nos |
| *your* | votre | votre | vos |
| *their* | leur | leur | leurs |

(A) Find six examples of possessive adjectives in the texts by Alain and Julie on page 16.

(B) Fill the gap in each sentence with the correct possessive adjective.

1 Je n'habite pas avec ...... père.
2 Alain pense que ...... parents travaillent trop.
3 ...... demi-sœur s'appelle Léa.
4 Je m'entends bien avec ...... famille.
5 Comment s'appellent ...... frères?
6 On voit ...... grands-parents chaque week-end.

(C) Rewrite Julie's text (page 16) in the third person ('she/her' rather than 'I/my').
***Example:*** *Julie a seize ans, elle est fille unique et ses parents sont divorcés depuis …*

### Expressions-clés

Dans ma/sa famille, il y a … personnes
Je suis/Il est le cadet/l'aîné.
Je suis/Elle est la cadette/l'aînée.

# Le conflit des générations

Parents contre ados: chez toi, c'est la guerre ou la paix?

## Stéphanie

Je m'entends très bien avec ma mère et je la considère vraiment comme ma meilleure amie. On fait beaucoup de choses ensemble et je sais que je peux lui parler de mes problèmes. Elle sait m'écouter, me conseiller et elle est toujours là pour moi quand j'ai besoin d'elle. A mon avis, c'est très important d'avoir de bonnes relations avec sa mère ou son père. Après tout, ils ont eux aussi été adolescents à un moment et ils peuvent être de bon conseil!

## Jean-Pierre

Personnellement, je pense qu'il est impossible de s'entendre avec ses parents quand on est adolescent. On a des goûts différents pour les vêtements, la musique, les sorties, les loisirs, tout. Moi, je sais que mes parents pensent que je m'habille mal, que j'écoute de la musique trop fort, que je rentre trop tard le soir et que les sports que j'aiment sont dangereux! Réellement, je ne vois vraiment pas comment on pourrait s'entendre ...

## Amanda

En ce moment, je n'ai pas de bonnes relations avec mes parents. Ils attendent beaucoup de moi et je pense qu'ils sont vraiment trop stricts sur plein de choses. Ils veulent que je passe mon temps à faire mes devoirs, à étudier, comme si les examens étaient la chose la plus importante dans la vie! Je crois qu'ils ne réalisent pas que je suis une adolescente de seize ans et que j'ai aussi envie de sortir avec mes amis, de regarder la télé ou d'aller au cinéma.

## Benjamin

Pour moi, l'adolescence se passe plutôt bien. Mes parents me font confiance et je crois qu'ils respectent mes choix et mes goûts. Ils aiment peut-être des choses très différentes mais ils ne critiquent pas ce que moi j'aime. D'habitude, ils me laissent faire ce que je veux et cela me rend de plus en plus responsable. De fait, je ne veux pas les décevoir, alors j'essaie de me comporter le mieux possible. Je crois que ça m'aide à devenir adulte.

## Cécile

Mes parents sont divorcés et quand j'étais petite, j'ai été élevée par mes grands-parents. Ma mère travaillait tout le temps et je ne la voyais que le soir, juste avant de me coucher. Du coup, aujourd'hui, je me sens beaucoup plus proche de mes grands-parents que de mes parents. Ils sont plus attentifs, plus patients et plus gentils que ma mère ou mon père. Aussi, il me semble qu'ils me connaissent mieux et du coup on ne se dispute presque jamais.

**1a** Lisez les témoignages de la page ci-contre. Classez-les en deux catégories: positifs et négatifs.

**1b** Retrouvez dans les témoignages un maximum d'expressions pour exprimer une opinion. Commencez une liste, à continuer plus tard.
*Exemple: je considère X comme …*

**1c** Faites correspondre les moitiés de phrases.

1 Stéphanie considère …
2 Amanda n'a pas …
3 Cécile se sent …
4 Jean-Pierre ne voit pas …
5 Benjamin croit que …

a comment il pourrait s'entendre avec ses parents.
b plus proche de ses grands-parents que de ses parents.
c sa mère comme sa meilleure amie.
d ses parents respectent ses choix et ses goûts.
e de bonnes relations avec ses parents.

**2a** 🔲 Ecoutez les témoignages de cinq parents. Parmi les jeunes présentés ci-dessus, qui est la fille ou le fils de chacun?

1 Mme Lacroix    4 Mme Michelet
2 M. Bertrand     5 Mme Flores
3 M. Ploy

**2b** 🔲 Réécoutez et trouvez de nouvelles expressions pour ajouter à la liste de l'activité 1b.

**2c** Résumez en anglais le point de vue de chaque parent.

**3** 👥 **A** est adolescent(e), **B** est son père/sa mère. parlez de vos problèmes. **C** est un(e) ami(e) de la famille: écoutez et donnez votre avis. Prenez des notes pour ensuite faire un rapport à la classe.

Utilisez les expressions-clés. Vous pouvez utiliser une des situations familiales décrites aux pages 18–19, ou inventer une situation nouvelle.

**4** Et vous? Vous entendez-vous bien avec vos parents? Décrivez votre famille.

**En plus** Inventez et décrivez une situation familiale particulièrement difficile.

## Compétences

### Expressing your opinions

The phrases you collected in *activités* 1b and 2b opposite will be extremely useful in many different contexts, to introduce statements and express your views on many different subjects. Learn them by heart, and try to spot more phrases to add to your list as you progress through the course.

1 Read what Luc says about his parents. Spot the phrases he uses to express his opinions. Then re-read the text aloud, leaving out those phrases. What impact does that have? Which version do you find more convincing?
*Example: Mes parents sont …*

*Luc*

Je crois que mes parents sont comme beaucoup de parents modernes: ils connaissent mal les besoins d'un adolescent. Ils travaillent tous les deux et quand je rentre à la maison le soir après l'école, ils ne sont jamais là. Ils croient que c'est une forme de liberté qu'ils me donnent, alors qu'à mon avis, c'est plutôt une attitude négative. Personnellement, je pense que leur comportement est assez égoïste. Je crois qu'on s'entendrait tous les trois beaucoup mieux si on passait un peu plus de temps ensemble. La vérité, c'est qu'avoir des parents absents ou stressés ce n'est pas toujours facile.

Remember to include as many expressions of opinion as possible in *activités* 3, 4 and *En plus*.

### Expressions-clés

Je m'entends bien/mal avec …
J'ai de bonnes/mauvaises relations avec …
Je me dispute (souvent/rarement) avec …
J'ai été élevé(e) par …
Je peux faire confiance à …
Mes parents me font confiance.
J'ai envie de … + *infinitif*

# Pour ou contre le mariage?

Un partenaire idéal pour la vie: rêve ou réalité?

## SONDAGE

**Q1** Préféreriez-vous:

  a) être marié(e)?

  b) vivre en concubinage*?

  c) être célibataire?

**Q2** Aimeriez-vous avoir:

  a) plusieurs enfants?

  b) un seul enfant?

  c) pas d'enfants du tout?

**Q3** Choisissez trois adjectifs pour décrire votre partenaire idéal:

  a) ......  b) ......  c) ......

**Q4** Quels sont les trois défauts que vous ne supporteriez pas chez un partenaire? Notez trois adjectifs:

  a) ......  b) ......  c) ......

---

* vivre en concubinage: vivre avec un(e) partenaire sans être marié
* un concubin/une concubine: le/la partenaire

**1a** Répondez aux questions du sondage. (Notez vos réponses sur une feuille.)

Vous pouvez utiliser les adjectifs de la liste à côté ou en trouver d'autres qui correspondent exactement à vos idées.

**1b** 👥 Comparez vos réponses avec celles d'une autre personne.

charmeur/charmeuse

ambitieux/ambitieuse

coléreux/coléreuse

artistique

travailleur/travailleuse

timide

égoïste

créatif/creative

intelligent/intelligente

amusant/amusante

musclé/musclée

violent/violente

capricieux/capricieuse

beau/belle

gentil/gentille

doux/douce

enthousiaste

sportif/sportive

extraverti/extravertie

têtu/têtue

**2a** Christophe (27 ans) et Claire (32 ans) expliquent ce qu'ils pensent du mariage.

Lisez ces extraits et devinez leur sens en anglais.

**1** Je pense que le mariage est un bon moyen de rendre les choses plus durables.

**2** Etre marié aujourd'hui ne garantit vraiment pas une vie ensemble pour toujours!

**3** La cérémonie à l'église était un moment très émouvant pour tout le monde.

**4** C'est très facile de changer de partenaire quand on vit seulement en concubinage.

**5** Quand on aime quelqu'un, un morceau de papier n'est pas vraiment important!

**6** L'important, c'est de montrer son amour et sa fidélité au jour le jour.

**7** Je pense qu'il est très égoïste d'avoir des enfants sans être mariés.

**8** Je crois que le mariage c'est la plus belle preuve d'amour qu'on peut donner à un partenaire.

**2b** Relisez les extraits 1–8. Avec quels extraits êtes-vous d'accord?

**2c** 🔊 Ecoutez Christophe et Claire. Qui est pour et qui est contre le mariage?

**2d** 🔊 Réécoutez et retrouvez qui dit chacun des extraits 1–8.
*Exemple: Christophe: 1, ...  Claire: ...*

**En plus** 🔊 Travaillez plus à fond le texte de l'enregistrement sur Feuille 6.

**3** 👥 A deux, résumez les points de vue de Christophe et de Claire.

**A** explique à **B** (en cinq phrases) le point de vue de Christophe. **B** explique à **A** (en cinq phrases) le point de vue de Claire.

*Exemple:*
*A: Christophe et sa femme sont catholiques et la cérémonie à l'église a été très importante pour eux.*
*B: Pour Claire, le mariage n'est pas important.*

**4** Etes-vous pour ou contre le mariage? Classez tous les arguments utilisés (pour et contre) et donnez votre opinion.

**1 Christophe et Sylvie**

**2 Claire et Antoine**

Grammaire  ⇨ 153  ⇨ W8–9

Adjectives

**A** Copy and complete the rules about agreement and position of adjectives.

Adjectives are words that are used to ...... something or someone.
In French, they have to ...... with the noun they describe – masculine or feminine, singular or plural.
Adjectives usually go ...... the noun they describe,
e.g. *un partenaire idéal.*
However some adjectives go ...... the noun,
e.g. *une belle femme, une grande maison.*

**B** The most common way of forming a feminine adjective is to add an *-e* to the masculine form (e.g. *marié, mariée*). Can you find on this page examples of some other ways of forming feminine adjectives?

**C** Find as many adjectives as you can on pages 18–19. Collect them under four headings:

| masculine singular | feminine singular | masculine plural | feminine plural |
|---|---|---|---|
| *important* | *meilleure* | *absents* | *bonnes* |

**D** Find in the texts on pages 16 and 18 any adjectives that are placed <u>before</u> their noun. Note down the adjective and the noun.
*Example: meilleure amie*

# La fin de la famille?

Concubinage, divorces, familles recomposées, parents célibataires …
La fin de la famille ou de nouveaux modèles de familles pour le
21ème siècle?

## A Mariages

Chaque année, environ 250 000 mariages sont célébrés
en France. Les hommes se marient autour de 29 ans alors
que les femmes se marient autour de 27 ans. En
moyenne, un mariage sur trois se termine en divorce.

## B Célibataires

Plus de 18 millions de personnes vivent seules en France
(10,1 millions d'hommes et 8,3 millions de femmes), c'est-
à-dire environ un habitant sur trois.

## C Familles

Il y a en France 8,9 millions de familles, dont 1,2 millions
de familles monoparentales (86% de ces familles
monoparentales sont composées d'une femme élevant
seule ses enfants après s'être séparée de son conjoint).

## D Enfants

En moyenne, les femmes en France ont 1,73 enfants, c'est-
à-dire que la plupart des familles ont un ou deux enfants.
De fait, les familles nombreuses sont minoritaires:
seulement 5% des familles ont quatre enfants ou plus, et
21% en élèvent trois.

**1a** Lisez les statistiques ci-dessus. Notez les chiffres pour
les données suivantes:

1 le nombre de personnes vivant seules en France
2 la proportion de mariages qui se termine en
   divorces
3 l'âge moyen auquel une femme se marie
4 le pourcentage de familles qui élèvent quatre
   enfants
5 le nombre de mariages célébrés en France chaque
   année

**1b** A quoi correspondent les cinq chiffres suivants? Faites
une phrase pour chaque chiffre.

1  8,3 millions     4    1,2 millions
2  21%            5    29 ans
3  1,73

## Grammaire   ⇨ 151  ⇨ W4–5

### Definite and indefinite articles

Definite and indefinite articles, often omitted in English,
are important in French.

| masculine | feminine | plural | *English* |
|-----------|----------|--------|-----------|
| le/l' | la/l' | les | *the* |
| un | une | des | *a/some* |

***Examples:*** le mariage – *marriage*; un mariage – *a
marriage*; les hommes – *men*; des enfants – *(some)
children*

**A**   How would you say the following in French?
Underline the definite or indefinite article in each of
your answers.
***Example:*** *1 En moyenne, les femmes en France ont
1,73 enfants.*

1 On average, women in France have 1.73 children.
2 A single-parent family.
3 Young people have children later in life.
4 Men get married around the age of 29.
5 Alain and Muriel have a young daughter.
6 Having children is expensive.

**1c** Que pensez-vous de ces statistiques? Utilisez les
adjectifs ci-dessous et cherchez-en d'autres pour
exprimer vos réactions.

choquant    surprenant    normal
dommage    incroyable    intéressant

**2** 📼 Ecoutez la description d'une famille française:
la famille d'Alain et Muriel Roc. Faites deux groupes
pour prendre des notes.
◆ Groupe A: notez le nom et l'âge de chaque
   membre de la famille, et leurs espoirs pour
   l'avenir.
◆ Groupe B: notez leurs métiers, l'endroit où ils
   vivent et qui s'occupe de Laura.
A la fin, comparez vos résultats et faites ensemble le
résumé de la vie de cette famille.

# LA FAMILLE FRANÇAISE EN CRISE?

La famille française n'est pas réellement en crise. Elle a beaucoup changé, certes, mais tous les sondages le montrent: la famille reste quelque chose d'extrêmement important pour l'écrasante majorité des Français. Les changements, donc? Eh bien, il y en a plusieurs.

**1** Les jeunes commencent à avoir des enfants plus tard dans la vie, plus près de l'âge de trente ans que de vingt ans, généralement parce qu'ils décident de faire des études plus longues qu'auparavant.

**2** La plupart des femmes continuent à travailler après leur mariage, ce qui n'était pas le cas auparavant. Faire garder des enfants coûte cher et pour certaines femmes, être mère peut aussi devenir une forme d'handicap par rapport à une carrière.

**3** Avec un taux de divorce record et un nombre de mariage en baisse, la France connaît une réelle crise du mariage. Les raisons sont complexes mais on peut par exemple citer comme explications possibles le déclin des valeurs religieuses et une acceptation plus générale par la société des couples non-mariés.

**4** Le Pacte Civil de Solidarité est un statut juridique pour les couples non-mariés qui donne des garanties juridiques quasiment équivalentes à celles d'un mariage.

**5** C'est un problème que connaissent beaucoup de pays occidentaux avec un nombre d'enfants par famille souvent inférieur à deux. Un chiffre qui s'explique par la généralisation des moyens de contraception et par certains aspects du mode de vie actuel. Ainsi, dans les grandes villes françaises, les logements sont souvent chers et étroits, ce qui dissuade beaucoup de familles d'avoir un très grand nombre d'enfants.

**6** Beaucoup de personnes choisissent de vivre seules, de vivre en couple non-marié avec peu ou pas d'enfant, pour pouvoir profiter au maximum de leur liberté, de leurs loisirs ou des satisfactions liées à leur travail.

**7** De nombreuses personnes vivent aujourd'hui loin de leurs parents, ce qui limite le nombre et le type d'activités familiales possibles. De fait, cela a aussi beaucoup réduit le rôle que les grands-parents jouent dans l'éducation de leurs petits-enfants.

**3a** Lisez l'article sur la famille en France. Faites correspondre chacun des titres suivants avec un paragraphe.

- A le déclin du mariage
- B le nombre d'enfants en diminution
- C l'allongement de la durée des études
- D l'égoïsme actuel
- E l'augmentation du travail des femmes
- F l'éclatement géographique des familles
- G la création des PACS

**3b** [🎧] Ecoutez l'enregistrement de l'article pour vérifier vos réponses.

**3c** En vous aidant du texte, remplissez les blancs dans les phrases suivantes.

1. Les …… ont des enfants plus …… dans la vie.
2. Etre …… peut être un …… dans la carrière d'une femme.
3. La France connaît une réelle crise du …… avec un …… de divorce record.
4. Le PACS est un statut …… pour les couples ……
5. Dans les grandes villes françaises, les …… sont souvent chers et ……
6. Beaucoup de personnes choisissent de vivre …… pour …… de leur liberté.
7. De nombreuses personnes vivent aujourd'hui …… de leurs ……

## Compétences

### Reading for gist

Look at *activité* 3: it was designed to help you understand the general meaning of the magazine article, i.e. to help you 'get the gist' of it.

When you tackle any new reading text, try to:

- spot the key words
- use paragraph headings to help you
- focus on understanding the overall meaning of the text, even if there are individual words within it that you don't recognize.

**En plus** Try out these tips on Feuille 7.

# Au choix

**1a** S🔲 Alexis, 22 ans, fait partie des millions de célibataires en France. Ecoutez-le raconter une semaine typique.

    1  Quel est son métier?

    2  Est-il heureux ou non dans sa vie?

**1b** S🔲 Réécoutez et lisez le texte. Notez les verbes qui manquent.

*Exemple: 1 me lève*

**1c** Réécrivez ce texte à la troisième personne.

*Exemple: Pendant la semaine, Alexis se lève à 7h. Il prend …*

**1d** Aimeriez-vous être célibataire comme Alexis? Pourquoi? Trouvez cinq points positifs et cinq points négatifs sur ce type de vie. Discutez de votre point de vue avec le reste de la classe.

**2** Vous êtes le père ou la mère de Claude, 15 ans. Il veut sortir en boîte samedi soir. Qu'allez-vous lui dire? Preparéz un discours (travaillez seul) ou une conversation (travaillez avec un(e) partenaire).

Choisissez votre style (par exemple, strict? compréhensif?). 5 minutes de préparation, 1–2 minutes pour parler.

**Tu vas où exactement?**

**Est-ce que c'est avec des copains que je connais?**

**Tu dois rentrer avant dix heures.**

**Tu sais bien que tu n'as pas le droit de boire de l'alcool.**

**3** Etes-vous plus proche de vos amis ou de votre famille? Ecrivez votre opinion, en donnant des exemples. (100–150 mots)

Utilisez:

  ◆  votre liste d'expressions pour exprimer les opinions, page 19, activités 1b, 2b

  ◆  le vocabulaire et les idées des pages 16–19

  ◆  les adjectifs, page 21

  ◆  les adjectifs possessifs, page 17

## Alexis

Pendant la semaine, je [1] à sept heures. Je [2] une douche, je [3] et je [4] mon petit-déjeuner. Je [5] la maison autour de huit heures et quart et j'[6] d'attraper le bus de 8h20. D'habitude, j'[7] au travail vers 8h35.

Le soir, je [8] à 18h et je [9] à la maison à pied pour faire un peu de sport. Une fois rentré, j'[10] un repas surgelé et je [11] un peu sur mon ordinateur. Je [12] rarement la télé mais j'[13] beaucoup de musique et je [14] toujours avant d'aller me coucher.

Le week-end, je [15] beaucoup. Le samedi, je [16] visite à mes parents et le soir, je [17] au cinéma avec des copains. Le dimanche, je [18] du VTT et je [19] au tennis avec mon beau-frère. Résultat? Je [20] toujours épuisé le dimanche soir et j'[21] du mal à me lever chaque lundi matin!

J'[22] être célibataire parce que ça me permet d'avoir un maximum de liberté. Aussi, je [23] qu'avec mon rythme de vie, je ne pourrais pas être un bon père ou un bon mari. Alors, pour l'instant, je [24] profiter à fond de toutes les choses que je [25] faire. Le reste, on verra plus tard!

## Phonétique S🔲

### Les voyelles: a, è, é, i, o, u

Ecoutez et répétez le son de six voyelles françaises.

| a | habite, déjà | a à |
| | femme | e + mm |
| è | frère, fête, treize, aide, aîné | è ê ei ai aî |
| | vaisselle, ancienne, | e + ll, e + nn, |
| | princesse, baguette | e + ss, e + tt |
| é | télévision, lycée, aller, pied, | é ée er ed |
| | chez, mes | ez es |
| | effet, essayer | e + ff, e + ss |
| i | ici, dîner, lycée, égoïste, prix, nuit | i î y ix it ï |
| o | chose, faux, beaucoup, bientôt | o au eau ô |
| u | musique, sûr | u û |

**En plus**  Feuille 8

By the end of this unit you will be able to:

- ◆ Discuss ways of being independent
- ◆ Describes young people's rights
- ◆ Discuss free speech
- ◆ Describe what makes a 'good' citizen
- ◆ Talk about different types of voluntary work

- ◆ Use verbs followed by an infinitive, directly or with *à* or *de*
- ◆ Use negatives
- ◆ Use partitive articles
- ◆ Take notes when listening
- ◆ Speak from notes and make a spoken record of your work
- ◆ Write a summary in English
- ◆ Pronounce open and closed 'e' sounds

## Sondage
### jeunes de 15 à 18 ans

**1** A votre avis, qu'est-ce qu'il faut faire pour réussir sa vie?

- ◆ gagner beaucoup d'argent
- ◆ défendre une grande cause
- ◆ exercer un métier passionnant
- ◆ avoir beaucoup de temps libre
- ◆ réussir sa vie familiale
- ◆ vivre un grand amour

**2** A votre avis, quels sont les problèmes à traiter en priorité?

- ◆ l'aide au Tiers-Monde
- ◆ l'exclusion
- ◆ l'environnement
- ◆ le SIDA
- ◆ la criminalité
- ◆ le chômage

**1a** Faites le sondage. Répondez par ordre d'importance.

**1b** 🔲 Ecoutez et écrivez les pourcentages du sondage en France.

**1c** Comparez vos résultats et ceux de la France. Sont-ils très différents? Pourquoi?

**2a** Lisez les phrases suivantes et remettez chaque verbe à sa place.
Pour vous, être adulte c'est:

| | | |
| --- | --- | --- |
| 1 | … de l'alcool. | A avoir |
| 2 | … son propre argent. | B voter |
| 3 | … en boîte. | C conduire |
| 4 | … aux élections. | D boire |
| 5 | … une voiture. | E gagner |
| 6 | … avec quelqu'un. | F quitter |
| 7 | … des enfants. | G se marier |
| 8 | … la maison de ses parents. | H sortir |

**2b** Selon vos valeurs à vous, classez les huit points de cette liste par ordre d'importance.

**2c** 👥 Comparez vos résultats avec un(e) partenaire.

# Signes d'indépendance

Quels sont à votre avis les premiers signes d'indépendance pour un adolescent? Et sur quelles questions parents et adolescents ont-ils souvent des points de vue opposés?

## Pensez-vous être assez indépendant(e)?

### Thierry

Oui, plutôt. *Je pense être assez indépendant.* J'ai de bonnes notes, alors mes parents ne me posent pas vraiment de questions sur mes études. Aussi, je fais partie d'une équipe de basket et je voyage presque chaque week-end pour des compétitions. Cela me permet d'être souvent loin et *je crois que mes parents me font confiance. Un peu de liberté, c'est le meilleur moyen d'apprendre à devenir adulte.*

### Juliette

Non! *Je n'ai pas le droit de sortir en semaine et le week-end, je dois toujours rentrer à la maison avant minuit.* Je crois que mes parents devraient me permettre d'être plus indépendante. J'ai presque dix-huit ans et mes parents refusent encore de me traiter comme une adulte. Je commence à trouver ça injuste. Je crois que *c'est important pour moi d'apprendre à gérer mon temps libre.* C'est maintenant que je dois réaliser quelles seront mes responsabilités d'adulte et accepter les conséquences de mes actes.

### Olivia

Plus ou moins. *Je dois encore obéir à mes parents sur certaines choses* mais j'ai finalement assez de liberté. *Je peux sortir avec mes amis quand je veux* et cet été j'ai même le droit de partir seule en vacances en Grèce! Par contre, quand je sors, *je suis obligée de dire à mes parents où je vais –*

*et avec qui!* Aussi, je n'ai pas le droit de fumer ou de boire de l'alcool, mais ça, je pense que c'est normal.

---

**1a** Lisez le texte et complétez chaque phrase avec le prénom correspondant.

1 … pense que ses parents lui font confiance.

2 … n'a pas le droit de sortir en semaine.

3 … doit toujours rentrer à la maison avant minuit.

4 … n'a pas le droit de boire de l'alcool.

5 … est obligée de dire à ses parents où elle va.

6 … a le droit de partir seule en vacances.

**1b** Imaginez que vous êtes le parent d'un(e) adolescent(e). Que lui donneriez vous l'autorisation de faire? Utilisez des éléments du texte pour justifier vos réponses.

- sortir le soir jusqu'à deux heures du matin
- partir seul(e) en vacances à l'étranger
- conduire une moto
- fumer des cigarettes
- boire de l'alcool
- passer la nuit chez des amis
- aller à un concert de rock
- regarder des films interdits aux moins de 18 ans

**1c** Traduisez en anglais les phrases marquées *en italique* dans le texte.

**2** Pensez-vous être assez indépendant(e)? Complétez les expressions-clés pour expliquer pourquoi.
**Exemples:** *Non! Je n'ai pas le droit de sortir le samedi.*
*Oui, plutôt. Je peux passer mes week-ends avec mes amis.*

### Expressions-clés

| | |
|---|---|
| J'ai le droit de … | Il/Elle a le droit de … |
| Je n'ai pas le droit de … | Il/Elle n'a pas le droit de … |
| Je dois … | Il/Elle doit … |
| Je peux … | Il/Elle peut … |
| Je commence à … | Il/Elle commence à … |
| Je refuse de … | Il/Elle refuse de … |
| Je suis obligé(e) de … | Il/Elle est obligé(e) de … |

Trois jeunes racontent les hauts et les bas de leur première expérience du monde du travail: Le prix à payer pour obtenir une certaine indépendance financière.

**3a** 🔊 Ecoutez Pascal, Audrey et Emma. Remplissez une fiche à droite pour chacun d'entre eux.

**3b** 🔊 Réécoutez. Notez les raisons pour lesquelles ils ont choisi d'avoir un petit boulot.

FICHE

Nom: ..........................................................

Age: ..........................................................

Petit boulot: ...............................................

Horaires de travail: .....................................

Salaire: ......................................................

Aspect(s) positif(s): ...................................

Aspect(s) négatif(s): .................

## Grammaire ⇨ 160 ⇨ W70–73

### Verb + infinitive

There are three main types of verbs that are followed by the infinitive:

1  verbs directly followed by the infinitive:
   - *aller* (and other verbs of motion)
   - *aimer* (and other verbs of perception)
   - modal verbs (i.e. *devoir, pouvoir, savoir, vouloir, falloir*)

2  verbs linked to the infinitive by the preposition *à*:
   - *apprendre à, demander à, commencer à, aider à, continuer à*, etc.

3  verbs linked to the infinitive by the preposition *de*:
   - *essayer de, refuser de, oublier de, empêcher de, choisir de, permettre de*, etc.

**A** Note down an example of each of the above types of verb.

**B** Complete the following sentences:
   a  Mes parents m'interdisent de …
   b  Mes parents m'encouragent à …
   c  Mes parents m'empêchent de …
   d  Mes parents m'obligent à …
   e  Mes parents me permettent de …
   f  Quand on est adolescent, on aime …
   g  A l'âge de dix-sept ans, il faut …
   h  Souvent, les adolescents aiment …
   I  Un jeune de seize ans ne peut pas …

## Compétences

### Taking notes when listening

Before listening to the tape, think about the sort of language you are likely to hear. Are there any visual or written clues to help you?

Also make sure you know exactly the type of information/details you have to find:

◆ Are you being asked to note down single details or give a general summary?

◆ If a question starts with *combien*, you will be looking for a number or if a question starts with *où*, you will be looking for some kind of place.

◆ If you are being asked to note down numbers, you may need to revise them thoroughly beforehand.

Create your own abbreviations to help you note down information quickly.

**En plus** 🔊 Feuille 9 gives further practice in taking notes when listening and speaking from notes.

**4** A votre avis, quels sont les signes d'indépendance pour un jeune?
Ecrivez un court paragraphe pour répondre à cette question.
Pour vous aider:
a  faites une liste de thèmes liés à ce sujet.
b  utilisez les structures grammaticales de cette page
c  relisez *Compétences* 'Expressing your opinions'.

# Les droits des jeunes

Quels sont les droits légaux des jeunes en France?

**1a** Les affirmations suivantes sont-elles vraies ou fausses?

## VRAI OU FAUX?

**En France:**

1  Il faut avoir 18 ans pour pouvoir voter.

2  On peut conduire une voiture à l'âge de 16 ans, à condition d'être accompagné d'une personne majeure qui a son permis de conduire.

3  Le tabac n'est pas en vente libre.

4  On peut fumer partout.

5  La vente d'alcool est interdite au moins de 18 ans.

6  Un jeune qui a entre 16 et 18 ans ne peut pas boire de vin ou de bière.

7  On n'a pas le droit de boire de l'alcool dans les établissement scolaires.

8  Pour aller en boîte, il faut avoir au moins 14 ans.

9  Dans les bars et les cafés, l'âge minimal est fixé à 16 ans.

10  Un jeune de moins de 18 ans ne peut pas voir certains films.

**1b**  Ecoutez pour vérifier.

## Grammaire  ⇨ 169–170  ⇨ W68–69

### Negatives

In French, to make a sentence negative you have to use *ne ... pas* (not) around the verb.

Use *n'... pas* if the verb begins with a vowel.

(A)  Note down examples of negatives from the quiz.

  For other negatives see page 169

**2a** Lisez cette liste de droits et devinez la forme correcte pour chacun des verbes entre parenthèses.

1  L'instruction [*est / n'est pas*] obligatoire de 6 à 16 ans.

2  Le droit de publication (journaux, tracts, etc.) [*existe / n'existe pas*] dans les lycées.

3  Pour les mineurs, l'autorisation des parents [*est / n'est pas*] nécessaire pour avoir un moyen de contraception.

4  Un mineur [*peut / ne peut pas*] quitter le domicile familial sans la permission de ses parents.

5  Les parents [*ont / n'ont pas*] l'obligation de nourrir, héberger, élever leur enfant jusqu'à sa majorité à 18 ans.

6  Le droit au secret du courrier [*est / n'est pas*] garanti avant l'âge de 18 ans.

7  Un mineur [*peut / ne peut pas*] se marier sans le consentement de ses parents.

8  Légalement, un jeune [*peut / ne peut pas*] faire de "petits boulots" avant l'âge de 14 ans.

**2b**  Ecoutez pour vérifier. Combien de bonnes réponses avez-vous?

**En plus** Ecrivez cinq nouveaux droits qui vous sembleraient être utiles pour les jeunes d'aujourd'hui.

## Site "Droits des Jeunes"

En mars 2000, le ministère de la Jeunesse et des Sports français a ouvert un site Internet pour les 13-28 ans. Avec 1500 fiches classées par thème, le site "www.droitsdesjeunes.gouv.fr" offre des réponses à toutes ces questions que peuvent se poser les jeunes sur leurs droits. Extraits:

**Les parents ont-ils le droit de punir leur enfant?**
Même si aucun texte ne prévoit un droit de correction, l'usage admet certaines "violences légères" (coup de pied, gifles ...) à l'exception de toute brutalité excessive entraînant des traces apparentes et des conséquences médicales! Mais, attention, dès qu'il y a atteinte corporelle, psychologique, privation de soins et d'aliments, il s'agit de maltraitance. Les parents auteurs de tels faits sont sévèrement punis par la loi, d'autant plus si ces violences sont pratiquées sur un enfant de moins de 15 ans.

**Peut-on ajouter à son nom celui du parent qui ne nous a pas transmis le sien?**
Oui, depuis 1985, il est possible d'ajouter à son nom de naissance le nom de l'autre parent. Par exemple, si votre père s'appelle Dupond et votre mère Durand, vous pouvez ajouter à votre nom celui de votre mère et vous appeler Dupond-Durand.

**Quand peut-on avoir un compte en banque?**
Toute personne majeure peut ouvrir un compte. Les personnes mineures peuvent également en ouvrir, mais avec une autorisation de leurs parents ou de leur représentant légal. Les banques exigent un âge minimal, qui varie selon les établissements (13 ans, 16 ans ...).

## Compétences

### Speaking from notes

- Make sure you are working with notes (i.e. key points) and not a page of sentences.
- Structure your notes clearly.
- Create sentences around your key points. Do not try to translate English sentences into French sentences in your head. Instead use French expressions you know well.
- When recording yourself, take care with your pronunciation.

**3a** Lisez ces extraits et répondez aux questions.

1 Un parent a-t-il le droit de gifler son enfant?

2 La loi est-elle différente pour les violences sur un enfant de moins de 15 ans?

3 Un enfant est-il obligé d'avoir un seul nom de famille?

4 Faut-il être majeur(e) pour avoir le droit d'ouvrir un compte en banque?

5 L'âge minimal pour ouvrir un compte en banque est-il le même partout?

**3b** Complétez ces paires verbe / nom avec des mots du texte.
*Exemple: corriger / correction*

1 ...... / punition
2 gifler / ......
3 priver / ......
4 atteindre / ......
5 maltraiter / ......
6 autoriser / ......

**4a** 👥👥 Préparez trois questions à poser à ce site.

**4b** Imaginez les réponses à vos questions.

**5** Écrivez un quiz sur les droits des jeunes en Grande-Bretagne en vous aidant des thèmes traités aux pages 28–29.

**6** Que peut-on faire à 14 ans, à 16 ans, à 18 ans en France? Expliquez les droits légaux des jeunes, avec des notes pour vous guider.
- Lisez *Compétences*.
- Relisez les textes pages 28–29 et vos réponses aux activités 1–3. Prenez des notes.
- Organisez vos notes, et servez-vous en pour parler.

# Liberté d'expression

La liberté d'expression est un des droits fondamentaux d'un pays démocratique. Qu'est-ce que cela représente pour un jeune Français?

**1a** Lisez les phrases suivantes et décidez si elles sont des exemples de liberté d'expression ou des exemples d'actes irresponsables.

1 Ecrire pour un journal lycéen.
2 Peindre des graffiti dans le métro.
3 Chanter une chanson de rap contre la police.
4 Jeter de la peinture sur des manteaux en fourrure.
5 Manifester sans violence dans la rue.
6 Propager des propos racistes sur Internet.

**1b** Continuez la liste avec vos propres idées.

**2a** Lisez l'interview de Jean-Pierre et faites une liste en anglais des points essentiels dans chaque paragraphe.

**2b** Relisez l'interview et remplissez les blancs dans le résumé à droite.

*La Loupe* is a ...... newspaper published in ...... . The editor is called Jean-Pierre, he is 18 and, later in life, he would like to become a ...... .

There are around ...... people writing for *La Loupe*, which is published every two ...... and which usually contains twelve pages.

The newspaper is published ...... young people, ...... young people, with ...... on young people's ......, school life, poems, a ...... and ...... .

Jean-Pierre believes *La Loupe* has some influence over what happens in school. He explains how the publication of an article complaining about the ...... led to an improvement in school ...... .

**En plus** Lisez *Compétences* et faites les activités sur Feuille 10.

---

*Jean-Pierre, 18 ans, est responsable d'un journal lycéen à Toulouse. Il nous explique ici pourquoi, à son avis, ce genre de publication est si importante pour les jeunes.*

**Qu'est-ce qui t'as donné l'idée de monter un journal?**

- Tout d'abord, j'adore écrire et je voudrais être plus tard journaliste alors je pense que c'est une expérience importante pour moi. Aussi, je crois que les jeunes devraient tous utiliser au maximum leur droit d'expression. Dans un lycée ou dans un collège, beaucoup de choses sont décidées par l'administration ou les professeurs et un journal est un bon moyen de pouvoir donner son opinion.

**Est-ce-que tu peux décrire ton journal?**

- Avant tout, ce n'est pas 'mon' journal, mais celui de toute une équipe! Au total, il doit y avoir une trentaine de personnes qui écrivent son contenu, sans compter tous ceux qui nous aident à le photocopier et à le vendre! Mais, pour répondre à votre question, le journal s'appelle *La Loupe*. Il est publié tous les deux mois et fait généralement 12 pages. Il y a des rubriques sur les droits des jeunes, la vie au lycée, des poèmes, une bande dessinée et des petites annonces. En bref, c'est un journal fait par des jeunes, pour des jeunes.

- *La Loupe* a-t-elle influencé certaines décisions prises dans le lycée?

- Oui. Je crois que l'exemple le plus marquant est "l'affaire de la cantine"!

On a écrit un article assez dur sur la qualité des repas servis à la cantine qui a provoqué la colère du proviseur. Mais la réalité, c'est que la nourriture était vraiment de mauvaise qualité. A la parution de ce numéro, il y a eu une grande pétition dans l'établissement, signée par des centaines d'élèves. Et, soudain, les menus se sont mis à changer! C'était un bel exemple de réussite pour nous.

## Compétences

Writing a summary in English

- Read the the whole text very carefully.
- Re-read the text concentrating on each paragraph in turn.
- Make a list of the essential points contained in each paragraph (see *activité* 2a).
- Make sure you include only relevant details (look at your completed summary from *activité* 2b).
- Do not try to translate whole sentences literally. Think about the meaning and express that in clear English. It may help if you write your summary without referring to the original article.

**3a** Trois jeunes ont choisi différents moyens d'exprimer leurs opinions. Lisez les trois paragraphes et remplissez les blancs avec les verbes manquants.

### Alfred

Moi, j'aime …… des tags sur les murs de ville ou sur les portes de métro. Je sais que c'est illégal mais j'espère …… ainsi une réaction chez les gens. J'essaie aussi …… très artistique, comme ça, cela me permet aussi …… les rues!

| | |
|---|---|
| 1 provoquer | 3 de rester |
| 2 d'embellir | 4 dessiner |

### Pascal

A mon avis, le meilleur moyen d'expression, c'est le droit de vote. Grâce à ce droit, on peut …… et même empêcher certains politiciens racistes …… élus. On apprend aussi …… les autres et …… avancer les choses.

| | |
|---|---|
| 1 à respecter | 3 à faire |
| 2 d'être | 4 s'exprimer |

### Yassinda

Personnellement, j'ai décidé …… des chansons de rap pour pouvoir …… mon avis sur des choses que je trouve particulièrement importantes aujourd'hui. J'adore …… et cela m'aide en plus …… de bonne humeur!

| | |
|---|---|
| 1 d'écrire | 3 donner |
| 2 chanter | 4 à rester |

**3b** Faites un résumé en anglais de chaque paragraphe.

**4a** [image] Ecoutez une interview radio et répondez aux questions.

1  Quels sont les trois groupes de personnes qui manifestent?

2  De quelle ville sont les deux lycéens interviewés?

3  Lequel des deux lycéens a déjà manifesté trois fois cette semaine?

4  Quel âge a Marc? Peut-il voter?

5  Comment Sophie décrit-elle une manifestation typique?

6  Selon Sophie, quel genre d'endroit est le meilleur pour exprimer ses opinions?

**4b** Notez en anglais les arguments pour et contre les manifestations.

**5** A votre avis, quelles sont les limites de la liberté d'expression? Utilisez ce que vous avez déjà appris dans cette unité (vocabulaire, verbes suivis de l'infinitif, forme négative, etc.)

*Exemple: Je pense qu'on peut manifester dans les rues mais il ne faut pas casser de vitrines ou brûler de véhicules, et surtout, on ne doit pas agresser de personnes.*

# Citoyens, citoyennes

Qu'est-ce qu'un "bon" citoyen? Une personne qui respecte les autres? Qui vote? Qui ne jette pas d'ordures dans la rue? Pour certains, c'est aussi faire du bénévolat ...

## A votre avis, qu'est-ce qu'un citoyen parfait?

### Lionel

Je pense qu'un bon citoyen respecte les lois de son pays et ne commet pas de crimes. Aussi, je crois que c'est quelqu'un qui aide les autres, surtout ceux qui sont vulnérables, comme les enfants, les sans-abris* ou les personnes âgées. Cela peut simplement être un petit geste, un mot gentil ...
A mon avis, c'est plus une attitude qu'autre chose.

### Elisa

Un citoyen parfait, à mon avis, doit s'impliquer• au maximum dans les choses qui l'entourent*. Il doit voter, respecter l'environnement, écouter ceux qui l'entourent et surtout agir quand il y a un problème. Quelqu'un qui fait semblant* de ne pas voir un accident ou une agression, est pour moi l'exemple même d'un mauvais citoyen. Il faut accepter ses responsabilités civiques.

### Didier

Un citoyen parfait? Mais ça n'existe pas! Tout le monde fait des erreurs. Par exemple, on oublie d'attacher sa ceinture de sécurité*, on fume dans un endroit non-fumeurs ou on ne prend pas le temps d'aider une personne âgée à traverser la rue ...
Je crois que l'important c'est d'essayer de faire le moins d'erreurs possibles et de se rappeler qu'on n'est jamais seul dans une société.

### Paule

C'est difficile de définir ce qu'est un bon ou un mauvais citoyen. Je crois par exemple que quelqu'un qui est raciste ou violent est effectivement un mauvais citoyen. Au contraire, je pense que les gens qui aident les autres et essayent de se comporter au mieux dans une société sont de bons citoyens. Personne n'est parfait mais je pense que tout le monde devrait essayer de faire de son mieux.

---

* sans abri   *homeless person*
* s'impliquer   *to get involved*
* entourer   *to surround*
* faire semblant de   *to pretend to*
* une ceinture de securité   *seatbelt*

---

**1a** Lisez les réponses de ces quatre jeunes et résumez, en anglais, leurs points de vue. Utilisez *Compétences* page 31 pour vous aider.

**1b** Trouvez des exemples dans leurs réponses pour continuer la liste suivante. Ajoutez vos propres idées.

*Un bon citoyen*, c'est quelqu'un qui ...
– vote à chaque élection.
– respecte toujours les lois.
*Un mauvais citoyen*, c'est quelqu'un qui ...
– est violent pendant une manifestation.
– n'aide pas une personne âgée à traverser la rue.

**2a** 🔊 Etre bon citoyen, c'est aussi aider les autres. Beaucoup de jeunes choisissent de faire du bénévolat pendant leur temps libre. Ecoutez une publicité et retrouvez les paires de mots mentionnées.

| | |
|---|---|
| nettoyer | hôpital |
| posters | cancer |
| médicaments | football |
| personnes âgées | plages |
| repas | Tiers-Monde |
| enfants | SOS Racisme |
| jeunes | sans-abris |
| argent | devoirs |

**2b** 🔊 Réécoutez ces huit jeunes et expliquez, en français, ce que chacun d'entre eux fait.

**2b** Imaginez que vous êtes un des jeunes de la pub. Expliquez, en français, pourquoi vous avez choisi de faire ce travail bénévole. (Inventez!)

**Catherine, est-ce que tu peux décrire ton activité bénévole?**

> Oui, je travaille bénévolement tous les week-end dans un refuge pour animaux. C'est une occupation qui demande de la patience … et parfois du courage! En effet, je m'occupe essentiellement des chats qui ont été abandonnés. Quand ils arrivent ils sont souvent effrayés. Il faut du temps pour les mettre en confiance, les laver, les caresser …

**Est-ce que ce n'est pas un travail trop difficile?**

> Oh non! C'est un travail idéal pour moi parce j'adore les animaux et parce que je veux plus tard être vétérinaire. Je ne suis pas payée, mais c'est une expérience super. Je sais que j'aide des animaux en détresse. C'est ça le plus important. Pas juste de gagner de l'argent.

**3a** Lisez la première réponse de Catherine et répondez, en anglais, aux questions suivantes:

1 Where does she work? How often does she work there?

2 What two things are required for this job?

3 What requires time?

**3b** Lisez la deuxième réponse de Catherine et résumez, en anglais, les raisons pour lesquelles elle a choisi ce travail.

**4** Et vous? Quel travail bénévole aimeriez-vous faire? Pourquoi?

## Grammaire ⇨ 152 ⇨ W6–7

### Partitive articles

Here are the different ways to say 'some' or 'any' in French.

| masculine | feminine | plural |
|---|---|---|
| du / de l' | de la / de l' | des |

Note: after a negative and before an adjective, use *de*.

Ⓐ List all the partitive articles used in the interview with Catherine.

Ⓑ Copy and complete the following sentences with a partitive article.

 a Il faut avoir …… temps libre pour être bénévole.

 b Nettoyer …… plages n'est pas un travail facile.

 c A mon avis, le bénévolat donne …… espoir aux gens.

 d Moi, je prépare …… nourriture pour les sans-abris pendant l'hiver.

# Au choix

**1a** S🔲 Ecoutez cette publicité sur la Carte Jeunes – une carte qui donne des réductions aux jeunes – et répondez aux questions.

1 Quel âge faut-il avoir pour pouvoir utiliser la Carte Jeunes?

2 Combien d'avantages propose-t-elle?

3 Notez les cinq domaines dans lesquels la Carte Jeunes donne des réductions.

4 Où peut-on utilisez la Carte Jeunes: seulement en France ou dans toute l'Europe?

**2** Préparez une courte présentation sur un des sujets suivants.

**A** Les signes d'indépendance pour les jeunes

**B** Les droits des jeunes

**C** La liberté d'expression

**D** Les responsabilités d'un bon citoyen

Cherchez d'abord des idées et des expressions utiles. Préparez des notes à utiliser pendant la présentation.
Utilisez:
- *Compétences* page 29
- les idées et le vocabulaire de cette unité

**3** 👥 Choisissez une ou deux des activités suivantes, à faire seul(e) ou avec un(e) partenaire.

**a** Faites un poster expliquant dix droits des jeunes en France.
Utilisez les idées des pages 28–29.

**b** Ecrivez un dépliant pour encourager les jeunes à se comporter en bons citoyens.
Utilisez les idées des pages 32–33.

**c** Ecrivez les paroles d'une chanson de rap sur le thème de la liberté d'expression.
Utilisez les idées des pages 30–31.

**En plus** D'autres activités, Feuille 11.

## Phonétique S🔲

### Les sons 'é', 'ais', 'è', 'ère', 'er'

1 Ecoutez et répétez ces différents sons français.

| | |
|---|---|
| **é** | libert**é**, r**é**ussir, m**é**tier, **é**cole, ind**é**pendant |
| **ais** | f**ai**re, **ai**de, m**ai**son, parf**ai**t, vr**ai**ment |
| **è** | biblioth**è**que, syst**è**me, succ**è**de, **ê**tre, cr**ê**pes |
| **ère** | ch**ère**, p**ère**, m**ère**, fr**ère**, col**ère** |
| **er** | all**er**, donn**er**, chang**er**, essay**er**, expliqu**er** |

**1** Look at this material and prepare your response to the questions given. *(5 marks)*

**Questions**

◆ De quoi s'agit-il ?

◆ Quelles sont les principales différences entre une famille de cette époque et une famille d'aujourd'hui?

◆ Quels sont les points positifs et les points négatifs de chaque modèle?

◆ Et vous, quel serait votre modèle de famille idéale?

**2** 🔊 Listen to Bastien and Sylvie talking about their family life. Using the bullet points as a guide, summarize the item **in English**. *(6 marks)*

◆ What they think of being an only child

◆ The reasons for their opinion

**3** 🔊 Ecoutez ce passage et trouvez les mots qui manquent dans le résumé fait par Olivier. *(14 marks)*

"Je .......... avec Laura depuis que j'ai .............. ans et nous n'........... pas l'intention de ................ .

Comme beaucoup de ..................... français, on ........ choisi de vivre en ..................... sans les cérémonies d'un ................... à la ................... ou à l'......................... ."

A mon avis, le mariage est un ................... sans véritable signification et .................. pense que le ................ ne garantie même plus qu'on restera toujours ..................... puisqu'on peut ......................... ."

| | | | |
|---|---|---|---|
| vis | ensemble avons nous marier jeunes mairie | | |

vis    ensemble    avons    nous marier    jeunes    mairie
Laura    concubinage    mariage    vingt    église
divorcer    rituel    mariage    a

**4** La famille en Grande-Bretagne est-elle en crise? Répondez à cette question en 50 mots.
**Attention! Il y a 10 points supplémentaires pour la qualité de votre langue.** *(20 marks)*

Quelques chiffres pour vous aider:

| | France | GB |
|---|---|---|
| nombre de mariages/1000 habitants | 4,4 | 6,1 |
| nombre de divorces/1000 habitants | 2,0 | 3,0 |
| nombre d'enfants par femme (15–44 ans) | 1,7 | 1,8 |
| pourcentage de familles mono-parentales | 10,4 | 13,5 |
| pourcentage de familles sans enfants | 44 | 39 |
| pourcentage de familles avec trois enfants ou plus | 6 | 11 |

## A Surveillant de cantine scolaire

Cette activité ne vous prend qu'une heure et demie par jour. Côté intensité, en revanche, vous aurez votre compte: ce sont des enfants de la maternelle au CM2 qu'il faut surveiller. Ce sont les municipalités qui recrutent. Cette activité régulière ne prend pas trop de temps au quotidien (vos heures de déjeuner) mais le salaire est bien maigre: 150 F par mois environ.

## B Equipier dans un fast-food

Vous serez affecté soit aux cuisines, soit à la caisse, soit au nettoyage. Vous pouvez aménager votre emploi du temps à votre guise (mais difficile d'éviter les coups de feu du week-end). Ce job, qui prend une vingtaine d'heures par semaine, est rémunéré sur la base du SMIC. Le moyen le plus sûr pour le décrocher est de s'adresser directement au responsable de chaque restaurant. Si vous voulez devenir manager, contactez les sièges sociaux des grands noms du fast-food. A déconseiller à ceux qui n'aiment ni les odeurs de frites ni la tyrannie des chefs d'équipe.

## C Surveillant de baignade

La fonction n'est ouverte qu'aux détenteurs de certains diplômes. Idéal pour le bronzage et les conquêtes, ce job se pratique surtout l'été et le week-end. Attention! Vous êtes responsable en cas d'incident. Il vous rapportera 1 000 F bruts/mois si vous êtes simple surveillant de baignade (diplôme BNSSA), et à partir de 1 100 F brut/mois si vous êtes maître-nageur (diplôme BEESAN).

## D Contrôleur de cinéma

Le métier est en perte de vitesse, mais les cinémas continuent à recruter des étudiants, essentiellement le week-end et pendant les vacances scolaires. Ce job monopolise vos soirées, jusqu'à 1 heure du matin environ, vos vacances de Noël et de Pâques et vos week-ends. L'avantage, c'est que vous pouvez regarder les films gratuitement en dehors de vos heures de travail (cependant, vous ne les verrez jamais en entier). Vous toucherez le SMIC, parfois un pourcentage sur les ventes de confiserie. Les pourboires sont interdits en général.

## E Jeune fille au pair

Vous aurez le choix entre l'Europe, la Russie et l'Amérique du Nord (ailleurs, c'est plus difficile de trouver des séjours organisés). La plupart des familles d'accueil comportent des enfants qui ne demandent pas mieux que d'apprendre le français – ce qui ne vous empêchera pas de faire un peu de ménage. Payé en moyenne de 150 à 200 F par mois, nourri et logé, pendant une année scolaire, vous devrez trente heures hebdomadaires à votre employeur (maximum légal autorisé par les organismes de placement). Ce job est idéal pour se perfectionner dans la langue du pays d'accueil mais le voyage est à votre charge.

**5a** Lisez ces petites annonces et corrigez les erreurs dans les phrases suivantes. *(12 marks)*

**a** Un surveillant de baignade avec un diplôme BEESAN gagne 1 100 **F** bruts par semaine. *(1 mark)*

**b** Un contrôleur de cinéma touche deux fois le SMIC. *(1 mark)*

**c** Un équipier de fast-food travaille seulement aux cuisines. *(3 marks)*

**d** Les jeunes filles au pair ne doivent pas payer leur voyage. *(1 mark)*

**e** Le salaire d'un surveillant de cantine est élevé. *(1 mark)*

**f** Un équipier de fast-food travaille environ douze heures par semaine. *(1 mark)*

**g** Une jeune fille au pair ne fait jamais le ménage. *(1 mark)*

**h** Un contrôleur de cinéma travaille tard, mais pas pendant les vacances de Noël. *(1 mark)*

**i** Un surveillant de baignade travaille surtout l'hiver et le week-end. *(1 mark)*

**j** Ce sont les écoles qui recrutent les surveillants de cantine. *(1 mark)*

**5b** 👥 Donnez à votre partenaire un ou plusieurs détails sur un des petits boulots. Il/Elle doit retrouver le plus vite possible duquel il s'agit.

*Exemples: On est responsable en cas d'accident = surveillant de baignade*
*Il faut aimer l'odeur des frites = équipier de fast-food*

# Les loisirs

By the end of this unit you will be able to:

- Describe different hobbies and pastimes
- Discuss what French people like to do in their free time
- Describe various sports in detail
- Compare different types of holidays
- Discuss reasons for choosing different holidays
- Talk about the development of tourism in France

- Understand statistics and comment on them
- Ask questions
- Use *venir de* + infinitive
- Use the perfect tense with *être* and *avoir*
- Pronounce French nasal vowels

**1a** Regardez le camembert et utilisez les indices pour retrouver à quoi correspond chaque chiffre.

**Destination des Français qui partent en vacances d'été**

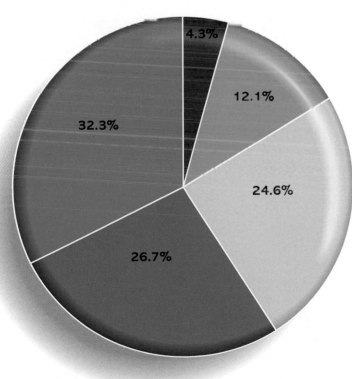

**Indices**

1 Presque autant de Français vont à la mer que dans une ville.
2 En moyenne, un Français sur trois passe ses vacances à la campagne.
3 Environ trois fois plus de Français vont à la montagne que près d'un lac.
4 Environ deux fois moins de Français vont à la montagne que dans une ville.
5 Moins de Français vont à la mer qu'à la ville.
6 Plus de Français vont dans une ville qu'à la ville.
7 La destination la plus populaire n'est pas la mer.
8 La destination la moins populaire n'est pas la ville.

| Réponses: | | |
| --- | --- | --- |
| campagne | 32.3% | couleur: bleu |
| lac | ...... % | couleur: ...... |
| mer | ...... % | couleur: ...... |
| montagne | ...... % | couleur: ...... |
| ville | ...... % | couleur: ...... |

**1b** Faites un sondage dans votre classe: Où allez-vous en vacances d'été? Comparez vos résultats avec ceux du sondage français.

# Les loisirs des Français

Que font les Français pendant leur temps libre? Les jeunes ont-ils les mêmes passe-temps que leurs parents? Et quel impact ont les nouveaux loisirs sur la population française?

**1a** 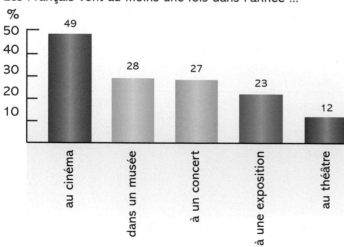 Écoutez cinq jeunes qui expliquent comment ils aiment se détendre. Pour chacun d'entre eux, trouvez:

  **a** le loisir qu'il/elle préfère.

  **b** quand il/elle aime se détendre de cette façon.

**1b** Réécoutez et notez pourquoi il/elle aime ce type de loisir.

**1c** Écoutez encore une fois. Recopiez et complétez les expressions-clés.

### Expressions-clés

J'adore aller …

J'y vais …

On peut …

J'adore plus particulièrement …

C'est avec ça que …

Je suis fana de …

Ce que j'aime, c'est …

D'habitude, …

## Grammaire ⇨164 ⇨W36–37

*venir de* + infinitive

Use the present tense of *venir* followed by *de* to describe something someone has just done. The verb following *venir de* must be in the infinitive.

*Je viens de voir ce film.* I have just seen this film.

*Il vient d'acheter un ordinateur.* He has just bought a computer.

**Ⓐ** Complete the following sentences with *venir de* + infinitive.

  **1** Elles …… le premier livre Harry Potter. [just read]

  **2** Tu …… mille francs à la Loterie? [just won]

  **3** Il …… dans ce nouveau restaurant. [just eaten]

  **4** Nous …… le musée d'Art Moderne de Berlin. [just visited]

  **5** Je …… la dernière chanson de REM. [just heard]

  **6** Vous …… la soirée avec les amis de Richard? [just spent]

## Statistiques

### Tableau 1

Les Français vont au moins une fois dans l'année …

%

| au cinéma | dans un musée | à un concert | à une exposition | au théâtre |
|---|---|---|---|---|
| 49 | 28 | 27 | 23 | 12 |

### Tableau 2

Comparaison des taux de pratique de certains loisirs des 15-25 ans et des plus de 26 ans, au moins une fois dans l'année.

| | 15–25 ans | 26 ans et plus |
|---|---|---|
| cinéma | 90% | 43% |
| discothèque | 69% | 17% |
| fête foraine | 58% | 41% |
| concert de rock | 42% | 6% |
| parc d'attractions | 37% | 13% |
| match (payant) | 36% | 22% |
| monument historique | 31% | 25% |
| musée | 27% | 31% |
| théâtre | 17% | 14% |
| cirque | 10% | 10% |
| spectacle de danse | 5% | 7% |
| opéra | 3% | 4% |

**Tableau 3**

En moyenne, les Français consacrent

chaque jour …

37 minutes à la presse

2 heures à la radio

3 heures 20 à la télé

**Tableau 4**

Evolution de l'équipement de loisir des ménages:

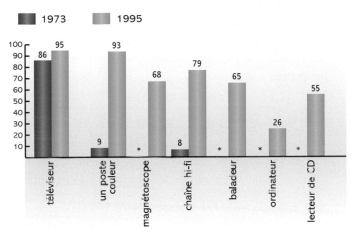

(* la question n'avait pas été posée)

## Compétences

### Understanding statistics

When dealing with statistics:

- Check all dates and make sure you know what the figures refer to (i.e. numbers in millions, percentages, rank, etc).

- Be careful with visual representation: the scale can be misleading (i.e. a gap between two figures on a bar chart might, for example, appear bigger than it would in a table).

- Finally, try to be accurate when commenting on statistics (i.e. instead of saying 'more than', try to use expressions such as 'twice as many as') and make sure you know all your numbers in French, including large ones and decimals (i.e. 1999, 12,37%, 250 000, etc.).

 Faites les activités sur Feuille 12.

**2a** Regardez bien les quatre tableaux pages 38–39. Quel tableau …

**a** compare deux groupes d'âge?

**b** compare deux années différentes?

**c** donne une vue globale des sorties des Français?

**d** donne une durée moyenne pour différents loisirs?

**2b** Lisez ces affirmations. Vrai ou faux? Corrigez celles qui sont fausses.

*Exemple: 27% des Français vont au moins une fois dans l'année au cinéma. Faux. C'est 49% des Français qui vont au moins une fois dans l'année au cinéma.*

**1** En 1995, plus de la moitié des ménages français avaient un baladeur.

**2** Les concerts de rock sont plus populaires chez les 26 ans et plus, que chez les 15–25 ans.

**3** En moyenne, les Français consacrent moins de temps à la radio qu'à la télé.

**4** Environ un quart des Français vont au moins une fois dans l'année à une exposition.

**5** Environ six Français sur dix avaient un téléviseur en 1973.

**3** 👥👥 **A** soumet à **B** des affirmations similaires à celles de l'activité 2b. **B** doit décider le plus vite possible si elles sont vraies ou fausses et corriger celles qui sont fausses. Puis, changez de rôles.

**4** Regardez bien les quatre tableaux de statistiques et écrivez un commentaire sur chacun d'entre eux. Essayez de trouvez un maximum d'apects positifs et négatifs.

### Mots-clés

| | |
|---|---|
| la moitié (de) | *half (of)* |
| un tiers (de) | *a third (of)* |
| un quart (de) | *a quarter (of)* |
| en moyenne | *on average* |
| environ | *around* |
| presque | *almost* |

# Activités sportives

Comment décrire tous les différents types de sport qu'on peut aujourd'hui pratiquer? Pourquoi certaines personnes préfèrent-elles les sports de combat? Ou les sports à sensations fortes?

**1a** Devinez l'ordre de popularité de ces sports en France. Reliez.

| | Nombre de licenciés | | |
|---|---|---|---|
| Ski | 1 | ...... | 1 580 152 |
| Rugby | 2 | ...... | 1 239 442 |
| Golf | 3 | ...... | 501 182 |
| Natation | 4 | ...... | 476 186 |
| Basket-ball | 5 | ...... | 450 123 |
| Football | 6 | ...... | 432 782 |
| Handball | 7 | ...... | 286 291 |
| Tennis | 8 | ...... | 222 680 |
| Voile | 9 | ...... | 216 540 |
| Equitation | 10 | ...... | 196 434 |
| Pétanque | 11 | ...... | 154 886 |
| Judo | 12 | ...... | 73 685 |

**1b** 🔊 Ecoutez pour vérifier.

**1c** 👥 Quels sont à votre avis les dix sports les plus populaires dans votre pays? Faites une liste et comparez.

**2** Répondez oralement aux questions suivantes.

**1** Quels sports avez-vous déjà pratiqués?

**2** Quels sports aimez-vous regarder à la télé?

**3** Quels sports n'aimez-vous pas?

**3** Lisez l'interview à droite et remettez ces huit questions à leur place.

**a** Fais-tu d'autres sports à part le VTT?

**b** Qu'est-ce qui te plaît le plus dans le VTT?

**c** Où préfères-tu faire du VTT?

**d** Est-ce que tu fais toujours du VTT seul?

**e** Pourquoi?

**f** Combien de fois par semaine t'entraînes-tu?

**g** Quels conseils donnerais-tu à quelqu'un qui commence juste à faire du VTT?

**h** Quand as-tu commencé à faire du VTT?

## Pascal, fou de VTT

**Q1** ..............................................................

A l'âge de huit ans. Mon père m'a acheté mon premier vélo, et de suite, ça a été le coup de foudre.

**Q2** ..............................................................

Je sors tous les jours pendant au moins une heure, et le week-end j'essaie de faire un maximum de kilomètres.

**Q3** ..............................................................

Dans des forêts ou dans des parcs naturels, c'est-à-dire loin des voitures et près de la nature! Le seul truc que je déteste, c'est la pluie et la boue.

**Q4** ..............................................................

Non, pas toujours. J'ai plusieurs amis qui aiment le VTT, mais pas autant que moi! Du coup, c'est vrai, je sors souvent seul. Ça me permet aussi de mieux profiter de la nature et des sensations de liberté.

**Q5** ..............................................................

La vitesse et le danger! Je fais très attention mais il y a toujours un risque de tomber et de se blesser. Et pour moi, ça augmente le plaisir!

**Q6** ..............................................................

Parce que plus on va vite sans tomber, plus on a de sensations fortes. C'est difficile à expliquer ...

**Q7** ..............................................................

Il faut toujours porter un casque, plus, si possible, des coudières et des genouillères. Aussi, en été, il ne faut ne pas oublier de mettre de la crème solaire et de porter des lunettes de soleil.

**Q8** ..............................................................

Oui. Je fais du ski en hiver et du surf en été - et j'aime bien aussi le rafting et la randonnée. Tous des sports près de la nature qu'on peut pratiquer seul ou à plusieurs: exactement mon genre!

**4** Relisez l'interview et trouvez:

1 cinq choses qui permettent de se protéger quand on fait du VTT
2 deux choses que Pascal déteste
3 quatre autres sports qu'il pratique
4 deux endroits où il aime faire du VTT
5 deux choses qui lui plaisent dans le VTT

**5a**  Ecoutez trois jeunes: Hervé, Isabelle et Pascal, parler des sports qu'ils pratiquent. Pour chacun, répondez aux questions.

*Exemple:*

*Hervé: 1 la planche à voile …*

1 Quel sport pratique-t-il/elle?

2 Où?

3 Avec qui?

4 Quand?

5 Quel type d'équipement faut-il?

6 Quels sont les avantages et inconvénients de ce sport?

**5b**  Réécoutez et trouvez la traduction des phrases suivantes en français.

1 I train twelve months a year.

2 I think windsurfing is the perfect sport.

3 It gives a wonderful feeling of speed and freedom.

4 My favourite sport is rock climbing.

5 Rock climbing is a rather dangerous sport.

6 It is a sport which you can practise on your own or with other people.

7 You must wear a helmet and a life jacket.

8 It is also essential to know how to swim.

9 The only negative aspect: I can only go rafting for two months a year.

**6** Imaginez l'interview de chacune de ces personnes. **A** pose des questions en s'aidant de l'activité 3 et de la section *Grammaire*. **B** répond en s'aidant de l'activité 5. Puis, changez de rôles.

**7** Et vous, quel genre de sport aimez vous? Pourquoi? Utilisez les expressions tirées des activités 5 et 6.

**En plus** Voir la Feuille 13: Les sports à la mode.

---

## Grammaire  ⇨ 170  ⇨ W12

### Questions

You can ask questions in several different ways:

**A** Add a question mark at the end of a statement

*Tu aimes le football?*

The intonation is important here. Just making your voice go up at the end changes a statement to a question.

**B** Use *est-ce que* + subject + verb

*Est-ce que tu aimes le football?*

**C** Turn subject and verb around

*Aimes-tu le football?*

**D** Use a 'question word', such as:

| | |
|---|---|
| Qui? | Who? |
| Quand? | When? |
| Pourquoi? | Why? |
| Où? | Where? |
| Comment? | How? |
| Combien? | How many?/ How much? |
| Que? | What? |
| Quel(le)(s) | Which? What? |

**A** Look at *activité* 3. Which type of question A, B, C or D is each of the questions asked in the interview?

# Destination: vacances!

Quel type de vacances préférez-vous? Comment choisit-on ses vacances idéales? Et saviez-vous que la France est au premier rang mondial des pays touristiques?

## Sondage: Quel type de vacances préférez-vous?

**Vous aimez passer des vacances ...**

A 1 seul(e)
  2 avec des ami(e)s
  3 avec votre école
  4 en famille

B 1 chez vous
  2 dans votre région
  3 dans votre pays
  4 à l'étranger

C 1 à la mer
  2 à la montagne
  3 à la campagne
  4 en ville

**Pour vos vacances, vous aimez rester ...**

D 1 dans un hôtel
  2 dans un camping
  3 dans une auberge de jeunesse
  4 dans une chambre d'hôte
  5 dans un appartement
  6 dans une maison
  7 dans un camp de vacances
  8 chez des amis/de la famille

**Vous aimez voyager ...**

E 1 en voiture
  2 en avion
  3 en train
  4 en bateau
  5 en bus
  6 à vélo

**Pendant vos vacances, vous aimez ...**

F 1 bronzer sur une plage
  2 faire des activités sportives
  3 visiter des endroits/des monuments
  4 rencontrer des gens nouveaux
  5 découvrir une culture différente
  6 aller en boîte/sortir le soir

**1a** Répondez aux questions de ce sondage et expliquez oralement chacun de vos choix.

*Exemples: A2 J'aime passer mes vacances avec mes amis parce qu'on a les mêmes goûts.*

*E1 Je préfère voyager en voiture parce que j'ai peur des avions et des bateaux!*

**1b** 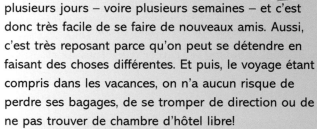 Comparez vos résultats avec ceux du reste de la classe. Existe-t-il une tendance générale? Si oui, laquelle?

**1c** Utilisez les combinaisons suivantes pour présenter les vacances que ces personnes aiment.

*Exemple: Amanda aime partir en vacances, seule, à l'étranger, etc.*

  **a** Amanda:  A1  B4  C4  D1  E2  F3
  **b** Marc:  A2  B1  C1  D3  E3  F1
  **c** Thomas:  A3  B3  C2  D2  E5  F4
  **d** Gisèle:  A4  B2  C3  D8  E1  F6

**2a** Lisez le texte de Sylvie et notez pourquoi elle aime les vacances organisées.

### Sylvie

Mon type de vacances préféré, c'est un séjour dans un camp de vacances comme le Club Med. Là, tout est organisé: les activités sportives, la nourriture, la vie sociale, etc. On est entouré des mêmes personnes pendant plusieurs jours – voire plusieurs semaines – et c'est donc très facile de se faire de nouveaux amis. Aussi, c'est très reposant parce qu'on peut se détendre en faisant des choses différentes. Et puis, le voyage étant compris dans les vacances, on n'a aucun risque de perdre ses bagages, de se tromper de direction ou de ne pas trouver de chambre d'hôtel libre!

**2b** 🔊 Ecoutez maintenant Denis et notez pourquoi il aime les vacances à l'aventure.

**2c** Remplissez la grille avec les opinions de Sylvie et de Denis et ajoutez vos propres idées si possible.

| vacances à l'aventure | | vacances organisées | |
|---|---|---|---|
| avantages | inconvénients | avantages | inconvénients |

**3** Et vous? Quel type de vacances préférez-vous? Pourquoi? Utilisez des expressions tirées des activités 1 et 2.

## LES CENTER PARCS

La formule des Center Parcs, hollandaise à l'origine (l'entreprise a été rachetée depuis) se compose de résidences en dur (cottages disséminés dans un grand parc et situés en bordure de lacs artificiels) et d'activités de loisirs. La bulle aquatique est le centre d'attraction, avec son eau à 29°C toute l'année, ses Jacuzzis à 36°C, ses palmiers et ses toboggans.

Ce paradis artificiel a séduit les Français dès la mise en service du premier parc, en Normandie. Le taux de remplissage, supérieur à 90%, a incité les promoteurs à en construire un second en Sologne, qui connaît un engouement comparable. Le succès s'explique par le concept même, qui est en phase avec les attentes actuelles des vacanciers. La sécurité et la tranquillité y sont en particulier assurées. Le parc est gardé, les voitures n'étant admises que pour décharger les bagages. La bulle "stérile" recrée un climat et une végétation de type tropical sans les inconvénients qui y sont généralement associés: insectes, risques d'agression ou de coup de soleil …

La formule favorise surtout la vie familiale, tout en préservant la liberté de chacun; il suffit de louer un vélo ou de marcher à pied pour jouir de son autonomie. Enfin, l'implantation des sites a été faite avec

un réel souci écologique, de sorte que les clients ont l'impression d'être à la campagne.

Les séjours à Center Parcs (courts pour la plupart) constituent une alternative économique à la résidence secondaire, aux sports d'hiver et même, dans certains cas, aux voyages lointains.

**4** Lisez l'article sur les Center Parcs et répondez, en anglais, aux questions.

1 What is the main attraction in a Center Parc? Describe its main features.

2 How many Center Parcs have been built in France? Where?

3 Which modes of transport can and can't be used in a Center Parc?

4 What disadvantages are usually associated with a tropical climate?

5 To what type of holiday does a Center Parc provide an alternative?

**5a** Lisez les chiffres sur le tourisme international. Essayez, pour chaque pays, de deviner les raisons qui poussent les touristes à le visiter.
Raisons possibles:
- climat agréable
- séjour linguistique
- sites archéologiques/ruines
- gastronomie de renommée
- vie nocturne/boîtes de nuit
- paysages spectaculaires
- monuments historiques célèbres
- parcs de loisirs
- taux de change avantageux
- grand nombre de plages

| Tourisme international | | | |
|---|---|---|---|
| | Nombre de visiteurs (en millions) | Rang (en 1985) | Rang (en 1997) |
| **France** | 66,9 | 1 | 1 |
| **Etats-Unis** | 48,4 | 4 | 2 |
| **Espagne** | 43,4 | 2 | 3 |
| **Italie** | 34,1 | 3 | 4 |
| **Royaume-Uni** | 25,9 | 6 | 5 |
| **Chine** | 23,7 | 13 | 6 |
| **Pologne** | 19,5 | 22 | 7 |
| **Mexique** | 19,4 | 9 | 8 |
| **Canada** | 17,6 | 7 | 9 |

**5b** Discutez en groupes de 3 ou 4 personnes.

1 Personnellement, dans lequel de ces pays aimeriez-vous aller? Pourquoi?

2 Pouvez-vous expliquer pourquoi la France est au premier rang mondial?

3 Etes-vous surpris(e) par la présence d'un ou de plusieurs pays dans cette liste? Le(s)quel(s)? Pourquoi?

**6** Choisissez une destination de vacances. Ecrivez un court paragraphe pour expliquer quel type de personne aimerait passer des vacances dans cet endroit.

43

Comment les Français passent-ils leurs vacances? Une question qui concerne à la fois les vacanciers et les lieux qui les accueillent. Parce que le tourisme peut être à la fois paradis ... ou enfer.

## LES FRANÇAIS EN VACANCES

Depuis l'instauration des congés payés en 1936, le temps de travail en France a continué à baisser.

En 1936, les Français avaient deux semaines de vacances. Un chiffre qui est monté à trois semaines en 1956, quatre en 1963 et cinq en 1981.

Les sociologues ont calculé que sur une année de vie, une personne salariée passait aujourd'hui en moyenne 20% de son temps à travailler et dans les transports, 33% à dormir et 47% à d'autres occupations – dont une bonne partie consacrée aux vacances.

En 1998 par exemple, près des trois quarts des Français ont voyagé au moins une fois en France ou à l'étranger. Environ neuf fois sur dix, ces Français sont restés dans l'hexagone; ils sont par exemple allés chez des amis, de la famille, ou ont profité de leur résidence secondaire.

Durant cette année, les Français ont ainsi passé un nombre total de 947 millions de nuits en vacances, dont 828 en France.

**1** Lisez le texte et décidez si les affirmations suivantes sont vraies ou fausses. Corrigez celles qui sont fausses.

  **1** En 1963, les Français avaient deux fois plus de vacances qu'en 1936.

  **2** Une personne salariée passe aujourd'hui environ un tiers de son temps à travailler.

  **3** En 1998, près des trois quarts de la population française ont voyagé à l'étranger.

  **4** Environ neuf fois sur dix, les Français qui ont voyagé sont restés dans l'hexagone.

  **5** Ils ont passé au total 947 nuits de vacances en France.

**2a** 🔊 Ecoutez le premier passage 'Vacances à l'étranger'. Faites un résumé en anglais des points suivants:

  ◆ The number of French people who go abroad each year

  ◆ The most visited countries
  ◆ The factors that have made travelling abroad easier
  ◆ How French people's holiday habits compare with those of their European neighbours

**2b** 🔊 Ecoutez le deuxième passage 'Vacances d'hiver, vacances d'été'. Retrouvez les informations suivantes:

  **1** Pourcentage de Français qui partaient en vacances au début des années 60.

  **2** Pourcentage de Français qui partent aujourd'hui en vacances.

  **3** Nombre de Français qui partent en vacances d'été.

  **4** Nombre de Français qui partent en vacances d'hiver.

  **5** Exemples de sports pratiqués, en vacances, par les Français. (5)

## Grammaire ⇨ 162–163 ⇨ W38–43

### The perfect tense with *avoir*

The perfect tense is called *le passé composé* in French, i.e. it is 'composed' of two elements:

1 *avoir* or *être* in the present tense +

2 the past participle of the main verb

> **Examples:** *Tu **as vu** un film d'action.* [as + vu]
>
> *Elle **a joué** au tennis hier.* [a + joué]

It is used to describe an action completed in the past. The vast majority of verbs work with *avoir*.

**A** Look at the article 'Les Français en vacances' on page 44. Note down six examples of verbs in the perfect tense and translate them into English.

### Past participles

To form a past participle:

- verbs ending -*er* change to -*é*   voyag**er** ⟶ voyag**é**
- verbs ending -*ir* change to -*i*   part**ir** ⟶ part**i**
- verbs ending -*re* change to -*u*   entend**re** ⟶ entend**u**

Many verbs have irregular past participles, e.g. *voir* ⟶ *vu*

### The perfect tense with *être*

Only a small minority of verbs work with *être* in the perfect tense. They include:

- all reflexive verbs
- the following common verbs: *aller, arriver, descendre, devenir, entrer, monter, mourir, naître, partir, rester, revenir, sortir, tomber, venir*

To form the perfect tense, take the present tense of *être* and add the past participle. Remember: when *être* is used to form the perfect tense, the past participle has to agree with the subject of the sentence.

**Examples:**

| | |
|---|---|
| *Il **est allé** en Espagne.* | *He went to Spain.* |
| *Elle **est allée** en Espagne.* | *She went to Spain.* |
| *Ils **sont allés** en Espagne.* | *They went to Spain.* |
| *Elles **sont allées** en Espagne.* | *They went to Spain.* |

**B** Read the following account and describe what Isabelle did during the holiday.

> **Example:** *Isabelle est partie en vacances avec son amie Joëlle, etc.*

> #### Joëlle
>
> L'été dernier, je suis partie en vacances avec mon amie Isabelle. Nous avons nagé tous les jours pendant deux heures et nous avons rencontré beaucoup de gens. Nous sommes allées sur la Côte d'Azur et nous sommes restées dans un hôtel trois étoiles pendant deux semaines. C'était bien mais aussi très fatigant!

**C** Now describe what Joëlle and Isabelle did on holiday.

> **Example:** *Joëlle et Isabelle sont parties en vacances ensemble, etc.*

### Agreement: with *avoir*

With *avoir* the past participle does not need to agree, except when there is a direct object before the verb.

**Examples:**

*le tournoi que j'ai **gagné** ce week-end*

*la coupe que j'ai **gagnée** ce week-end*

*les matchs que j'ai **gagnés** ce week-end*

*les courses que j'ai **gagnées** ce week-end*

**D** Complete the following sentences with a verb in the perfect tense.

> **Example:** *ont eues (les disputes)*

1 Les disputes que Jean et Karine …… étaient toutes stupides. [*avoir*]

2 La plage que Joëlle et Isabelle …… n'était pas très grande. [*choisir*]

3 Le refuge dans lequel Jean …… était très prés des pistes de ski. [*dormir*]

4 Les gens que Joëlle et Isabelle …… étaient très bavards. [*rencontrer*]

5 La chambre que les parents de Paul …… était très propre. [*reserver*]

**E** Describe a past holiday, using the perfect tense.

# Au choix

**1a** Reliez.

| CALENDRIER DES FÊTES | | | |
|---|---|---|---|
| 1 | Fête du travail | A | 6 janvier |
| 2 | Toussaint | B | 2 février |
| 3 | Fête des Rois | C | 1er mai |
| 4 | Anniversaire de l'Armistice | D | 8 mai de 1945 |
| 5 | Fête Nationale | E | 14 juillet |
| 6 | Chandeleur | F | 1er novembre |
| 7 | Anniversaire de l'Armistice | G | 11 novembre de 1918 |

**1b** **S🔊** Ecoutez ces informations sur les fêtes traditionnelles en France. Vérifiez vos réponses à l'activité 1a et ajoutez une description de chaque fête.

**En plus** Feuille 14

**2a** Voici une liste d'arguments sur les désavantages du tourisme. Faites correspondre les moitiés de phrases.

1 La nuit, il y a beaucoup de bruit à cause …
2 Certains jeunes vacanciers ivres provoquent …
3 Il y a des embouteillages à cause du nombre …
4 Des endroits (mer, montagne, campagne, ville) …
5 Le tourisme fait augmenter …
6 Certains vacanciers ne respectent pas …

A des cafés, des restaurants et des boîtes de nuit.
B les traditions des habitants d'un pays.
C sont pollués par les ordures des vacanciers.
D les prix dans les supermarchés.
E de voitures, de caravanes et de bus.
F des bagarres ou des dégâts matériels.

**2b** **S🔊** Ecoutez six points de vue sur le tourisme.

**2c** **S🔊** Réécoutez et notez du vocabulaire utile pour la présentation (activité 2d).

**2d** Faites une courte présentation orale sur les avantages et les inconvénients du tourisme.

**3** Décrivez vos vacances idéales (100–150 mots). Utilisez:
- le vocabulaire des loisirs et des sports pages 38, 40
- les idées et le vocabulaire des pages 37, 42–43

## Phonétique **S🔊**

Les sons 'in', 'an', 'on', 'un', 'en'

① Ecoutez et répétez ces différents sons français.

**in** **in**téressant, **in**ternational, mat**in**, **im**portant, **im**possible

*Note:* ce son peut aussi s'écrire 'ain' ou 'ein'.
*Exemple:* p**ain**, pl**ein**, p**ein**ture

**an** vac**an**ces, océ**an**, restaur**an**t, pend**an**t, bl**an**c, ch**am**bre

**on** renc**on**trer, d**on**t, c**om**bien, n**om**breux, c**om**plet

**un** **un**, chac**un**, br**un**, opport**un**

**en** mom**en**t, **en**richissant, alim**en**tation, **em**pêcher, t**em**ps

# La santé

By the end of this unit you will be able to:

- ◆ Compare different lifestyles
- ◆ Discuss reasons for starting to smoke and ways of stopping
- ◆ Debate whether smoking in public should be banned
- ◆ Compare different types of drugs and their effects on users
- ◆ Understand statistics on health in France
- ◆ Describe the French health system

- ◆ Use comparatives and superlatives
- ◆ Write a paragraph
- ◆ Structure an argument for a debate
- ◆ Use the imperfect tense
- ◆ Use synonyms and antonyms
- ◆ Use *liaisons* when speaking

a La distribution gratuite de seringues aux toxicomanes: une mesure controversée

b Les plus gros consommateurs de médicaments d'Europe? Les Français

c L'alcool est responsable de 40% des accidents mortels de la route

d Respectez les zones fumeurs et non-fumeurs - ou risquez une amende

e Mauvaise alimentation = mauvaise santé

f Le sport: un super moyen de garder la forme!

**1** Reliez chaque photo à un titre.

**2a** Posez ces questions à votre partenaire, puis changez de rôle.

1 Quel est ton type de nourriture préféré?

2 Est-ce que tu es végétarien(ne)?

3 Est-ce que tu fais du sport? Si oui, quoi et pendant combien de temps?

4 Est-ce que tu fumes? Si oui, combien de cigarettes par jour?

5 Est-ce que tu bois de l'alcool? Si oui, quand et en quelles quantités?

6 Combien d'heures dors-tu en moyenne par nuit?

**2b** Décrivez votre mode de vie, en pensant surtout à la santé, en quelques phrases.

# Mode de vie et santé

Quel est le meilleur régime alimentaire? Quelles habitudes sont mauvaises pour la santé? Et que doit-on vraiment faire – et ne pas faire – pour avoir la forme?

**1a** Lisez les textes et notez qui:

1 ne fume pas
2 mange souvent dans des fast-food
3 dort peu
4 ne boit pas d'alcool
5 fait beaucoup de sport

**1b** Relisez les textes et notez ce que chaque personne fait qui est:

1 bon pour la santé
2 mauvais pour la santé.

### Noémie

Je suis végétarienne, je dors dix heures chaque nuit et je fais beaucoup de natation. Je ne fume pas, je ne bois pas d'alcool et je ne prends pas de drogues! Je pense qu'être en bonne santé est la chose la plus importante dans la vie et je pense que mon mode de vie est meilleur que celui de la majorité des gens.

### Patrick

Je suis étudiant et je sors plus tard maintenant que lorsque j'étais au lycée. Je bois le samedi soir quand je vais en boîte avec mes amis et je fume environ dix cigarettes par jour. Je crois que le pire dans mon emploi du temps santé, c'est le manque de sommeil. Je dois dormir environ cinq heures par nuit!

### Julien

Je fais du vélo environ trois heures par jour et pour cela, je dois avoir un régime alimentaire beaucoup plus strict que quelqu'un qui ne fait pas un sport de façon intensive! Je pense que les deux choses les plus dangereuses pour la santé sont le tabagisme et l'utilisation de drogues dures comme la cocaïne.

### Florence

Je crois que mon mode de vie est aussi mauvais que celui de la plupart des jeunes de mon âge. Je mange souvent au MacDo, je fume trois ou quatre cigarettes par jour et je ne fais pas de sport. J'imagine que je pourrais être plus active que ça mais j'aime trop les hamburgers et les frites!

**2** 👥👥 A votre avis, qui a le pire mode de vie? Qui a le meilleur? Pourquoi? Comparez avec un(e) partenaire.

***Exemple:***

*A mon avis, Florence a le pire mode de vie parce qu'elle fume et a une mauvaise alimentation. Elle risque d'avoir de graves problèmes de santé plus tard dans la vie. En plus, elle ne fait pas de sport et elle ne veut pas changer ses habitudes.*

## Grammaire ⇨ 154–155 ⇨ W10

### Comparative

● To compare things in French, you use:

| plus … que | *more than* |
| moins … que | *less than* |
| aussi … que | *as much as* |

(A) Find five examples of comparatives in the text on the left.

● Some common adjectives are irregular:

| bon(ne) | *good* | → | meilleur(e) | *better* |
| mauvais(e) | *bad* | → | pire | *worse* |
| bien | *well* | → | mieux | *better* |
| mal | *badly* | → | pire | *worse* |

***Example:*** *La santé des fumeurs est souvent pire que celle des non-fumeurs.*

(B) Write five sentences, each comparing two young people from the text.

***Example:*** *Julien est plus sportif que Florence.*

### Superlative

To say 'the most' or 'the least' in French, simply add *le/la/les* in front of *plus* or *moins*.

Note that you do not use *que*.

(C) Find two examples of superlatives in the text, plus one irregular superlative (meaning 'the worst').

**3a** 🔊 Voici trois passages sur les liens entre régimes alimentaires et santé. Ecoutez le premier passage 'L'obésité' et notez les données suivantes.

1  proportion d'enfants obèses aux Etats-Unis

2  pourcentage de femmes et d'hommes obèses en France

3  trois grands facteurs qui causent généralement l'obésité

4  trois risques de santé augmentés par l'obésité

**3b** 🔊 Ecoutez le deuxième passage 'Le régime crétois' et répondez aux questions.

1  Où se situe exactement la Crète?

2  Qu'est-ce que plusieurs études ont montré?

3  De quoi se compose le régime crétois? (6)

4  Quel autre pays a un taux très bas de maladies cardio-vasculaires?

**3c** 🔊 Ecoutez le troisième passage 'Avoir la forme' et notez les conseils donnés sous chaque rubrique.

1  nourriture     3  boissons

2  repas          4  sports

**4** A partir des informations de l'activité 3, faites:
- ◆ une liste de choses qui sont 'bonnes' pour la santé.
- ◆ une liste de choses qui sont 'mauvaises' pour la santé.

**5** Qu'est-ce qu'on doit faire pour avoir la forme? Quelles sont les conséquences d'un mauvais régime alimentaire?
Ecrivez un paragraphe pour répondre. Utilisez *Compétences* et les expressions-clés.

### Expressions-clés

Pour avoir la forme, l'idéal est de (ne pas) …
Il est aussi indispensable de (ne pas) …
Il est essentiel de (ne pas) …
Il est recommandé de (ne pas) …
Il est préférable de (ne pas) …

## Compétences

### Writing a paragraph

**To write a paragraph, use the following structure:**

1  introduction

2  main body
   a  presentation of the situation
   b  explanation/information
   c  arguments
   d  evidence to support your arguments

① Read the paragraph on the right and identify the different structure points.

**To add detail and make the language more sophisticated, try to link your sentences with conjunctions or linking words (see page 156).**

② Read the paragraph again and note all the words which have been used to link sentences.

> **Habitudes nocives**
> Les habitudes nocives sont des comportements dangereux pour la santé et ne dépendent que de la volonté de la personne concernée.
> Fumer des cigarettes, boire de l'alcool ou prendre des drogues est un choix. Le problème, c'est que contrairement à d'autres choix, ce choix est dangereux pour la santé et les risques clairement connus. Ainsi, un fumeur sait aujourd'hui que la nicotine est un produit qui rend accro et que la fumée de cigarettes est la cause de nombreux cancers. De fait, les statistiques qualifient souvent de "morts évitables" les décès qui sont le résultat d'un mode de vie dangereux pour la santé.

# Le tabagisme

Pourquoi les gens commencent-ils à fumer? Quelles sont les conséquences pour la santé?

Que faire pour lutter contre le tabagisme dans un pays?

*Pourquoi avez-vous commencé à fumer? Trois jeunes fumeurs s'expliquent.*

### Léopold

J'ai commencé à fumer à l'âge de 14 ans, alors que j'étais en quatrième. Au début, c'était un peu comme un jeu. Je fumais en cachette dans les toilettes et sur le chemin entre le collège et la maison – mais jamais devant mes parents! Cela me donnait l'impression d'être plus adulte, plus branché ... Le problème c'est que c'est vite devenu une habitude et que je n'ai jamais vraiment réalisé à quel point on pouvait devenir si rapidement accro à la cigarette.

### Sophia

Je ne fume que depuis quelques mois et je crois que je pourrais encore m'arrêter si je le voulais. Je fume parce que c'est un truc cool et parce que la majorité de mes amies fument. C'est un plaisir que je peux partager avec elles quand on est toutes ensemble: au café, dans la rue, devant le college ... Aussi, je crois que fumer m'aide à me concentrer et à garder la ligne. Je sais que c'est une habitude dangereuse mais cela fait vraiment partie de mon univers social.

### Jacques

J'ai commencé à fumer à l'âge de 13 ans et c'était presque quelque chose de naturel pour moi. Mes parents et mon frère aîné fument tout le temps à la maison et je suis toujours entouré de fumeurs quand je suis chez moi. Je crois même que je suis un fumeur passif depuis ma naissance! Je sais que la nicotine est un produit dangereux et que fumer est la cause de nombreux cancers. De fait, je pense arrêter l'an prochain, à l'université, loin de la mauvaise influence de ma famille!

**1a** Résumez chaque témoignage en anglais.

**1b** Utilisez votre réponse pour répondre aux questions suivantes. Donnez une ou plusieurs raisons.
A votre avis ...

1 qui a le plus de chance d'arrêter de fumer?
2 qui risque d'avoir le plus de problèmes de santé?
3 qui fume pour les plus mauvaises raisons?
4 qui a eu le moins d'opportunité d'être non-fumeur?
5 qui a le moins conscience des risques du tabagisme?

*Exemple: 2 A mon avis, Jacques risque d'avoir le plus de problèmes de santé parce qu'il vit depuis plusieurs années entouré de fumeurs.*

**2a** [🔊] Ecoutez six jeunes – Béatrice (B), Serge (S), Alex (A), Pierre (P), Karine (K) et Fatima (F) – explique pourquoi ils ne fument pas. Puis lisez les phrases et notez qui dit quoi.
Certaines de ces phrases ne sont prononcées par personne.

1 Je ne fume pas parce que je fais beaucoup de sport.
2 Le tabac est dangereux pour la santé et les cigarettes coûtent cher.
3 Fumer augmente le risque de bronchite et de maladies pulmonaires.
4 Je déteste le goût et l'odeur du tabac.
5 Je pense que fumer est un acte très social.
6 Les gens savent que la nicotine rend accro.
7 Je n'ai jamais essayé de fumer parce que j'ai de l'asthme.
8 Ma mère est morte d'un cancer de la gorge il y a deux ans.
9 Les fumeurs polluent l'air que les non-fumeurs respirent.
10 J'ai essayé de fumer une fois, quand j'avais treize ans.

**2b** Avec quelles opinions êtes-vous d'accord?

**3** Etes-vous fumeur ou non-fumeur? Pourquoi? Répondez en vous aidant des expressions tirées des activités 1 et 2.

## La loi anti-tabac

Depuis le 1er novembre 1992, il est interdit en France de fumer dans les lieux publics fermés comme les gares, les aéroports, le métro, etc. Pour les restaurants, les cafés et les trains grandes lignes, il existe des espaces "fumeurs" et "non-fumeurs" qui doivent être respectés.

La loi prévoit une amende de 80 à 200 euros si quelqu'un fume dans une zone non-fumeurs, et une amende de 600 à 900 euros pour un employeur qui n'a pas défini de zones fumeurs et non-fumeurs.

**4a** Lisez la loi anti-tabac française et les réactions qu'elle suscite et notez les aspects positifs et négatifs.

1 C'est une loi extrêmement difficile à faire respecter

2 Cette loi permet de faire comprendre aux Français que fumer en public est un acte anti-social.

3 Je trouve cette loi absolument ridicule. Il faut que je sorte de mon lieu de travail, dans la rue, pour fumer une cigarette. Qu'il pleuve ou qu'il neige!

4 Je crois que c'est une loi efficace dans des endroits entièrement non-fumeurs. Un espace non-fumeur dans un café est inutile: il y a toujours de la fumée partout!

5 Je pense que cette loi est un pas dans la bonne direction. Elle permet aux non-fumeurs d'avoir le droit légal de respirer de l'air pur.

6 Je suis absolument contre cette loi! Je trouve incroyable qu'un gouvernement dise aux gens ce qu'ils peuvent faire ou ne pas faire. Fumer est un choix individuel.

**4b** A votre avis, cette loi est-elle plutôt positive ou plutôt négative? Pourquoi? Lisez *Compétences* et faites un débat dans la classe.

## Compétences

### Structuring an argument for a debate

- Brainstorm the topic and make a list of as many 'issues' as possible linked to it.

(1) Do a spidergram of words and phrases associated with smoking in public.

- Organize these points in conflicting categories: for/against, advantages/disadvantages, etc.

(2) Here are five suggested ways to reduce smoking. For each suggestion, find arguments from the list A–F both for and against it.

1 augmenter le prix du tabac
2 organiser des campagnes anti-tabagisme
3 fixer des limites d'âge pour la vente de cigarettes
4 indiquer les risques pour la santé sur les paquets de cigarettes
5 interdire les publicités de marques de cigarettes

A plus difficile pour les ados d'acheter beaucoup de cigarettes

B pénalise les fumeurs pauvres, qui fument parfois pour des raisons sociales
C mesure efficace, très simple à utiliser
D pousse à fumer moins de cigarettes
E ne fait pas passer le message que le tabac est un produit dangereux
F ne change pas les habitudes des fumeurs les plus acros

- Use appropriate language.

**To give your opinion:** Je suis (tout à fait) d'accord …/
Je ne suis pas (du tout) d'accord avec …/
Je suis (totalement) pour/contre …

**To balance an argument:** d'une part / d'autre part
par contre / en revanche / contrairement à
cependant / toutefois / néanmoins
**To introduce an argument:**
en d'autres termes / autrement dit
en ce qui concerne / quant à
**To conclude:** pour conclure / finalement /
en fin de compte

# La toxicomanie

Quels sont les différents types de drogues? Comment peut-on lutter contre la toxicomanie?

**1a** A l'aide d'un dictionnaire, faites une liste des drogues légales (aussi appelées "licites") et des drogues illégales (aussi appelées "illicites") que vous connaissez.

*Exemples:* drogues licites: alcool, tabac, …

drogues illicites: cannabis, cocaïne, …

**1b** Regardez votre liste. A votre avis, quelles sont les drogues qu'on appelle drogues "dures" et drogues "douces"? Donnez un exemple pour chaque type.

**2** Lisez la description des drogues licites, à droite. Trouvez un produit qui correspond à chacune des définitions suivantes.

1 Contient de la nicotine, un produit qui entraîne une forte dépendance.

2 Contient de la théine, un excitant.

3 Aident à s'endormir, mais peuvent entraîner une dépendance.

4 Est la cause de nombreux accidents de la route.

5 Donnent une sensation de bien-être, mais peuvent faire perdre le contact avec la réalité.

6 Contient du sucre et de la caféine, deux produits qui provoquent une stimulation.

**3a** Audrey, une ancienne toxicomane, raconte. Lisez le texte.

J'ai commencé par fumer de la marijuana avec mes amis alors que nous vivions tous dans le même appartement, dans la banlieue de Lyon. Au début, je trouvais ça cool. Je fumais environ trois cigarettes de marijuana par semaine et je n'avais pas l'impression de me droguer. Ma famille me disait que ça pouvait être un problème très grave et je les regardais comme s'ils parlaient à quelqu'un d'autre … Puis, après quelques mois, je me suis mise à la cocaïne. Et je ne savais pas que c'était un produit si dangereux. Très vite, j'ai eu besoin de ma dose quotidienne et j'ai réalisé à quel point j'allais avoir besoin d'argent. Je passais des heures à imaginer les conséquences que mon mode de vie risquait d'entraîner. Et puis, un jour, mon meilleur ami est mort d'une overdose. Il prenait du crack depuis plusieurs mois et il a pris une mauvaise dose par accident. Et c'est là que j'ai tout arrêté. Parce que je ne voulais pas finir comme lui.

## LES DROGUES LICITES

Plusieurs produits courants contiennent des éléments qui modifient le comportement et les sensations de ceux qui les consomment: ce sont des "drogues" autorisées, aussi appelées drogues légales ou licites. Par exemple:

- le thé, le café et le Coca-Cola

- le tabac et l'alcool

- les médicaments contre l'angoisse l'insomnie ou la dépression

- les solvants (trichloréthylènes, éther, colles fortes, essences).

Tous ces produits peuvent entraîner une dépendance et des changements de comportement plus ou moins graves. Certains d'entre eux peuvent aussi entraîner la mort suite à une dose excessive ou une consommation prolongée.

**3b** Répondez en anglais aux questions.

1 What type of drug did Audrey use at the start?

2 Where did she live at the time?

3 How did her family react? What did she think of it?

4 What happened when she started using cocaine?

5 Why did she stop using drugs?

4  Ecoutez Nabila, une copine d'Audrey, parler de la dépendance de son amie. Puis décidez si les phrases suivantes sont vraies ou fausses.

1 J'ai remarqué que quelque chose n'allait pas quand Audrey est partie vivre à Lille.

2 C'était juste après son dix-huitième anniversaire, alors qu'elle passait le bac.

3 Au début, elle n'utilisait que du cannabis.

4 Son état de santé est allé de pire en pire.

5 Elle était toujours stressée … probablement à cause de la cocaïne.

6 Elle était tellement accro que même la mort de Dominique n'a rien changé.

7 Elle est allée dans un centre de désintoxication pendant plusieurs mois.

8 Nabila et Audrey sont redevenues meilleures amies.

5 Imaginez qu'un ami(e) se drogue. Ecrivez une lettre pour la page courrier d'un magazine pour jeunes. Racontez comment et pourquoi votre ami(e) a commencé à se droguer, quelle(s) drogue(s) il/elle utilise, les effets sur sa santé, etc.

---

## Grammaire  ⇨ 163–164  ⇨ W44–47

### The imperfect tense

- To form the imperfect tense, use the *nous* form of a given verb in the present tense and replace *-ons* with the following endings:

| | | | |
|---|---|---|---|
| je | -ais | nous | -ions |
| tu | -ais | vous | -iez |
| il/elle | -ait | ils/elles | -aient |

**Examples:**

- aimer ⟶ nous aimons ⟶ aim-
  imperfect:  j'aim**ais**, tu aim**ais**, il aim**ait**,
  nous aim**ions**, vous aim**iez**, ils aim**aient**

- voir ⟶ nous voyons ⟶ voy-
  imperfect:  je voy**ais**, tu voy**ais**, il voy**ait**,
  nous voy**ions**, vous voy**iez**, ils voy**aient**

- faire ⟶ nous faisons ⟶ fais-
  imperfect:  je fais**ais**, tu fais**ais**, il fais**ait**,
  nous fais**ions**, vous fais**iez**, ils fais**aient**

A Look at *activité* 3 and note down all the examples of the imperfect tense in the text about Audrey.

B What other tense(s) is/(are) used in that text? Note down some examples.

- The imperfect tense is used to describe:

a what something or someone was like:
*A l'époque, elle **était** accro au cannabis.*

b a continuous action or state interrupted in the past:
*Il **vendait** du crack dans la rue quand la police l'a arrêté.*

c something that happened frequently in the past (i.e. habit, repetitive action, routine, etc.):
*On **allait** souvent à des soirées rave avec des amis.*

C Read these sentences and for each of them, note:

- the reason why the imperfect tense was used (a–c)

- how the verb can be traced back to its present tense *nous* form.
  **Example:** *Ce conducteur buvait trois bières tous les soirs avant de rentrer chez lui en voiture.*
  boire ⟶ nous buvons ⟶ buv- ⟶ il buvait

1 Nous conduisions à 50km/heure quand l'accident a eu lieu.

2 A l'époque, je ne savais pas que l'ecstasy était un produit si dangereux.

3 Vous sortiez vraiment tous les soirs en boîte quand vous habitiez à Paris ?

---

**En plus**  Feuille 15

# La santé en France

Les Français sont-ils en meilleure ou en moins bonne santé que leurs voisins européens? Que savez-vous sur le système de santé en France?

## STATISTIQUES: LA SANTÉ EN FRANCE

### L'espérance de vie

L'espérance de vie à la naissance en France est la plus élevée en Europe et l'une des plus longues au monde (81,8 ans pour les femmes et 73,6 ans pour les hommes) avec un écart de plus de huit ans entre les deux sexes.

### Les maladies cardio-vasculaires

Les maladies cardio-vasculaires sont la cause d'environ un tiers des décès avec en moyenne 167 000 morts par an. Le taux de maladies cardio-vasculaires en France est en fait beaucoup plus bas que dans la plupart des pays développés: 61 cas pour 100 000 habitants contre 200 en Grande-Bretagne, 176 aux Etats-Unis ou encore 374 en Russie.

### Le cancer

Plus de 200 000 personnes sont atteintes chaque année d'un cancer. On estime que le tabac serait responsable d'environ un cancer sur trois et l'alcool d'environ 10%. On pense aussi qu'une mauvaise alimentation joue un rôle dans environ 20 à 30% des cancers.

### Le sida

La France – avec l'Espagne et l'Italie – est l'un des pays les plus touchés par le sida en Europe. On estime qu'il y avait par exemple en 1995, 637 malades du sida par million d'habitants en France (847 en Espagne et 503 en Italie) contre 189 au Royaume-Uni, 162 en Allemagne ou encore 134 en Irlande.

### Le suicide

Depuis 1982, le nombre des suicides dépasse celui des décès causés par des accidents de la route. Le nombre de suicides est difficile à établir, mais on estime qu'environ 10 000 personnes se suicident en France chaque année. Depuis les années 60, le nombre de suicides chez les jeunes a augmenté de 80% pour les garçons et de 20% pour les filles. Il est la première cause de décès chez les 25-34 ans.

### Les accidents de la route

Le nombre de personnes tuées dans des accidents de la route est en baisse depuis quelques années (un peu moins de 10 000 par an) mais la France détient un lourd bilan avec 400 000 morts et 9 millions de blessés entre 1975 et 1995.

**1a** Lisez les statistiques et décidez si les affirmations suivantes sont vraies ou fausses.

1 Le taux de maladies cardio-vasculaires est plus élevé aux Etats-Unis qu'en Grande-Bretagne.

2 On estime que le tabac est responsable d'environ un quart des cancers.

3 Les trois pays les plus touchés par le sida en Europe sont l'Espagne, la France et l'Italie.

4 Les accidents de la route sont la première cause de décès chez les 25–34 ans.

**1b** Relisez les statistiques et complétez les phrases suivantes avec un des mots entre parenthèses.

1 L'espérance de vie à la naissance en France est la plus [*courte/longue*] en Europe.

2 Les femmes meurent [*plus/moins*] tard que les hommes.

3 Le nombre de suicides est [*supérieur/inférieur*] à celui des accidents de la route.

4 Depuis les années 60, le nombre de jeunes qui se suicident a [*augmenté/diminué*].

5 Le nombre des personnes tuées dans des accidents de la route est en [*baisse/hausse*].

**2** Faites un résumé en anglais de chaque paragraphe dans le texte 'La Santé en France'.

**3a**  Steve, un jeune anglais, et Gisela, une jeune allemande, vivent tous les deux à Paris depuis plusieurs mois. Ils expliquent ce qu'ils pensent du système de santé français. Écoutez Steve puis notez en anglais ce qu'il dit sur chaque sujet.

*Exemple:* **1** there aren't any

1 waiting lists
2 health system
3 hospitals
4 GPs
5 visits
6 Social Security
7 medicines

**3b**  Écoutez Gisela et répondez en anglais:

1 What does she find shocking?
2 What is her advice?
3 What positive aspect does she mention?

**4** Faites une liste de toutes les informations fournies par Steve et Gisela au sujet du système de santé en France. Classez-les en aspects plutôt positifs et plutôt négatifs. A votre avis, quel est le meilleur aspect du système de santé français? Et le pire? Pourquoi?

**5** Faites une courte présentation sur le système de santé français.

**En plus**  Voir Feuille 17

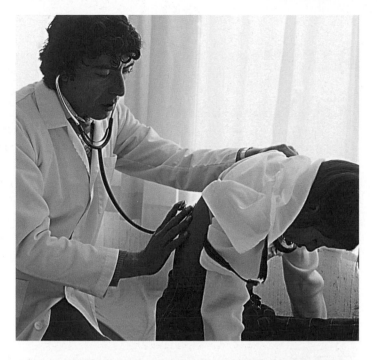

## Compétences

### Synonyms and antonyms

● A synonym is a word with the same meaning as another. Use synonyms to avoid repeating the same word in a passage and to make your language richer.

*Examples: Le nombre de **morts** = Le nombre de **décès***

*On **estime** que = On **pense** que*

*Surtout les 25-35 ans = Plus particulièrement les 25-35 ans*

(1) Find in the text on page 54 synonyms for:

différence     année     nourriture     mort

diminue     possède     affecté     à peu près

● An antonym is a word of opposite meaning to another. When learning a foreign language, it is often useful to learn some words in 'pairs' of antonyms (as long as you remember which is which!).

*Examples: vie ≠ mort, en hausse ≠ en baisse,
augmenter ≠ diminuer*

(2) List more examples of antonyms, using *activité* 1b as a starting point.

**En plus** Do the activities on Feuille 16.

# Au choix

1 En vous aidant des conseils donnés dans la section *Compétences* (page 49), écrivez un court paragraphe sur les personnes végétariennes (100–150 mots). Voici quelques points pour vous aider:

- les personnes végétariennes ne mangent pas de viande
- certains végétariens ne mangent pas non plus de produits animaux (lait, œufs, fromage, etc.)
- les végétariens qui mangent beaucoup de fruits et légumes sont souvent en très bonne santé
- certains végétariens manquent de vitamines et de fer à cause de leur alimentation.

2 **S📻** Ecoutez un passage sur l'alcool et les accidents de la route. Décidez si les phrases suivantes sont vraies ou fausses. Corrigez celles qui sont fausses.

1 En France, on estime que l'alcool entre en cause dans 14% des accidents mortels.
2 Un conducteur en état d'ivresse a des réflexes plus lents et une vision limitée.
3 Il a du mal a contrôler son véhicule et réagit de façon normale.
4 Pour lutter contre l'alcool au volant, le gouvernement français a établi des limites d'Alcootest.
5 Un conducteur ivre peut avoir une amende, un retrait de permis ou une peine de prison.
6 « Un verre ça va, trop de verres, bonjour les dégâts », est un slogan célèbre en France.

3 Comparez les modes de vie de différentes personnes de votre classe.
*Exemple: Je pense que Fiona a un meilleur mode de vie que Sean parce qu'elle ne fume pas. De plus, elle dort plus par nuit et mange moins de repas fast-food.*

## Phonétique 📻

### Les liaisons

*Liaisons* help to pronounce two words that follow one another by 'linking' the last letter of the first word (usually a silent consonant) with the first letter of the second word (a vowel or silent 'h').

**Examples:** 'un enfant' will sound like 'unenfant'

'trois arbres' will sound like 'troizarbres'

1 Lisez ces phrases à haute voix en faisant attention aux liaisons. Ecoutez pour vérifier.

1 Je dors dix heures par nuit et je ne vais jamais en boîte.
2 Je pense qu'il y a de plus en plus de végétariens dans les pays occidentaux.
3 De nombreux accidents de la route sont tout à fait évitables.
4 Il y a un écart de huit ans entre l'espérance de vie des hommes et des femmes.
5 J'ai de plus en plus de problèmes d'argent et je dors de moins en moins.
6 A trois heures dix, six voitures entraient en collision sur l'autoroute du soleil.
7 A Paris, il y a parfois quatre ou cinq pharmacies les unes après les autres.
8 Ceux qui veulent utiliser des drogues illicites risquent des peines de prison.

4 Débat:
« *Interdire totalement l'alcool: une bonne idée?* »
- Faites une liste des arguments pour et contre cette mesure.
- Relisez *Compétences* page 51.
- Organisez un débat autour de ce sujet.

# Révisions Unités 3-4

**1a** Lisez cet article et répondez aux questions.

## Les fanas des mangas

C'est un enfant de l'image. Né avec l'arrivée de la télécommande, à l'époque des premiers magnétoscopes vers le début des années 70, Marc est un pur produit de la culture zapping, gavé dès son plus jeune âge au lait des séries télé. Il vient aujourd'hui de fêter ses 23 ans et de commencer son premier stage en entreprise, après avoir terminé des études d'informatique à Montpellier. Ses deux plus chers désirs: devenir concepteur de jeux vidéo et faire un voyage au Japon, la patrie de ses héros préférés. Branché Goldorak à 13 ans, adepte de la musique techno à 18, le voilà, au seuil de l'âge adulte, devenu fana des mangas. Traduction: amateur de bandes dessinées japonaises.

La tribu des fanas de mangas a commencé à se constituer dans les années 80, avec l'arrivée des cartoons japonais sur les chaînes de télévision françaises. Des personnages stylisés, grands yeux et cheveux longs, d'un trait simple, dont les aventures sont publiés en séries d'histoires à suivre. Une vieille tradition au pays du Soleil-Levant, où l'on diffuse chaque mois 50 000 pages de mangas, aussi bien pour les enfants que pour les adultes.

Qu'est-ce qui pousse donc cet étudiant attardé et ses semblables à vénérer les petits gnomes japonais? L'étrangeté exotique et, surtout, le réalisme des scénarios, répondent en chœur les intéressés: "C'est l'anti-Walt Disney. Dans les mangas, on voit des enfants mourir ou perdre leurs parents, la vie est dure, on pleure beaucoup, c'est comme dans la vie réelle."

**a** Que regardait Marc à la télé quand il était jeune? *(1 mark)*

**b** Que vient-il de commencer? *(1 mark)*

**c** Qu'est-ce qu'il étudie à Montpellier ? *(1 mark)*

**d** Qu'est-ce qu'il veut faire dans la vie? *(2 marks)*

**e** Quand les dessins animés japonais sont-ils arrivés sur les chaînes françaises? *(4 marks)*

**f** Comment est décrite une bande-dessinée manga type? *(3 marks)*

**g** Au Japon, qui lit les mangas? *(2 marks)*

**h** Pourquoi Marc aime-t-il les mangas? *(3 marks)*

**1b** Trouvez dans le texte la traduction des mots suivants. *(6 marks)*

**a** remote control **e** homeland
**b** VCR **f** at the threshold of
**c** the 70s **g** characters
**d** force-fed **h** in unison

**2** Ecoutez Christine et choisissez les bonnes réponses. *(8 marks)*

**1** Le sport de Christine c'est:
**a** la boxe **b** le kickboxing **c** un art martial

**2** C'est un sport qui permet d'apprendre différents moyens:
**a** de se défendre **b** d'attaquer **c** de se concentrer

**3** Christine pense que c'est un sport qui devrait être surtout pratiqué par:
**a** des garçons **b** des jeunes **c** des filles

**4** Grâce à ce sport, on apprend une certaine:
**a** discipline **b** camaraderie **c** violence

**5** La seule chose qu'il faut acheter c'est:
**a** des tennis **b** des gants **c** un casque

**6** Contrairement à ce que les gens pensent, ce n'est pas un sport:
**a** fatigant **b** dangereux **c** de combat

**7** On utilise des protections:
**a** pour les coudes **b** pour le cou **c** contre les coups

**8** Christine s'entraîne dans un club de 18 à 20 heures:
**a** trois fois par mois **b** chaque jour **c** deux fois par semaine

**3** Look at this material and prepare your response to the questions given. *(5 marks)*

**Questions**

◆ De quoi s'agit-il?

◆ Pourquoi beaucoup de gens aiment-ils les voyages organisés?

◆ Et vous, que préférez-vous? Les vacances à l'aventure ou les vacances organisées? Pourquoi?

◆ A votre avis, quels sont les avantages et les désavantages du tourisme dans un pays?

**4** Ecrivez approximativement 150 mots sur les sujets suivants:

a) Ecrivez le prospectus d'un centre de loisirs qui propose différentes activités sportives de plein air pendant les week-ends. Décrivez cinq activités différentes, en mentionnant ce que chacune d'entre elles apporte à ceux qui la pratiquent – ainsi que le type d'équipement nécessaire (si besoin).

*(20 marks)*

b) Vous venez de découvrir qu'un(e) de vos ami(e)s se drogue. Ecrivez une lettre à un journal pour jeunes en donnant un maximum de détails sur la situation et en posant des questions précises. *(20 marks)*

c) Vous travaillez pour le journal mentionné ci-dessus. Ecrivez une réponse à la lettre en répondant aux questions posées et en donnant quelques conseils sur la toxicomanie en général. *(20 marks)*

**5** Répondez oralement aux questions suivantes.

**a** Que préférez vous: les sports d'équipe ou les sports individuels? Pourquoi? *(5 marks)*

**b** Choisissez un pays touristique et expliquez pourquoi beaucoup de gens aiment y passer leur vacances. *(5 marks)*

**c** A votre avis, que doit-on faire – et ne pas faire – pour avoir la forme? *(5 marks)*

**d** Fumer devrait-il être interdit dans les endroits publics? Pourquoi? *(5 marks)*

**e** Qu'est-ce qui peut pousser certains jeunes à se droguer? *(5 marks)*

**6a** Voici trois mesures controversées qui peuvent être utilisées pour lutter contre la toxicomanie. Lisez les arguments pour et contre chaque mesure et classez-les dans la grille suivante.

| | pour | contre |
|---|---|---|
| **1** la distribution gratuite de seringues | | |
| **2** l'utilisation de produits de substitution comme la méthadone* | | |
| **3** la légalisation de la marijuana | | |

*(* produit chimique avalé par la bouche, délivré en pharmacie sur ordonnance, qui procure des sensations similaires à celles de l'héroïne)*

**A** donne plus de liberté individuelle à ceux qui veulent utiliser cette drogue "douce".

**B** crée une dépendance similaire à celle de l'héroïne et peut même provoquer une overdose.

**C** limite les risques de maladies comme le sida ou l'hépatite transmis par le partage de seringues.

**D** évite que les toxicomanes se piquent avec des seringues et diminue le trafic de drogue.

**E** fait penser que cette drogue n'est pas dangereuse et peut augmenter le nombre de drogués.

**F** facilite l'utilisation de drogues dures comme l'héroïne qui s'injecte dans les veines.

**6b** Utilisez la grille remplie et décidez si vous êtes personnellement 'pour' ou 'contre' chaque mesure.

# L'éducation

By the end of this unit you will be able to:

- Compare the French and British education systems
- Describe your own education
- Talk about your plans for future studies
- Discuss mixed vs single sex schools
- Discuss equal opportunities for boys and girls

- Use the future tense
- Use *y* and *en*
- Use demonstrative adjectives and pronouns
- Link phrases together using conjunctions
- Improve your writing skills
- Use correct intonation in questions and exclamations

**1** Comparez votre emploi du temps à celui de ce lycéen français. Avez-vous les mêmes horaires? Les mêmes matières?

**2a** Dans quelles matières êtes-vous fort(e)/faible? Quelles sont vos matières préférées? Pourquoi? Comment avez-vous choisi vos matières?

**2b** 👥 Comparez les réponses des filles et des garçons. Quelles différences constatez-vous?

**3** Regardez les photos et notez les différences entre le lycée français et britannique. Quelles autres différences connaissez-vous?

| | LUNDI | MARDI | MERCREDI | JEUDI | VENDREDI |
|-------------|-------|-------|----------|-------|----------|
| 8.00–9.00 | physique-chimie | EPS | maths | espagnol | histoire-géo |
| 9.00–10.00 | physique-chimie | EPS | français | français | anglais |
| 10.00–11.00 | sciences de la vie et de la terre | éducation civique, juridique et sociale | physique | anglais | espagnol |
| 11.00–12.00 | sciences de la vie et de la terre | gestion | chimie | permanence | permanence |
| 12.00–13.30 | | | | | |
| 13.30–14.30 | français | espagnol | | maths | maths |
| 14.30–15.30 | histoire-géo | histoire-géo | | histoire-géo | permanence |
| 15.30–16.30 | anglais | informatique | | aide maths | vie de classe |
| 16.30–17.30 | aide français | informatique | | permanence | permanence |

# Le parcours scolaire

Etre lycéen en France et en Grande-Bretagne: est-ce une expérience très différente?

## Enseignement élémentaire

| Age | Etablissement |
|-----|---------------|
| 2–6 ans | L'école maternelle |
| 6–11 ans | L'école primaire |

## Enseignement secondaire

| Age | Etablissement | Examen | Etablissement | Examen |
|-----|---------------|--------|---------------|--------|
| 11–15 ans | Le collège: | | Le lycée professionnel: | |
| | la sixième | | 1ère année | |
| | la cinquième | | 2e année | |
| | la quatrième | | 3e année | le C.A.P.* |
| | la troisième | le brevet des collèges | | |
| 15–18 ans | Le lycée: | | Le lycée professionnel: | |
| | la seconde | | 1ère année | |
| | la première | le bac de français | 2e année | le B.E.P.* |
| | la terminale | le baccalauréat | 3e année | le bac pro* |

## Enseignement supérieur

| | |
|---|---|
| 18+ ans | Ecoles spécialisées |
| | Universités |
| | Grandes écoles |

* le C.A.P. – certificat d'aptitude professionnelle
* le B.E.P. – brevet d'études professionnelles
* le bac pro – baccalauréat professionnel
(enseignement obligatoire de 6 à 16 ans)

**1a** Lisez le tableau puis écoutez six jeunes. Ils sont dans quelle classe?
*Exemple: 1 en seconde*

**1b** Réécoutez et notez les expressions de temps.
*Exemple: l'année dernière, …*

**2a** Lisez puis recopiez et complétez le texte 'Le parcours scolaire en France'.
*Exemple: 1 = l'école maternelle*

**2b** Ecoutez pour vérifier.

**3** Décrivez le parcours scolaire typique dans votre pays (100 mots). Adaptez le modèle et utilisez les mots-clés. Ecrivez et enregistrez-vous.

## Mots-clés

ou
ou bien
ou alors
ou … ou
soit … soit

**Attention!**
où = **where**

## LE PARCOURS SCOLAIRE EN FRANCE

On va à [1] à l'âge de deux ans et demi ou trois ans. On y reste jusqu'à l'âge de six ans.
Ensuite, on entre à [2], à l'âge de six ans. Puis, à onze ans, on va au collège, où on entre en [3]. Après la cinquième, on peut soit continuer au collège, soit faire un CAP dans un [4]. Si on reste au collège, on va en quatrième, puis en troisième et on passe le [5].
A 15 ans, on quitte le collège et on entre en [6] dans un lycée ou bien dans un lycée professionnel pour préparer un [7]. En [8], on choisit une filière (littéraire, scientifique, etc.) et on passe le bac de français à la fin de l'année. A la fin de la [9], on passe le bac. Ensuite, il y a de nombreuses options: ou faire des études longues (université, grandes écoles) ou faire des études plus courtes (certains lycées, instituts, écoles spécialisées), ou alors trouver un emploi.

**4a** Lisez le parcours scolaire de Léa. Numérotez les sections dans le bon ordre.

*Exemple:* 1 A

**4b** Résumez le texte en français, à la troisième personne.

**4c** Répondez pour Léa.

1 Comment as-tu trouvé l'école primaire?

2 Comment se sont passées tes années de collège?

3 Que penses-tu du lycée?

Léa

[A] A trois ans, je suis allée à l'école maternelle mais je ne m'**en** souviens pas vraiment!

[B] Cette année, je suis en terminale et ça me plaît bien.

[C] L'année suivante, en première, j'ai suivi une filière littéraire. Comme j'adore les langues, je voulais **en** faire trois: anglais, allemand et russe. J'ai trouvé le travail motivant. J'ai obtenu de bonnes notes au bac de français et donc ça, c'est encourageant.

[D] L'année prochaine, je veux continuer mes études à l'université, je dois avoir le bac et je travaille dur pour **y** arriver!

[E] A onze ans, j'ai quitté le primaire pour entrer au collège. Là, tout était nouveau: les profs, les matières, les horaires ... et les devoirs; on **en** avait tous les soirs! Je m'**y** suis habituée facilement. Là, j'ai commencé l'anglais et l'allemand et ça m'intéressait beaucoup.

[F] Puis, à 15 ans, je suis entrée en seconde dans un grand lycée de plus de 2200 élèves!

[G] Quand j'étais en troisième, j'ai obtenu le brevet des collèges.

[H] Trois ans après, je suis entrée à l'école primaire et j'**y** suis restée jusqu'à l'âge de onze ans. J'aimais beaucoup l'école parce que l'ambiance était bonne.

**5a** 🔊 Ecoutez Yvan, qui a une expérience très différente. Prenez des notes sur son parcours et ses impressions.

**5b** Décrivez oralement le parcours scolaire d'Yvan. Utilisez vos notes. Regardez *Compétences*, Unité 2, page 29.

**6** Racontez votre parcours scolaire dans un paragraphe de 150 mots. Répondez aux questions 1–3 de l'activité 4c; utilisez *y* et *en* et les expressions-clés (ou leur contraire!).

## Expressions-clés

| | |
|---|---|
| à l'âge de ... ans | j'ai eu/j'ai obtenu ... |
| je suis allé(e) à ... | l'ambiance était bonne |
| je suis/entré(e) à ... | je me suis habitué(e) à ... |
| je suis resté(e) ... ans | ça m'intéressait (beaucoup) |
| j'ai quitté ... | j'ai trouvé le travail motivant |
| j'ai commencé ... | c'est encourageant |
| quand j'étais en ... | ça me plaît |
| j'ai suivi une filière ... | |

## Grammaire  ⇨ 157–158 ⇨ W25

### Pronouns *y* and *en*

Use pronouns *y* and *en* to avoid repeating words.

**a** *y* = **there** *Tu vas au lycée? Oui, j'y vais.*

**b** *y* = **it** (with verbs followed by *à*, e.g. *penser à, arriver à*) *Tu penses à l'examen? Oui, j'y pense souvent.*

**c** *en* = **some** *J'ai du travail. J'en ai toujours.*

**d** *en* = **of it/of them** (quantity) *Des frères? J'en ai trois.*

**e** *en* = **it/them** (with verbs followed by *de*, e.g. *parler de, se souvenir de*) *Son bac? Il n'en parle pas.*

Ⓐ Re-read Léa's text and find an example for each of the different uses of *y* and *en* (**a–e**).

Ⓑ Rewrite these sentences using *y* or *en* to replace the underlined words. Which uses (**a–e**) do they represent?

1 Les horaires? Je ne m'habitue pas <u>à ça</u>.

2 Les sciences? Moi, je ne fais plus <u>de sciences</u>.

# Projet personnel

Choisir ses études, une future carrière, ce n'est pas facile! C'est pour cela que les collégiens et lycéens français préparent un projet personnel.

Le projet personnel, c'est choisir son orientation, c'est-à-dire le chemin ou la filière qui vous mènera à la profession que vous aimeriez faire plus tard. Pour cela, fixez-vous un **objectif** (1) (par exemple, votre métier idéal). Prenez alors en compte vos **résultats scolaires** (2), vos **qualités personnelles** (3), vos **goûts et intérêts** (4), les **filières** (5) proposées par les établissements, sans oublier vos **moyens financiers** (6). Un conseiller d'orientation peut alors vous aider à trouver l'orientation qui vous convient.

**1a** Lisez le texte. Reliez les facteurs 1–6 à ces questions du conseiller d'orientation.

*Exemple: a = 1 (objectif)*

**a** « Quel est ton but pour l'avenir? »
**b** « Qu'est-ce qui t'intéresse au lycée et en général? »
**c** « Quel caractère as-tu? »
**d** « Comment sont tes notes au lycée? »
**e** « Quel genre d'études voudrais-tu faire? »
**f** « Comment vas-tu payer tes études? »

**1b** Selon vous, quels facteurs 1–6 vous permettent le mieux de réussir vos études? Pourquoi?

**2** 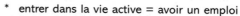 Lisez et écoutez Sandrine et Mathieu. Répondez aux questions a–f pour chacun.

*Exemple*: *a Je voudrais devenir … / J'aimerais bien être …*

Sandrine Luguet, 17 ans

Mon projet personnel? Je voudrais devenir présidente de la République, tout simplement! Au lycée, mes matières préférées sont la philo, le français et l'histoire-géo. J'adore aussi l'éducation civique. Je suis forte dans toutes les matières (sauf en EPS!) mais surtout en maths, où j'ai 18/20 de moyenne. La politique, ça me passionne. En plus, je suis très organisée et j'aime diriger, commander!

Je vais passer le bac à la fin de l'année et j'espère avoir la mention très bien. Si je l'ai, je pourrai passer le concours* pour entrer dans une grande école. J'envisage alors d'aller soit à Sciences Po* soit à l'ENA*.

Je compte travailler pendant les vacances pour financer mes études. Mes parents m'aideront aussi. Comme je suis ambitieuse et déterminée, je vais y arriver!

* Sciences Politiques = Institut d'études politiques de Paris
* ENA = Ecole nationale d'administration
  (deux grandes écoles très prestigieuses)

Mathieu Simon, 16 ans

J'aimerais bien être moniteur de ski ou bien prof de tennis, parce que j'adore le sport. Je suis très sportif et j'aime bien le contact avec les gens.
Je suis calme et responsable.
Au lycée, mes matières préférées sont l'EPS, bien sûr, et les sciences, surtout la biologie où je suis assez fort. Par contre, je n'ai pas de bonnes notes dans les autres matières.
Si j'ai le bac à la fin de l'année, j'irai dans une école spécialisée. Je ne pense pas faire des études longues parce que ça ne m'intéresse pas. Moi, j'ai envie d'entrer dans la vie active*.

J'ai l'intention de travailler ou le soir ou le week-end parce que je ne veux pas demander à mes parents de payer mes études. Si j'ai une bourse*, ce sera plus facile. Je trouverai aussi peut-être des stages payés.

* entrer dans la vie active = avoir un emploi
* une bourse = une aide financière donnée par l'état

**3** Ecrivez pour chacune des expressions-clés une phrase de Sandrine ou de Mathieu.

*Exemple: Je compte travailler pendant les vacances …*

## Expressions-clés

### Parler de l'avenir

• avec un futur:
j'irai
je vais + infinitif

• avec un conditionnel:
je voudrais
j'aimerais (bien)

• avec des expressions:
j'espère/je compte/je pense + infinitif
j'ai envie de/j'ai l'intention de/j'envisage de + infinitif

• avec une négation
je ne veux pas/je ne pense pas + infinitif
je n'ai pas envie de + infinitif/
je n'ai pas l'intention                de + infinitif

**4a** Ecoutez Clément et notez ses réponses aux questions a–f de l'activité 1.

**4b** Résumez son projet personnel en anglais (60 mots).

**5a** A est Julien, **B** est Elodie. Expliquez votre projet personnel. Utilisez les notes ci-dessous, les questions a–f et les expressions-clés.

*Exemple: A Quel est ton but pour l'avenir?*
*B Je voudrais travailler dans le tourisme …*

**5b** Ecoutez leur interview et comparez.

*Julien*
a programmeur
b informatique, technologies nouvelles
c sérieux, organisé
d fort en maths, en sciences et en technologie
e institut universitaire de technologie
f bourse

*Elodie*
a travailler dans le tourisme
b français, informatique, les voyages
c dynamique, sociable
d forte en français, pas en anglais
e école spécialisée (à l'étranger?)
f bourse + job (au pair?)

**6** Présentez oralement votre projet personnel! Préparez des notes et enregistrez-vous (1 ou 2 minutes). Aidez-vous des questions a–f de l'activité 1a et des textes-modèles. Utilisez les expressions-clés et des verbes au futur.

**En plus** Lisez la lettre d'un lycéen sur l'avenir: Feuille 18.

## Grammaire ⇨165 ⇨W54–55

### The future tense

To say what is going to happen soon, with a degree of certainty:

• *aller* + infinitive
*Je vais passer mon bac en juin.*

To say what will happen in a more distant, less certain future:

• future tense
*Je trouverai peut-être des stages.*

To say what will happen if something else happens first:

• *si* + present + future
*Si j'ai le bac, j'irai à l'université.*

(A) Find examples of these in the texts on page 62.

Turn to page 165 for guidance on how to form the future tense.

(B) Rewrite this text using verbs in the future tense instead of *aller* + infinitive.
Start: *Si j'ai le bac, j'irai à l'université. Là, …*

L'année prochaine, je vais aller à l'université. Là, je vais faire des études de français. Ensuite, je vais partir dans un pays francophone. Là, je vais trouver un job: je vais être soit au pair, soit serveur. Puis, je vais revenir ici et je vais devenir prof de français. Le rêve!

# Vive la mixité?

**Pour ou contre?**

En France, la majorité des lycées sont mixtes (garçons et filles) depuis les années cinquante. Etes-vous pour ou contre la mixité?

**1a** A votre avis, les filles et les garçons sont-ils différents? Recopiez les adjectifs dans deux colonnes (attention aux accords!). Ajoutez-en d'autres!

| Les filles sont .... | Les garçons sont ... |
|---|---|
| ambitieuses | compétitifs |
| douées | doués |

| | | |
|---|---|---|
| compétitif | intelligent | calme |
| doué | sociable | consciencieux |
| drôle | organisé | doux |
| amibitieux | sérieux | travailleur |
| décontracté | attentif | pénible |
| timide | motivé | raisonnable |
| agressif | mûr | poli |
| prétentieux | discipliné | |
| violent | paresseux | |

**1b** Discutez et faites le stéréotype du lycéen et de la lycéenne.

*Exemple:*

— *Moi, je crois que les filles sont moins compétitives que les garçons.*

— *Pour moi, elles sont plus travailleuses.*

**1c** Faites un sondage dans votre lycée. Les élèves sont-ils d'accord avec les stéréotypes filles/garçons? Présentez vos résultats sous forme de pourcentages.

**2a** Lisez et reliez les débuts et fins de phrases.

*Exemple: 1 e*

1 On a envie d'être tous ensemble
2 On devrait nous séparer en cours
3 Ce ne serait pas naturel d'être séparés
4 On doit apprendre à être ensemble
5 On apprend de façons différentes
6 C'est sympa pour la "drague*"

a **sinon** on ne se comprendra pas.
b **quand** on est ensemble à l'extérieur.
c **mais** pas du tout pour les études!
d **donc** il faudrait des cours différents.
e **même** si des fois on dit le contraire!
f **parce qu'**on se concentrerait mieux.

\* la drague: *chatting up*

**2b** Quels sont les arguments pour et contre la mixité?

**2c** Ecoutez le micro-trottoir pour vérifier. Avec quels arguments êtes-vous d'accord?

## Compétences

### Using conjunctions

**A** Compare these two extracts. Which one do you think is more interesting to read? Why?

> L'atmosphère n'est pas sympa dans mon école. Il n'y a que des filles. Avec des garçons, l'ambiance est meilleure. Il y a d'autres sortes de problèmes.

> L'atmosphère n'est pas sympa dans mon école <u>parce qu'</u>il n'y a que des filles. <u>Quand</u> il y a aussi des garçons, l'ambiance est meilleure, <u>même s'</u>il y a d'autres sortes de problèmes.

When you are writing or speaking, try to remember to use conjunctions to make longer and more interesting sentences.

**Useful conjunctions:**

| | | | |
|---|---|---|---|
| et | *and* | donc | *so* |
| mais | *but* | quand | *when* |
| ou | *or* | pourtant | *yet* |
| parce que | *because* | sinon | *if not* |
| comme | *as* | même si | *even if* |

**B** Copy out the text on the right in favour of mixed schools and complete it with appropriate conjunctions.

### La mixité: oui, mais pourquoi?

Les chiffres montrent que les filles réussissent mieux que les garçons au lycée ...... moins bien dans la vie professionnelle.

Les filles sont plus mûres et plus sociables, ...... elles s'adaptent mieux à la vie scolaire.

...... elles sont plus enclines à participer et à travailler, elles ont de meilleurs résultats.

Les garçons, par contre, semblent plus sûrs d'eux à l'oral des examens, ...... ils le préparent moins.

De façon générale, ils se prennent moins la tête: ...... les filles paniquent, ils savent rester cool et prendre les choses avec humour! C'est peut-être là la clé de leur réussite professionnelle.

Alors, oui à la mixité qui permet de mélanger la maturité et le sérieux des filles à l'humour et la décontraction des garçons!

**3a** Pour ou contre la mixité? Ecoutez la discussion entre Julien et Elodie et notez:

**a** les arguments de Julien

**b** les arguments d'Elodie

**c** les expressions qu'ils utilisent pour donner leur opinion et leurs préférences.

**3b** Avec qui êtes-vous d'accord? Pourquoi?
Ecrivez un paragraphe expliquant votre point de vue (environ 60 mots).

**4** Organisez un débat sur la mixité. Choisissez un "camp" et préparez des arguments pour ou contre. Aidez-vous du vocabulaire et des idées des pages 64 et 65 et de *Compétences* Unité 4, page 51. Utilisez des conjonctions et les expressions-clés.

**En plus** Ecrivez un compte-rendu du débat de classe: expliquez les deux points de vue et les conclusions (150 mots).

### Expressions-clés

à mon avis, ...

pour moi, ...

personnellement, je ....

je pense /crois / trouve que ...

je suis (plutôt) pour / contre

je préférerais ...

j'aimerais mieux ...

je n'aimerais pas ....

Les filles et les garçons sont-ils égaux face à l'éducation et au monde du travail?

*An 2000 – les filles sont sur un pied d'égalité avec les garçons. « Faux! » déclare la sociologue Dominique Epiphane, spécialiste de l'insertion professionnelle au Cereq\*. Les choses ont-elles si peu évoluées depuis le siècle dernier? A qui la faute? Qu'y faire?*

Dominique Epiphane observe que si les filles ont de meilleurs résultats scolaires que les garçons, ceux-ci ont plus de chance de trouver de bons emplois. Pourquoi? Parce que les filles continuent de suivre des filières dites "féminines" qui mènent à des carrières "généreuses" mais malheureusement bouchées, comme l'enseignement, le paramédical et le social.

Ce choix de carrière est-il la seule cause de cette inégalité des chances? Des recherches montrent que celui-ci est souvent conditionné par l'environnement: l'influence de la société qui force encore les filles à se conformer à l'image traditionnelle de la femme; celle des parents – beaucoup encouragent moins leurs filles que leurs fils dans les études; enfin celle des professeurs, qui, de bonne foi\*, favorisent les garçons en passant plus de temps avec eux et en leur donnant des notes souvent plus

généreuses. Notons aussi que certains grands lycées parisiens n'ont ni internat ni toilettes pour filles, signe qu'elles n'y sont pas les bienvenues!

Beaucoup de filles réussissent aussi bien sinon mieux que les garçons dans les filières scientifiques ou techniques, celles que l'on dit "masculines". Encore faut-il choisir ces filières-là et peu de filles le font, malgré les conseils qu'elles reçoivent des professionnels de l'orientation. Il y a seulement 20% de filles dans les écoles d'ingénieurs. La présidente de

l'association Femmes et Ingénieurs dit: « Il est temps que les filles reviennent sur l'idée que la production est une activité sale et bruyante où elles n'ont rien à faire! »

L'autre problème, que nous n'aborderons pas ici, est celui qui se pose à beaucoup de filles qui sortent pourtant diplômées de ces filières: l'inégalité des chances et des salaires dans le monde du **travail.**

> \* **Cereq:** Centre d'Etudes et de Recherche sur les Qualifications
> \* **de bonne foi:** *in good faith*

**1** Lisez le texte et répondez.

1 Pourquoi les filles réussissent-elles moins bien que les garçons dans la vie professionnelle?

2 Qu'est-ce que qui conditionne l'orientation des filles?

3 Quelles filières les filles devraient-elles suivre?

**2** Discutez en classe.

a Pourquoi dit-on des filles qu'elles se montrent "généreuses" dans leur choix de carrière?

b Les garçons sont-ils vraiment favorisés à l'école?

**En plus** Ecoutez le témoignage de deux femmes dans des métiers "d'homme" (Feuille 19).

## Compétences

### Improving your writing skills

In Unit 4, you learnt how to collect ideas and phrases and how to develop them into a paragraph. Here are ways of improving your written language.

Write simply at first draft, then think of improvements:

**a** add quotes or figures

**b** add striking images and phrases (e.g. adjectives, adverbs, exclamations)

**c** use techniques such as involving readers by asking questions

**d** read your text aloud to make sure it reads well (use conjunctions, demonstratives, etc.).

More on redrafting in Unit 8, page 103.

**A** Find examples for each of tips a–d in the text on page 66.
*Example:* a – *la présidente de l'association dit …; il y a seulement 20% …*

**B** Read two versions of the same text on the right. How did the author improve the writing in the second one? Find examples of tips a–d.

**C** Write a paragraph of '100 words' in response to the statement below.

« *On ne choisit pas son orientation, elle nous est imposée.* »

**En plus** Faites des exercices pour améliorer votre français écrit (Feuille 20).

### « *Comment l'éducation peut-elle favoriser l'égalité filles-garçons?* »

**1** Avant, les filles ne faisaient pas d'études. L'égalité filles-garçons n'était pas possible.

Maintenant, plus de filles que de garçons ont le bac mais cette réussite scolaire ne se reflète pas au niveau professionnel. Il faut voir pourquoi. La scolarité semble défavoriser les filles. Elles semblent mal choisir leurs filières, elles ne pensent pas aux débouchés mais à ce qu'elles aiment faire. Pour avoir les mêmes chances que les garçons, les filles doivent suivre les filières scientifiques: elles offrent plus de possibilités. Les filles ne doivent pas avoir peur des emplois dans l'industrie.

**2** Jusqu'au siècle dernier, peu de filles faisaient des études. Hors de question donc d'être l'égale des garçons!

Maintenant, plus de 75% d'entre elles ont le bac, contre environ 70% des garçons. Bravo, les filles et merci, l'école! Malheureusement, cette réussite scolaire ne se reflète pas au niveau professionnel. Pourquoi pas? Que se passe-t-il pendant la scolarité qui défavorise les filles? Celles-ci semblent suivre les "mauvaises" filières, qu'elles choisissent avec leur cœur, sans penser aux débouchés. Pour avoir les mêmes chances que les garçons, les filles doivent suivre les filières scientifiques qui ouvrent les portes aux emplois dans l'industrie. Selon l'association Femmes et Ingénieurs, il faut que les filles "reviennent sur l'idée que la production est une activité sale et bruyante où elles n'ont rien à faire!"

## Grammaire ⇨ 152, 159 ⇨ W11, 28

### Demonstrative adjectives and pronouns

- **Adjectives:** *ce (cet)*, *cette*, *ces*

  Use before a noun to say 'this', 'that', 'these', 'those'.

  Add *–ci* or *–là* after the noun to 'point at' something or to contrast two things.

- **Pronouns:** *celui*, *celle*, *ceux*, *celles*

  Use them to avoid repeating a noun or a group of words. They are always followed by *–ci* or *-là*, *de*, *qui* or *que*.

**A** Find the demonstrative pronouns on page 66. What do they refer to?

**B** Rewrite these sentences using a demonstrative pronoun in place of the underlined words.

**1** Les filles sont aussi bonnes en sciences que les garçons, pourtant <u>les filles</u> ne suivent pas les filières scientifiques.

**2** Je vais parler à un conseiller d'orientation. <u>Le conseiller</u> de mon lycée est super.

# Au choix

**1a** **S**🎙️ Ecoutez l'interview de M. Bertin, professeur de lycée, à Radio-Lycée Montaigne, qui parle de son métier. Notez:

1 les raisons de son choix de carrière
2 son parcours scolaire
3 les qualités nécessaires pour être un bon prof.

**1b** Aimeriez-vous être professeur? Pourquoi? (Pensez aux réponses de M. Bertin.)

**2** Parlez deux minutes sur un de ces sujets.

  **a** Imaginez un lycée dans 100 ans! Utilisez:

    ◆ le futur (*il y aura*, *on fera*, etc.)
    ◆ des conjonctions (*comme*, *parce que*, etc.)
    ◆ du vocabulaire connu (*matières*, *équipements*, etc.)

  **b** Paul veut faire des études de secrétariat trilingue; ses parents ne sont pas d'accord parce que c'est une filière "féminine". Imaginez la conversation! Utilisez:

    ◆ les expressions-clés, pages 63 et 65
    ◆ le vocabulaire et les idées des pages 66–67
    ◆ le futur (*tu ne pourras pas*, etc.)
    ◆ les pronoms démonstratifs, page 67

**3** Choisissez un de ces deux sujets et écrivez environ 200 mots.

  **a** Interviewez un ou une jeune de France ou d'un pays francophone (l'assistant(e) par exemple) sur son parcours scolaire et son projet personnel. Enregistrez et écrivez l'interview. Utilisez les questions et le vocabulaire des pages 60–63

  **b** Préparez un document à mettre dans une capsule qui sera ouverte dans 500 ans. Le thème:

    ***Notre école au 21ème siècle***

  Utilisez:
    ◆ les conseils page 67 pour bien écrire
    ◆ les pronoms *y*, *en* et les pronoms démonstratifs
    ◆ les idées et le vocabulaire des pages 66–67

## Phonétique **S**🎙️

L'intonation: questions et exclamations

L'intonation, c'est la "musique" de la phrase: la voix monte ↗ ou descend ↘.

**1** Ecoutez et répétez.

• **les questions simples**

Tu vas au lycée?

Aimez-vous votre lycée?

• **les questions avec un interrogatif**

A quel âge es-tu allé au lycée?

Que pensez-vous du lycée?

• **les questions-énumération**

Tu es pour ou contre?

Tu envisages des études longues, des études courtes ou la vie active?

• **les exclamations (avec syllabes accentuées)**

Alors là, <u>cata</u>strophe!

Moi, j'a<u>dore</u> mon lycée!

**2** Lisez tout haut, puis écoutez pour vérifier et répétez.

En quelle année es-tu entré en sixième?

Tu es allé dans un lycée après?

Tu préfères les maths ou le français?

Moi, je vais y arriver!

Tu fais anglais, allemand ou italien?

Je déteste ça!

# Les métiers

By the end of this unit you will be able to:

- ◆ Talk about job choices and the pros and cons of different jobs
- ◆ Write your CV and a job application letter
- ◆ Prepare for a job interview
- ◆ Talk about the choices faced by "working mothers"

- ◆ Use emphatic pronouns
- ◆ Use the pluperfect tense
- ◆ Use prepositions
- ◆ Structure an oral presentation
- ◆ Use reported speech
- ◆ Pronounce the French 'r'

**1a** Regardez les photos. C'est quel métier?

**1b** Choisissez une photo et inventez: qui est-ce? Imaginez son nom, son âge, sa famille, son travail, ses opinions de son métier et pourquoi il/elle l'a choisi.

**2** Les noms de métiers ont souvent deux formes, masculine et féminine. Recopiez et complétez la grille avec le plus de mots possible.

| masculin | féminin | anglais |
|----------|---------|---------|
| agriculteur | agricultrice | farmer |

infirmière    coiffeur
acteur    avocat
chanteuse    instituteur
professeur    mécanicien
boulangère    caissière
comptable
médecin    bibliothécaire
chauffeuse de taxi

**3** Quels métiers sont typiquement "masculins" ou "féminins"? Discutez avec un(e) partenaire. (Unité 5 page 66 vous aidera!)

# Quel métier choisir?

Choisir un métier, c'est une décision difficile. Quels facteurs comptent dans votre choix?

**1a** Choisissez dans la liste les six critères les plus importants pour vous. Classez-les par ordre d'importance.

**1b** Comparez vos idées avec celles d'un(e) partenaire.

*Exemples:*

*Moi, je veux …*

*Et toi, tu aimerais …?*

*Mon partenaire, lui, veut …*

**2** 📼 Ecoutez cinq jeunes qui parlent de leurs ambitions. Pour chaque personne, notez:

   **a** son métier préféré
   **b** trois raisons pour son choix
   **c** d'autres détails.

## Grammaire ⇨ 158 ⇨ W26

### Emphatic pronouns

| moi | toi | lui | elle | me/you/him/her |
|-----|------|-----|-------|----------------|
| nous | vous | eux | elles | us/you/them |

These are used:

• for emphasis: ***Moi**, je pense … **Lui**, il dit que …*
• after prepositions: *avec **moi**, sans **eux**, entre **nous***

**(A)** Complete each sentence using an emphatic pronoun:

   **a** ……, elle veut gagner beaucoup d'argent.
   **b** ……, nous ne sommes pas d'accord.
   **c** ……, j'espère travailler à l'étranger.
   **d** Mon père, ……, est agriculteur.
   **e** ……., ils sont dynamiques!

**(B)** Translate into French:

   **a** with us
   **b** without him
   **c** after me
   **d** for you
   **e** next to them
   **f** behind her

**a** Pour moi, il est important de gagner un bon salaire.

**b** Je veux avoir un travail intéressant.

**c** J'espère travailler avec des collègues sympathiques.

**d** Je voudrais travailler pour une grande entreprise.

**e** Je préférerais avoir un horaire de travail régulier.

**f** J'aimerais voyager à l'étranger pour affaires.

**g** Je voudrais travailler près de chez moi.

**h** J'espère avoir la possibilité de travailler à domicile.

**i** Il m'est important de travailler en équipe avec des collègues.

**j** Je cherche un métier où les gens sont dynamiques et créatifs.

**k** Pour moi, la sécurité est très importante.

**l** J'aimerais être mon propre patron.

**3** Lisez l'article, page 71. Puis répondez aux questions pour Karim.

   **1** Qu'est-ce que vous faites comme travail?
   **2** Pourquoi avez-vous choisi ce métier?
   **3** Quelles sont vos qualifications?
   **4** Comment sont vos heures de travail?
   **5** Selon vous, quels sont les inconvénients de votre métier?
   **6** Quels en sont les avantages?
   **7** Qu'est-ce que vous envisagez de faire plus tard?
   **8** Etes-vous heureux?

## KARIM, 19 ANS, COURSIER A ROULETTES

Voici un jeune Parisien qui a réussi à faire de sa passion un métier. De la tour Eiffel aux Champs-Elysées, Karim Aly-Khan, coursier à Messagers Roller, porte lettres et paquets d'entreprise en entreprise – mais en rollers! Tout a commencé en décembre 1995. Paris était paralysé par la grève des transports publiques. Karim, qui préparait un BEP d'électricien, ne pouvait pas prendre le métro, comme d'habitude, pour arriver au lycée professionnel. Il a eu alors l'idée d'y aller en rollers. Pour lui, le roller est vite devenu une passion.

« En sortant de mon lycée professionnel, j'allais m'entraîner en rollers dans les rues de Paris. J'ai fait mon BEP, mais je ne voulais plus devenir électricien.» Karim aime son métier de coursier, mais il reconnaît qu'il a de grands inconvénients.

« Il faut être en bonne forme, et c'est un travail fatigant, même pour un jeune. Ça peut être dangereux aussi, quand il y a beaucoup de circulation. Je n'ai jamais un horaire fixe, et quand il y a des commissions urgentes, je fais beaucoup d'heures supplémentaires. » Les parents de Karim le laissent faire. Eux, ils savent que ce métier peu commun plaît énormément à leur fils. Et quant à l'avenir? Karim, lui, a plein de projets. « Je pourrais travailler dans le bureau de l'entreprise, ou bien devenir prof de rollers. Et s'il est question de sécurité, je pourrais toujours devenir électricien. »

**4a** 🔊 Ecoutez Fabrice Moreau, boulanger, et prenez des notes sous les titres suivants:

> Les heures de travail:
> Le travail:
> Le choix du métier:
> Les avantages du métier:
> Les inconvénients:

**4b** 🔊 Réécoutez et notez d'autres détails.

**4c** 👥 Jeu de rôles. **A** est Fabrice. **B** lui pose les questions 1–8 de l'activité 3.

**5a** Interviewez un membre de votre famille, ou un(e) ami(e), ou un(e) Français(e) au sujet de son métier. Posez-lui les questions 1–8 de l'activité 3 et notez les réponses.

**5b** Ensuite, présentez ce métier à la classe. Lisez *Compétences* d'abord!

## Compétences

### Structuring an oral presentation: activité 5b

An oral presentation requires as much careful planning as a piece of written work. When speaking from notes, a clear structure is particularly important.

1. Plan your introduction. You could give background information about your interviewee and why he/she chose this job, *e.g. J'ai parlé avec X au sujet de son métier. X est ...... depuis ...... ans.*

2. List the aspects you want to focus on, e.g. *une journée typique*, *les avantages de ce métier*, ...

3. Plan what you want to say for each aspect. List the French phrases you can use, including expressions used by your interviewee and others from pages 70–71.

4. At the end of your presentation, sum up the main points and give your own reactions. Some useful expressions:

*Pour terminer, ... En conclusion, ...*

*En fin de compte, ...*

*X pense/trouve que ...*

*Pour X, l'important c'est que ...*

*Moi, je ne voudrais pas exercer ce métier, parce que ...*

*En ce qui me concerne, j'aimerais bien devenir ...*

*Ce métier m'attire pour beaucoup de raisons: ...*

# La chasse à l'emploi

Etudiant, lycéen ou chômeur, chacun veut réussir dans la chasse à l'emploi. Il faut bien faire son CV et sa lettre d'introduction; mais d'abord, il faut aussi connaître le monde du travail.

**1a** Lisez les opinions suivantes. Qu'en pensez-vous? Etes-vous d'accord?

**1b** Comparez vos opinions avec celles d'un(e) partenaire.

**A** Pour trouver un emploi, on doit être prêt à travailler à l'étranger.

**B** Grâce aux ordinateurs, de plus en plus de gens vont travailler à domicile.

**C** Les travaux précaires de un à deux ans sont en train de remplacer les emplois fixes.

**D** Il est préférable de savoir parler plusieurs langues étrangères.

**E** Il est nécessaire de changer d'emploi plusieurs fois dans la vie.

**F** Aujourd'hui, on travaille plus dur qu'il y a cent ans.

**G** La journée de travail traditionnelle est en train de disparaître – il faut être prêt à travailler le soir, même la nuit.

**H** Chacun aura plusieurs périodes de chômage pendant la vie active.

**I** Il faut avoir de bonnes connaissances en informatique.

**2a** Ecoutez et lisez le témoignage de Caroline.

Je m'appelle Caroline Morice, j'ai 20 ans et j'habite à Béthune dans le nord de la France. Je suis au chômage depuis deux ans. Je n'ai jamais eu de poste fixe, et bien sûr, c'est déprimant.

Au collège, j'étais toujours une bonne élève, et j'ai eu le brevet des collèges sans trop de problèmes. Mais au lycée j'ai trouvé le travail trop difficile. J'ai quitté le lycée au bout d'un an, sans bac.

Au début, tout s'est bien passé. J'ai obtenu un poste comme serveuse dans un restaurant, mais au bout de quatre mois on m'a congédiée. Le patron m'a dit que j'avais bien travaillé, mais qu'il ne pouvait plus me payer. Je me suis donc inscrite au chômage. J'ai essayé de trouver un autre poste dans l'hôtellerie, mais ici dans la région il n'y en a pas. En été, j'ai travaillé comme monitrice dans une colonie de vacances au bord de la mer. Ça m'a beaucoup plu, parce que j'aime les enfants. Je l'ai fait deux années de suite. Mais un boulot en colonie n'existe qu'en juillet et août; à la rentrée, c'est fini.

Chez nous à la maison, il n'y a que ma mère qui travaille à mi-temps dans un supermarché. Mon père, lui, est au chômage depuis dix ans, et ma sœur cadette n'a rien trouvé. Par contre, mon frère aîné, qui a osé quitter la région, a bien réussi. Lui, il travaille dans l'informatique à Lyon. C'est un secteur en pleine croissance, donc lui, il n'a pas peur du chômage. La plupart de mes copains n'ont pas d'emploi, eux non plus. Même ceux qui ont réussi à avoir leur bac n'ont pas trouvé d'emploi fixe.

Moi, j'ai bien réfléchi, et j'ai décidé de faire un dernier effort pour trouver un emploi. J'aime Béthune, mais je suis prête à quitter ma ville, même ma région pour plusieurs années. Pour l'été, je vais me présenter pour un poste saisonnier au Club Med, soit en France, soit à l'étranger. Et en automne? J'ai une copine qui travaille dans un grand hôtel à Londres, et qui m'a dit qu'on recherche toujours du personnel là-bas. J'ai toujours aimé l'anglais, alors je pense que je vais essayer. J'ai fait un stage à Brighton en avril 98 et j'ai atteint un bon niveau. Je sais me débrouiller en espagnol aussi, ce qui pourrait être utile.

C'est un choix difficile, mais je ne veux pas être au chômage toute ma vie!

**2b** C'est qui? (Cherchez dans le texte page 72.)

1 Il est chômeur de longue durée.
2 Elle travaille en Angleterre.
3 Il ne craint pas le chômage.
4 Elle n'est pas bien qualifiée.

**2c** Trouvez dans le texte le contraire de chaque expression.

1 un poste à court terme ≠ un poste f......
2 le plein-emploi ≠ le c......
3 un secteur en baisse ≠ un secteur en c......
4 un poste permanent ≠ un poste s......

**3a** Faites une liste des problèmes de Caroline.

**3b** Pouvez-vous lui proposer des solutions? Utilisez les expressions et les idées tirées des activités 1 et 2.

**Exemples:**

*Tu devrais/pourrais quitter ta région.*
*Il faut être …*
*Aujourd'hui, on doit …*

**4a** Lisez l'annonce (à droite). Caroline décide de se présenter pour un de ces postes. Lequel, à votre avis?

**4b** 🧑‍🤝‍🧑 Quel poste préférez-vous? Pourquoi? Quel poste ne vous intéresse pas du tout? Pourquoi? Discutez-en avec un(e) partenaire. Utilisez les expressions-clés.

## Expressions-clés

Je préfère le poste de …
Je voudrais/J'aimerais travailler comme …
Le poste de … m'intéresse parce que …
J'ai déjà travaillé comme …
J'ai de l'expérience dans ce domaine.

**5** Complétez le CV de Caroline (à droite). Les détails qui manquent sont dans le texte page 72.

**En plus** Vous décidez de vous présenter pour un des postes au Club Med. Ecrivez votre CV et votre lettre d'introduction. Faites d'abord les activités sur Feuille 21.

**En plus** Feuille 22

# SPECIAL CLUB MED

Le Club Méditerranée recrute chaque année deux mille saisonniers dans soixante-dix métiers. Les destinations sont très diverses et concernent tous les pays du bassin méditerranéen. Attention! Une longue disponibilité (quatre mois environ) est souvent demandée, ainsi que des connaissances en anglais, allemand, espagnol ou italien.

Le Club Med recherche:

des cuisiniers(ères) âgé(e)s de plus de 23 ans.

des serveurs(euses) de restaurant et de bar âgé(e)s de plus de 17 ans.

des infirmiers(ères) possédant au moins une année d'expérience.

des moniteurs(trices) qualifié(e)s dans les sports suivants: canöe-kayak, planche à voile, promenade montagne.

| CURRICULUM VITAE | |
|---|---|
| Nom: | MORICE |
| Prénom: | Caroline |
| Adresse: | 156, rue Balzac, 62400 Béthune |
| Téléphone: | 03 21 66 74 19 |
| Date de naissance: | le 10 février 1981 |
| Situation de famille: | célibataire |
| Nationalité: | française |
| Formation: | élève au Collège Emile Zola 1993-97 |
| | élève au Lycée Jean Monnet 1997-98 |
| Diplômes: | …… |
| Postes occupés: | …… |
| Langues étrangères: | …… |

# L'interview

Le jour de l'entretien, on veut faire bonne impression, et bien sûr, on raconte tout à ses copains et à sa famille après!

**1** Caroline est convoquée pour un entretien au Club Med. Elle se prépare.

**a** Avec un(e) partenaire, notez les questions qu'on va probablement lui poser, et les questions qu'elle pourrait poser au chef du personnel.

**b** Imaginez l'entretien. **A** est Caroline, **B** est le chef du personnel.

**2a** Lisez les CV de deux autres candidats. Ensuite, lisez les affirmations suivantes: c'est qui – Caroline, Sophie ou Daniel?

**1** Il/Elle a déjà travaillé au Club Med.

**2** Il/Elle a des connaissances en anglais et en allemand.

**3** Il/Elle parle bien l'anglais.

**4** Il/Elle n'a jamais été à l'étranger.

**5** Il/Elle a déjà travaillé dans la restauration.

**2b** Deux candidats vont obtenir un poste: lesquels? Pourquoi? Discutez en groupe.

**3** Après les interviews, on a offert un poste aux deux meilleurs candidats. Et c'est le moment des réflexions …

**a** Ecoutez les trois candidats et complétez les phrases ci-dessous.

**b** Réécoutez. Notez encore une raison mentionnée par chaque candidat.

**Sophie:** J'avais déjà travaillé …  Ils ont noté que j'avais fait un stage …

**Caroline:** Ils ont été impressionnés par le fait que j'avais déjà travaillé … On m'a dit que j'avais écrit … Ils ont trouvé que je m'étais bien préparée …

**Daniel:** J'ai dû admettre que je n'avais jamais été … J'ai eu du mal à expliquer pourquoi j'étais arrivé … On m'a expliqué que j'avais fait des fautes d'orthographe …

---

Lieu de travail?     Rémunération?
Logement?            Temps libre?
Dates de travail?
Conditions de travail?

---

**Nom:** LEMOINE

**Prénom:** Sophie

**Postes occupés:**

monitrice, colonie de vacances (juillet–août 1998), réceptionniste Club Med (juillet–août 1999, 2000)

**Langues étrangères:**

anglais (bon niveau)
espagnol (niveau moyen)

**Séjours à l'étranger:**

vacances en Espagne, Italie, Suisse, stage d'informatique à New York, mai 1999

---

**Nom:** GARNIER

**Prénom:** Daniel

**Postes occupés:**

caissier d'hypermarché (juillet–août 1999)
moniteur de tennis (juillet-août 2000)

**Langues étrangères:**

allemand (bon niveau)
anglais (niveau moyen)

## Grammaire ⇨ 164 ⇨ W48–49

### The pluperfect tense

Use the pluperfect to say that something "had happened" (before another event), or that someone "had done" something. It is formed from the imperfect tense of *avoir* or *être* and a past participle.

**Examples:**

| | |
|---|---|
| *j'avais travaillé* | I had worked |
| *il avait eu* | he had had |
| *ils n'avaient pas décidé* | they hadn't decided |
| *j'étais arrivé(e)* | I had arrived |
| *elle s'était préparée* | she had prepared herself |
| *elles s'étaient levées* | they had got up |

Rules about past participle agreements (*e* and *s*) in the perfect tense also apply here.

You use the pluperfect …

● in reported speech:

| | |
|---|---|
| *Elle a dit qu'elle avait travaillé à l'étranger.* | She said that she had worked abroad. |

● to stress that events are further back in time than the perfect/imperfect:

| | |
|---|---|
| *Elle a obtenu le poste parce qu'elle avait déjà travaillé au Club Med.* | She got the job because she had already worked for Club Med. |

**A** Find examples of the pluperfect tense in *activité* 3 opposite.

**B** Complete the sentences using the pluperfect of the verb in brackets.

**a** Je suis arrivé en retard parce que j' …… le bus. (*rater*)

**b** Il n'a pas eu le poste parce qu'il …… des fautes d'orthographe. (*faire*)

**c** L'année dernière, elle est partie en Amérique; avant, elle …… toutes ses vacances en Europe. (*passer*)

**d** Je n'ai pas bien répondu parce que je ne …… pas bien …… (*se préparer*)

**e** Il n'est pas arrivé à l'heure parce qu'il …… en retard. (*se lever*)

**C** Using your answers from *activité* B, write an explanation of why each candidate on page 74 did or didn't get a job.

## Compétences

### Reported speech

**To report what someone has said using 'he/she' rather than 'I'.**

• use the pluperfect tense:

*Il a dit qu'il avait choisi son métier très jeune.*

**1** Rewrite these sentences using reported speech.

**Example:** *Il a dit: "J'ai fait un stage en France." → Il a dit qu'il avait fait un stage en France.*

**a** Il a dit: "J'ai travaillé à l'étranger".

**b** Elle a expliqué: "Je n'ai pas vu l'annonce dans le journal".

**c** J'ai répondu: "Je suis venu à l'interview en taxi".

**d** Il a dit: "J'ai voulu passer un an en Allemagne".

**e** Il a dit: "J'ai appris l'espagnol à l'école".

**4** Imaginez la conversation entre un des candidats et un copain/une copine.

Pour vous préparer, relisez vos réponses à l'activité 3 et aux activités de *Grammaire*.

**En plus** Ecrivez et jouez un autre dialogue au téléphone, où quelqu'un raconte une conversation.
*Exemple: Vous avez eu une dispute avec vos parents. Racontez-la à un(e) ami(e).*

# Les mères qui travaillent

Les mères de famille, devraient-elles avoir un emploi en dehors de la maison?

**1a** 🔊 Ecoutez les opinions de sept jeunes. Reliez chacun avec un des points de vue (a–g).

**1b** 👥 Qu'en pensez-vous? Avec qui êtes-vous d'accord? Discutez des opinions (en bref).

**a** Il y a des mères qui aiment leurs enfants, mais qui préfèrent travailler plutôt que d'être mère au foyer.

**b** Les pères, eux aussi, devraient partager les responsabilités familiales.

**c** Si la mère travaille à l'extérieur, son enfant en souffre.

**d** De nos jours, la plupart des mères n'ont pas le choix. Elles doivent reprendre leur poste pour des raisons financières.

**e** Une femme qui veut poursuivre une carrière n'ose pas partir en congé maternel.

**f** La meilleure solution pour les mères de famille, c'est le travail à temps partiel.

**g** On devrait créer des crèches d'entreprise et proposer un horaire de travail plus souple aux mères de famille.

---

## Grammaire  ⟹ 155–156 ⟹ W20-22

### Prepositions

Prepositions are small but important words, used before a noun or pronoun to express a relationship (place, time, cause, etc.).

- Many prepositions in French have a direct equivalent in English. They are the easy ones to use.
  *avec* (with), *dans* (in), *dès* (from/since), *pour* (for), *selon* (according to)

- Sometimes French uses a different preposition from that used in the English translation.
  *à mon avis* (in my opinion), *en même temps* (at the same time)

- French may use a preposition when English does not.
  *en retard* (late), *à plein temps* (full-time), *à l'étranger* (abroad)

- Remember that when *de* or *à* come before *le* or *les*, they combine with them.
  *le marché **du** travail, la réaction **des** amies, j'enseigne **aux** enfants*

Always think carefully about the correct preposition to use. Learn new phrases containing prepositions as you come across them, so that you are not tempted to translate directly from English.

**A** Spot the prepositions in opinions a–g in *activité* 1. List them. Which opinion doesn't contain any prepositions?

**B** Copy out these sentences, adding the correct prepositions in the gaps.

  **a** Une mère qui travaille ...... temps partiel peut profiter ...... son enfant.

  **b** ...... même temps, elle a la possibilité ...... garder le contact ...... le marché ...... travail.

  **c** La belle-famille ...... Sophie habite ...... le nord ...... l'Angleterre et sa famille habite ...... France.

  **d** Sophie pense qu'en restant ...... la maison, elle va donner une chance ...... son enfant ...... le départ.

**C** These phrases all contain prepositions. How would you say them in French?

  **a** far from home
  **b** most mothers
  **c** on maternity leave
  **d** a part-time job
  **e** according to the experts
  **f** in an emergency
  **g** at the end of six months

**2** Sophie Roy est Française. Elle travaille en Angleterre et elle attend son premier enfant. Un reporter a interviewé Sophie au sujet de ses projets d'avenir.

**a** Lisez les questions 1–12. Reliez-les aux bonnes réponses a–l.

1 Qu'est-ce que vous faites dans la vie?

2 Et votre mari?

3 Allez-vous reprendre votre poste après la naissance de votre enfant?

4 Pourquoi ne voulez-vous pas travailler à plein temps?

5 Connaissez-vous des mères qui sont toujours actives à plein temps? Est-ce que cela leur plaît?

6 Qui va garder votre enfant quand vous travaillerez?

7 Et si votre enfant est malade, qu'est-ce que vous allez faire?

8 Pensez-vous que votre mari va partager les responsabilités?

9 Est-ce que le travail à mi-temps vous posera des problèmes financiers?

10 Pensez-vous que la situation est meilleure en France?

11 Selon les politiciens, les mères de famille devraient travailler. Etes-vous d'accord?

12 Quelle serait pour vous la solution idéale?

**a** J'ai pleinement l'intention de reprendre mon poste après la naissance de mon enfant, mais à mi-temps.

**b** Mon mari exerce la même profession que moi …

**c** Ma solution idéale: je voudrais que mon mari et moi puissions travailler à mi-temps.

**d** Je vais dépendre d'une nourrice, puisque je n'ai pas de famille dans la région.

**e** Je ne veux pas retravailler à plein temps car l'enseignement en Angleterre est une profession très exigeante. …

**f** Je suis professeur de français en Angleterre. J'enseigne aux enfants âgés de 11 à 18 ans.

**g** Pas en ce moment, mais j'en ai rencontré trois … au bout de six mois elles ont réalisé que c'était trop ambitieux. …

**h** Si mon enfant est malade un jour, je serai obligée de rester à la maison.

**i** Travailler à mi-temps ne devrait pas poser de problèmes financiers dans les prochaines années.

**j** L'aide financière en France est meilleure … .

**k** Mon mari fait déjà beaucoup de choses à la maison.

**l** Je pense qu'être mère au foyer, c'est essentiel pendant un certain temps. … En même temps, je pense qu'il est important de garder le contact avec le marché du travail

**b** 🔊 Ecoutez pour vérifier.

**c** Relisez les opinions a–g de l'activité 1. Lesquelles représentent le point de vue de Sophie?

**d** Résumez ce que dit Sophie au sujet de:
– sa profession       – sa famille
– son mari            – le rôle d'une mère de famille.

**e** Pensez-vous que Sophie va réussir à avoir à la fois une vie professionnelle et une vie familiale?

**En plus** 🔊 Ecoutez d'autres parents parler de leur vie et préparez un dialogue avec un(e) partenaire (Feuille 23).

**3** A votre avis, est-ce que les mères de famille devraient travailler? Discutez-en avec un(e) partenaire, puis écrivez un résumé. Utilisez les expressions-clés et le plan suivant.

◆ Faites deux listes d'arguments pour le travail à l'extérieur et pour le travail au foyer.

◆ Ecrivez un paragraphe pour résumer chaque point de vue.

◆ Donnez votre propre opinion.

## Expressions-clés

Selon les experts, …

Une mère active a des difficultés quand …

Une mère au foyer s'ennuie si …

Pour résoudre les problèmes de garde, il faut …

Il me semble que …       Je suis d'avis que …

# Au choix

**1** S🔘 Ecoutez Olivier Meston, moniteur de sports dans un village de vacances, raconter sa journée.

**a** Complétez son emploi du temps.

*Exemple: 8h il s'est levé*

| | |
|---|---|
| 09h | .......................................................... |
| 10h | .......................................................... |
| 12h | .......................................................... |
| 14h | .......................................................... |
| 16h | .......................................................... |
| 18h | .......................................................... |
| 19h | .......................................................... |
| 20h | .......................................................... |
| 21h30 | .......................................................... |
| 23h | .......................................................... |
| 02h | .......................................................... |

**b** Réécoutez la cassette. Notez d'autres détails.

**c** Ecoutez les opinions d'Olivier. Quels sont les avantages et les inconvénients de son métier?

**2** Vous avez interviewé Olivier dans la discothèque à une heure du matin. Il vous a raconté sa journée. Le lendemain, vous écrivez un article sur sa journée. Utilisez:

◆ le plus-que-parfait, page 75
◆ *Compétences*, page 75

*Exemple: Olivier m'a raconté qu'il s'était levé à 8 heures du matin ...*

**3** Vous vous présentez pour un emploi d'été en France. On vous demande de parler pour quelques minutes au sujet de vous-même. Il faut:

◆ expliquez pourquoi vous voulez travailler en France
◆ parler de votre expérience
◆ parler de vos intérêts et de vos qualités personnelles

Choisissez un travail et préparez votre présentation. Enregistrez-la ou présentez-vous devant votre classe.

Utilisez:

◆ les idées et le vocabulaire des pages 70–73
◆ les prépositions, page 76
◆ *Compétences*, page 71

**4** Un ami vous demande de lui expliquer cet article. Résumez en anglais le sens du texte.

## Les Français prêts à télétravailler

Le télétravail constitue la forme moderne du travail à domicile. Aujourd'hui, si leur activité professionnelle le permettait, 54% des Français seraient prêts à travailler à leur domicile, par exemple avec l'aide d'un ordinateur ou d'un télécopieur (41% non). 54% pensent que le travail à domicile représenterait pour eux plutôt une amélioration de leur confort personnel, 40% plutôt une perturbation de leur vie familiale.

### Phonétique S🔘

Le "r" français

**En français, il faut rouler le "r" un peu dans la gorge.**

 Ecoutez la cassette et répétez.

**1** *rouge, rythme, rollers, repas, relax, racontez*

**2** *arrêtez! je suis arrivé*

**3** *c'est fermé, moderne, le chef du personnel*

**4** *j'ai travaillé, j'ai préparé, j'ai créé*

**5** *Robert m'a raconté qu'elle avait regardé les répétitions.*
*Valérie rentre en France au printemps.*

**1** Préparez une présentation d'une ou deux minutes sur le sujet suivant. Préparez des notes et enregistrez-vous. *(5 marks)*

Vous voulez faire un séjour d'un an à l'étranger. Essayez de convaincre vos parents de vous laisser partir.

**2** Répondez oralement aux questions suivantes. Préparez des notes et enregistrez-vous.

**a** Qu'est-ce qui vous intéresse le plus au lycée? *(2 marks)*

**b** Vos études au lycée vous seront-elles utiles plus tard? *(3 marks)*

**c** Quel métier aimeriez-vous faire? Pourquoi? *(2 marks)*

**d** Que peut-on faire pour éviter d'être au chômage? *(3 marks)*

**3** Look at the material below and prepare your response to the questions given (right). *(5 marks)*

### Questions

◆ De quoi s'agit-il?

◆ Quels sont les clichés dénoncés dans ce dessin?

◆ Pensez-vous comme le garçon ou comme la fille? Pourquoi?

◆ Que peut-on faire pour améliorer la situation?

**4** 🔊 Ecoutez un reportage sur la formation en alternance. Choisissez la bonne expression.

**1** La formation en alternance, c'est …
  **a** étudier et travailler
  **b** étudier à l'étranger *(1 mark)*

**2** On a des cours …
  **a** à l'université
  **b** dans un centre spécialisé *(1 mark)*

**3** Par an, les apprentis ont 400 heures de …
  **a** cours théoriques
  **b** stages pratiques *(1 mark)*

**4** Jonathan fait une formation en …
  **a** boulangerie
  **b** menuiserie *(1 mark)*

**5** Le diplôme qu'il prépare est un …
  **a** BEP
  **b** CAP *(1 mark)*

**5** 🔊 Réécoutez et répondez aux questions.

  **a** Qu'est-ce qu'une formation en alternance? *(2 marks)*

  **b** Quel âge faut-il avoir? *(1 mark)*

  **c** Combien de temps dure cette formation? *(1 mark)*

  **d** Combien l'apprenti est-il payé? *(1 mark)*

**6** 🔊 Ecoutez encore une fois. Résumez l'interview de Jonathan en anglais. *(5 marks)*

◆ what training he is doing

◆ what he thinks the advantages of this type of training are

◆ what he thinks the main drawback is

◆ why he does it

**7** Lisez le texte à droite et répondez.

  **a** Pourquoi les jeunes sont-ils pessimistes? Donnez trois raisons. *(3 marks)*

  **b** Qu'est-ce que les statistiques citées par *Alternatives Economiques* prouvent? *(2 marks)*

  **c** Quels sont les diplômes préférés des employeurs ? *(1 mark)*

  **d** En dehors des diplômes, qu'est-ce qui est important aux yeux des employeurs? *(2 marks)*

## A quoi ça sert d'avoir un diplôme?

Alain, 21 ans: "J'ai des diplômes mais pas d'expérience et aucun employeur ne veut de moi". Katia, 23 ans: "Je ne trouve pas de boulot, on me dit que je suis sur-diplômée". Sylvie, 24 ans: "Est-ce que je dois vraiment faire des études si c'est pour me retrouver au chômage?".

Beaucoup de jeunes sont pessimistes. Ont-ils raison de l'être? Selon le magazine *Alternatives Economiques*, les statistiques prouvent en fait qu'un diplôme peut protéger du chômage: 30% des non-diplômés sont au chômage, 20% des CAP et BEP et environ 11% des BTS et DUT. Par contre, un diplôme ne garantit pas forcément un statut ou un salaire plus élevé dans une entreprise.

Certains diplômes ouvrent plus de portes que d'autres. Les diplômes Bac + 2 comme les BTS et les DUT ont l'avantage de "fabriquer" des diplômés vite opérationnels, surtout si la formation est faite en alternance avec un apprentissage en entreprise.

Mais il est également vrai que le diplôme seul n'est pas une garantie d'embauche. Un bon curriculum vitae peut favorablement impressionner un employeur tout autant qu'un diplôme. Un séjour à l'étranger, un job d'été, un stage en entreprise, tout cela donne non seulement une expérience pratique, qui est un plus, mais permet aussi de développer sa personnalité et des qualités personnelles que les employeurs recherchent de plus en plus.

**8** Utilisez, entre autres, les arguments du texte ci-dessus pour convaincre votre amie de continuer ses études! Ecrivez un paragraphe d'environ 80 mots.

*(6 marks)*

# Les médias

By the end of this unit you will be able to:

- ◆ Debate the relevance of radio today
- ◆ Describe French newspapers and magazines
- ◆ Discuss tabloid and broadsheet styles
- ◆ Talk about advertising and its effects
- ◆ Discuss the role of television in young people's lives

- ◆ Use the passive
- ◆ Avoid the passive
- ◆ Use the imperative
- ◆ Research a topic using the Internet
- ◆ Write a structured response
- ◆ Relate events using different registers
- ◆ Pronounce words with silent consonants

**A** « J'aime suivre la mode et je m'intéresse aux expériences personnelles des lecteurs. De temps en temps, j'aime lire des articles plus sérieux. »

**B** « Il me faut un peu de détente à la fin de la journée. J'adore les feuilletons mais je regarde aussi le journal télévisé où l'on voit des images de tous les coins du monde. »

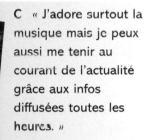

**C** « J'adore surtout la musique mais je peux aussi me tenir au courant de l'actualité grâce aux infos diffusées toutes les heures. »

**D** « J'apprécie le grand choix de chaînes par satellite. Ça permet de varier les choses et d'améliorer sa connaissance des langues étrangères. »

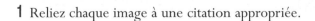

**E** « Je jette toujours un coup d'œil sur ce qu'il y a à la une et j'essaie de lire rapidement les titres tous les matins. »

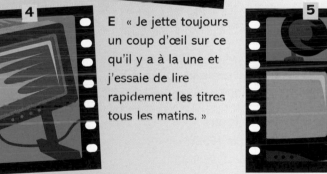

**1** Reliez chaque image à une citation appropriée.

**2a** Répondez aux questions.

1 Lisez-vous un journal régulièrement?

2 Lisez-vous des magazines? Lesquels?

**2b** Comparez vos réponses avec un(e) partenaire.

**3** Faites des recherches. Nommez:

1 trois journaux français

2 trois stations de radio françaises

3 trois chaînes de télévision françaises

# La radio

La radio – démodée ou toujours essentielle?

**1** 👥 Posez les questions suivantes à un(e) partenaire.

1 Tu écoutes souvent la radio?

2 Quoi? (la musique? les infos? le sport? la météo?)

3 Quand? (dès que tu te réveilles? au petit déjeuner?)

4 Où? (en voiture? dans la salle de bains? au lit?)

5 Qu'est-ce que tu fais pendant que tu écoutes? (rien? tes devoirs?)

6 Tu as une émission préférée? Laquelle? Pourquoi?

## Les Français et la radio

A l'heure du tout-images, on doutait de son avenir. Pourtant, la radio a réussi la curieuse alchimie entre information et divertissement. Aujourd'hui, les Français ne l'ont jamais autant écoutée.

### Audience des sept grandes stations françaises (en %)

| | |
|---|---|
| RTL | 17,8 |
| France-Inter | 11,4 |
| NRJ | 11,4 |
| France-Info | 10,1 |
| Europe 1 | 8,5 |
| Skyrock | 6,1 |
| Fun Radio | 5,9 |

### Plus on est jeune, plus on écoute la radio

En audience cumulée, 82% des personnes interrogées déclarent l'avoir écoutée au moins une fois dans la journée. Une proportion qui atteint 90% pour les jeunes de 15–19 ans.

### L'équipement radio des foyers

**% d'individus possédant (en 1998)**

| | |
|---|---|
| au moins un type de radio | 98,9 |
| au moins un radioréveil | 79,8 |
| au moins un autoradio | 79,0 |
| au moins un tuner sur chaîne hifi, minichaîne ou poste fixe | 77,5 |

### Les jeunes sont des adeptes du zapping radiophonique

Sur une période test de 21 jours, les Français écoutent en moyenne 4,24 stations (mais 4,6 pour la tranche 15–24 ans).

**2** Lisez l'article de gauche, puis recopiez et complétez les phrases suivantes.

1 RTL est la station la plus …

2 Environ 10% des auditeurs écoutent …

3 90% des jeunes de 15–19 ans ont …

4 Plus de 98% des Français possèdent …

5 L'auditeur typique écoute plusieurs …

**3** 📼 Ecoutez l'opinion de huit personnes. Notez qui aime écouter la radio [✔], qui n'aime pas ça [✘] et qui a une attitude plus ambiguë [**?**].

**4a** Reliez les activités a–e avec la technologie appropriée (1–5).

a On regarde un film sur ordinateur.

b On consulte une encyclopédie sans ouvrir un livre.

c On participe à un forum de discussion.

d On fait une simulation de vol sur console.

e On regarde un film loué.

1 un magnétoscope
2 un ordinateur avec lecteur cédérom
3 DVD
4 un jeu vidéo
5 Internet

**4b** Vérifiez vos réponses en lisant *Médias à la carte*.

**4c** Recopiez et complétez la grille. Les mots qui manquent sont dans le texte.

| verbe | nom |
|---|---|
| louer | la location |
| choisir | …… |
| …… | l'accès |
| animer | …… |
| simuler | …… |
| jouer | …… |
| discuter | |
| acheter | |

# MÉDIAS À LA CARTE

Aujourd'hui, nos moments de temps libre sont enrichis grâce aux nouvelles technologies. Un éventail de produits de plus en plus ample est mis à notre disposition.

Nous jouissons déjà du magnétoscope pour visionner des films entre amis. Actuellement, un nombre impressionnant de nouveaux films sort rapidement en cassette – de la comédie au film policier en passant par la science-fiction. Le choix ne manque pas à la location et quelles que soient vos préférences, vous ne serez pas oublié!

Avec un ordinateur personnel et un lecteur approprié les cédéroms nous permettent d'accéder à une foule de données sur nos dadas favoris. A long terme, les cédéroms sont remplacés par le DVD, qui a été tout récemment introduit et qui est capable de contenir plus d'informations, incluant films sur ordinateur et compacts disques …

Un véritable raz-de-marée vidéo ludique – sensations assurées – a déferlé pour nous fournir de nouveaux jeux sur console. On y trouve des animations de football (comme la série de Fifa) avec un choix gigantesque d'équipes et de stades, des jeux de boxe, de golf, de courses automobiles, de basket et de hockey aux graphismes somptueux. Sans parler des simulations de vol, des jeux de plateformes (où l'on progresse à travers différents niveaux), des jeux de rôles ou même du phénomène Lara, l'héroïne de 'Tombraider' …

Toutefois, le plus grand nombre d'utilisateurs est touché par l'Internet, tant les services y abondent. En ce qui concerne les loisirs, on peut télécharger des jeux, prendre part à des forums de discussion, faire ses achats sur les services marchands comme Marcopoly et naviguer sans fin à travers la vaste gamme de sites qui nous est proposée.

Vous êtes accablé par la gamme de choix? Cela n'a rien d'étonnant!

**5** « *La radio, est-elle démodée au début du troisième millénaire?* »

Organisez un débat. Divisez la classe en trois groupes:

- ◆ groupe A prépare une présentation (1 à 2 minutes) sur la valeur de la radio aujourd'hui
- ◆ groupe B prépare une présentation (1 à 2 minutes) soutenant que la radio est démodée
- ◆ groupe C prépare des questions à poser.

Cherchez des idées et des expressions utiles dans les textes et les activités ci-dessus.
A la suite du débat, votez!

**6** Quel est votre avis sur la question de l'activité 5? La radio est-elle encore utile ou non? Ecrivez vos idées: notez des points pour et contre, avant de résumer votre opinion.

## Grammaire ⇨168 ⇨W66–67

### The passive (1)

- In an active sentence, the subject of the sentence 'does' whatever the verb says:

  **On met** de nouveaux produits à notre disposition.
  (*They put new products at our disposal.*)

- In a passive sentence, the subject of the sentence 'has something done to it':

  **De nouveaux produits sont mis** à notre disposition.
  (*New products are put at our disposal.*)

To form the passive, use the verb *être* plus a past participle (agreeing with the subject of the verb).

Ⓐ Re-read the text *Médias à la carte*. Find five examples of active sentences and five of passive sentences and translate them into English.

Ⓑ Translate these sentences in the passive into English.

1 Un choix gigantesque de jeux sur console nous **est offert**.

2 Les cédéroms sont très utiles mais les livres ne **seront** jamais tout à fait **remplacés**!

3 Les encyclopédies **ont** toujours **été utilisées** par les élèves avec des devoirs à faire.

4 Dans le passé le monde des affaires n'**était** guère **touché** par l'Internet.

# La presse écrite

Connaissez-vous déjà les journaux et les revues les plus répandus en France?

**1a** 📖 Reliez:

1 Un quotidien est publié …

2 Un hebdomadaire est publié …

3 Un bimensuel est publié …

4 Un mensuel est publié …

a toutes les semaines

b toutes les deux semaines/tous les quinze jours

c tous les mois

d tous les jours

**1b** 📖 Divisez les mots dans la case en deux groupes:

◆ les personnes qui jouent un rôle dans le journalisme

◆ les rubriques d'un journal.

> le rédacteur – le secrétaire de la rédaction –
> faits divers – les actualités – en bourse –
> l'envoyé spécial – les loisirs – la politique –
> les informations – le lecteur – la société –
> le correspondant – les annonces classées –
> l'éditorialiste – le journaliste – le courrier des lecteurs
> – le photographe – le monde

**1c** Feuilletez quelques journaux en anglais et en français et ajoutez à la liste de rubriques qu'on trouve dans un journal. Par exemple, repérez les expressions françaises pour "crossword" ou "situations vacant".

**2a** 📼 Ecoutez sept personnes parler du journal ou magazine qu'elles aiment.
Retrouvez dans la liste le nom de:
– deux quotidiens
– trois hebdomadaires
– un mensuel.

> *La Croix*
> *Le Journal des Enfants*
> *Phosphore*
> *L'Express*
> *Le Monde*
> *Le Canard Enchaîné*

**2b** 📼 Réécoutez. Décidez quel groupe de mots-clés va avec chaque extrait. Ensuite, résumez le contenu de chaque extrait en une phrase.

a une institution – ton ironique

b les titres – la une – un article

c lycéens – orientation – boulimie – musique

d informations religieuses – grands problèmes politiques

e référence – informations – commentaires

f destiné aux enfants – simplifié

g informations mondiales – style américain

**En plus** 📼 Ecoutez Caroline exprimer ses préférences (Feuille 24).

# LA PRESSE FRANÇAISE

Beaucoup de Français préfèrent lire les journaux régionaux tels que *Ouest-France*, *La Voix du Nord* ou *Nice-Matin*. Ces quotidiens de province consacrent seulement quelques pages aux événements nationaux et internationaux.

Quant à la presse nationale, on peut choisir *Le Monde*, qui est un journal sérieux comme *The Times*, ou, pour ceux qui ont une tendance politique plutôt de droite, *Le Figaro*. Celui-ci est le plus vieux journal parisien, dont la création remonte à 1854. Les lecteurs plus jeunes et concernés par les problèmes sociaux lisent *Libération*, un quotidien qui aborde les thèmes courants de la société française comme le racisme ou le chômage.

Les hebdomadaires d'information les plus connus sont *L'Express* et *Le Nouvel Observateur*. Les reportages d'actualité de *L'Express* ressemblent par leur style, à ceux des revues américaines *Time* et *Newsweek*.

Puis il y a la presse à sensation comme *Paris Match* qui publie des photos assez choquantes dans, par exemple, ses reportages sur la guerre au Kosovo ou sur la vie privée de la famille princière à Monaco.

Mais d'une manière générale, la presse à sensation n'est pas aussi développée qu'en Angleterre. Bien sûr, il y a un journal satirique, *Le Canard Enchaîné*, qui est un peu l'équivalent de *Private Eye*. Mais à part ça, les Français préfèrent les débats d'idées, les grands thèmes de discussion.

**3a** Lisez le texte ci-dessus. Ecrivez une description en anglais de la presse française. Ecrivez une phrase sur chaque point:

– national newspapers

  regional dailies

– news magazines

– sensationalist press

**3b** Cherchez dans le texte des expressions qui vous semblent utiles pour l'activité 3c.
*Exemples:* on peut choisir entre X et Y, consacrer des pages aux événements nationaux/internationaux, ...

**3c** Votre correspondant(e) fait des recherches sur les médias européens et vous a demandé de l'aider. Ecrivez une description de la presse en Grande-Bretagne. Utilisez le vocabulaire de l'activité 1 et les expressions tirées des activités 2 et 3b.
*Exemple: Ici, on lit surtout les journaux nationaux: il y a les journaux quotidiens, tels que ... et les hebdomadaires, tels que ... Quant à la presse régionale, ...*

**En plus** Ecrivez un article de journal: Feuille 25.

## Compétences

### Researching a topic on the Internet

The Internet is one of the most useful tools currently available for research. As an example, use it to find out more about the French press.

**A** Use the www.google.fr search engine to locate the latest issue of:

**a** a French national newspaper

**b** a French weekly publication

**c** a French regional newspaper

**B** Choose one publication and answer these questions.

**a** What is its current lead story?

**b** Who do you think is the target audience?

**c** How much illustration appears on the front page?

**C** If possible, download a page from the publication.

**D** Present your chosen newspaper or magazine to the rest of the group. Use the language from *activités* 1–3 on pages 84–85 and the advice in *Compétences* on page 71.

# La presse à sensation

Information ou sensation: des sujets différents, un langage différent.

**1** Voici huit sujets de reportage. Classez-les en deux catégories: Information sérieuse – Histoires à sensation.

1. la naissance des jumelles d'une actrice
2. la crise de la vache folle
3. une grève à la SNCF
4. la mort d'une vedette de télévision
5. un tremblement de terre en Chine
6. un débat sur la semaine des 35 heures
7. la menace nucléaire
8. le divorce d'un célèbre joueur de golf

**2a** Lisez les deux articles ci-dessous. Notez quels sujets sont mentionnés dans chacun.

1. les fiançailles de Lady Diana
2. son mariage
3. son rôle de mère de famille
4. l'accident qui l'a tuée
5. les efforts pour la sauver
6. ses bonnes œuvres
7. le rôle des journalistes le soir de l'accident
8. le rôle de la presse en général

## JAMAIS PLUS, DIANA

### Mort tragique

La princesse des cœurs, la belle Lady Diana, nous a quittés tragiquement. Quelle odieuse fin que de mourir dans la rue, que de verser son sang sur le pavé, dans un accident qui nous choque encore au plus profond de nos êtres.

### Trahison

A jamais dans nos mémoires resteront gravées les images de la tendre fiancée, puis de la princesse la plus élégante. Son mariage féerique fut brisé lorsqu'elle tenta d'échapper à la froideur d'un prince distant qui trahit son amour.

### Compassion

Mère exemplaire, elle laisse deux jeunes orphelins qui se joignent au monde entier pour la pleurer*. On se souviendra aussi de sa compassion admirable, de ses bonnes œuvres venant au secours des malades.

### La princesse adorée

Nous tenons enfin à assurer qu'aucun de nos journalistes fut présent ce soir-là pour les conduire, elle et Dodi, vers la sinistre tombe et souiller l'image de notre princesse adorée. Que son âme repose en paix.

## Chronique sur la mort de Lady Diana

Le 31 août 1997, la princesse de Galles a trouvé la mort aux côtés de Dodi Al-Fayed dans un tragique accident de voiture sous le tunnel du Pont de l'Alma à Paris. Elle subit deux heures de chirurgie* avant de succomber à l'hôpital de la Salpêtrière.

Sa vie, au cours de laquelle un divorce princier suivit le conte de fée créé par son mariage, ainsi que sa mort subite, ont complètement transformé la monarchie britannique. Son accident a également soulevé de nombreux débats sur l'aspect déontologique* de la profession de journaliste et sur la presse à sensation. En effet, la pratique de la "chasse aux stars" constitue une négation de la vie privée et le public lui-même entretient cette exploitation commerciale et cette médiocrité de l'information.

Enfin, l'action humanitaire de Lady Diana fut présente dans sa présidence d'œuvres charitables, notamment Centrepoint, le Fond national d'aide au sida, la Mission pour la lèpre et plusieurs hôpitaux.

---

* pleurer quelqu'un – *to mourn someone*
* la chirurgie – *surgery*
* déontologique – *ethical*

**2b** Relisez *Jamais plus, Diana* et dites si les phrases suivantes sont vraies ou fausses selon le texte.

1 Le public a été accablé par la mort de Diana.

2 Son mariage était heureux.

3 On l'a admirée en tant que mère.

4 Elle était connue pour ses œuvres charitables.

5 Son image est souillée.

**2c** Relisez *Chronique …* et complétez les phrases suivantes, suivant le sens du texte.

1 La princesse a été tuée …

2 Les chirurgiens ont tenté de la sauver, mais …

3 Sa mort a ouvert un débat sur le rôle …

4 Beaucoup ont critiqué l'exploitation commerciale de …

5 La princesse était célèbre à cause …

**En plus** Feuille 26 vous aidera à discuter de la presse à sensation.

## Grammaire  ⇨ 168 ⇨ W66 67

### The passive (2)

The passive occurs less often in French than in English and can sound clumsy. To avoid it:

- use *on*:
  *Sa compassion ne sera jamais oubliée →*
  *On n'oubliera jamais sa compassion.*

- change the subject of the sentence:
  *La princesse a été pleurée par le monde entier →*
  *Le monde entier a pleuré la princesse.*

- use a reflexive verb:
  *Un débat sur la presse à sensation a été ouvert →*
  *Un débat sur la presse à sensation s'est ouvert.*

**A** Find in *Jamais plus, Diana* the French for these phrases. How do the French phrases avoid the passive?

1 Her two orphan sons are joined by the world in mourning her.

2 She will be remembered for her great compassion.

3 You can rest assured that none of our journalists were present.

## Compétences

### Using different kinds of language

**1** Look again at the two articles on the death of Princess Diana. Which of the following words would you use to describe each one?

serious – emotional – sentimental – factual – formal – amusing – detailed – analytical – dramatic

**2** Six different phrases describe the princess in the first text. Can you complete this list? — *la princesse des cœurs, la belle Lady Diana, …*

**3** What two phrases describe her in the second text?

**4** How are the two sets of phrases different?

**5** Give examples to show which article …

a uses more emotive language

b contains more hard facts

c analyses more closely the meaning of her life and the effect of her death

**6** Write about the death of an actress in two different ways:

a a brief factual report

b a 'human interest' report for a tabloid newspaper.

Choose from the list below the relevant details for each piece and think about the writing styles.

*actrice – Laurence Edouard – 38 ans*

*mère de famille – divorcée – vivait seule avec ses enfants*

*dernier film: Les Etoiles Filantes*

*résidences: Los Angeles, Côte d'Azur, l'Ile Maurice*

*passe-temps et intérêts: la mode, le casino, la course automobile*

*accident à 2h du matin samedi 22 décembre, Route Périphérique, conduisait seule, aucun autre véhicule impliqué*

# La publicité

Aimez-vous les pubs? Est-ce que vous les trouvez amusantes ou agaçantes? Apprenez ici comment décrire et analyser une pub.

**1** 🧑‍🤝‍🧑 Regardez bien les deux publicités. Pour chacune, discutez des questions suivantes avec un(e) partenaire.

  1  Qu'est-ce qu'on voit sur la publicité?

  2  Quel est le slogan?

  3  C'est pour quel produit?

  4  La pub vise qui exactement?

  5  Tu aimes la pub? Pourquoi?

**2a** Lisez le texte *Qui peut résister?* et reliez les sous-titres ci-dessous aux paragraphes A–D.

| | |
|---|---|
| Les techniques | D'abord la stratégie |
| Le pouvoir de la publicité | Viser les clients |

**2b** Le paragraphe A mentionne quatre buts possibles pour une publicité. Expliquez-les en anglais.

**2c** Complétez ces phrases pour résumer le contenu des paragraphes B–D:

  B  L'équipe créative doit d'abord choisir …, et puis décider …

  C  Il faut trouver une image qui …

  D  Il est difficile de résister parce que …

**2d** Trouvez dans le texte un mot qui correspond à chaque définition:

  1  celui qui achète un produit

  2  ceux qui créent la publicité

  3  le nom du fabricant

  4  ce qu'on ne dit pas tout haut

**2e** Trouvez dans le texte un synonyme pour chaque mot:

| | | |
|---|---|---|
| riche | heureux | amuser |
| persuader | attirante | cibler |

---

## Qui peut resister?

**A** Quel est le but d'une pub? Faites l'analyse d'une série de publicités et vous verrez qu'il y a plusieurs réponses à cette question pertinente. Les unes cherchent à vous persuader d'acheter une nouvelle marque, les autres à vous donner envie d'acheter un produit de luxe dont vous n'avez pas vraiment besoin. Ou bien on essaie de vous faire découvrir un produit tout nouveau ou peut-être de vous rassurer que votre marque préférée reste la meilleure de toutes.

**B** Après avoir choisi l'angle d'attaque, l'équipe créative discute comment créér l'impact voulu. Va-t-on informer le consommateur, le flatter, le faire rire ou même le choquer? De toute façon on fera travailler la musique, les images, les couleurs, le texte et surtout le slogan pour convaincre le consommateur qu'il ne peut pas se passer de ce produit.

**C** Et comment le faire? On choisit une image séduisante et un slogan qui promet l'exclusivité pour un produit de luxe. Que choisir pour viser les hommes? Des précisions techniques peut-être, ou une image très sportive? Et les femmes? Sont-elles toujours attirées par le bonheur stéréotypé de la famille nucléaire ou préfèrent-elles une image de succès sur le plan professionel?

**D** Il s'agit surtout du message caché. On ne vous dit pas seulement que ce produit vous sera utile. On vous donne l'impression que si vous l'achetez vous serez plus content, plus prospère, plus à envier. Une belle ligne, un avancement professionnel, un style de vie plus raffiné sont tous à acheter pour très peu d'argent. Comment y résister?

**3a** 🔊 Ecoutez Claudie, qui parle de l'influence de la publicité sur les jeunes. Toutes les opinions ci-dessous y sont exprimées: à vous de décider dans quel ordre!

1 On augmente le volume pour les publicités à la télévision.

2 Les jeunes ont toujours été soumis à une surabondance de publicité.

3 Il y a trop de publicité à la télévision.

4 L'excès de publicité remet en question les valeurs de notre société.

5 Il y a des images perturbantes qui n'ont rien à voir avec le produit.

6 Les mannequins trop minces ont une mauvaise influence sur les jeunes.

**3b** 🔊 Réécoutez et notez le français pour les expressions suivantes:

1 advertising hoardings

2 you can't see a direct link between …

3 it's hardly a responsible attitude

4 one is continually bombarded with adverts

5 all these bad influences

**4** Choisissez une publicité et présentez-la devant votre groupe. Utilisez les questions de l'activité 1 comme plan de votre présentation et ajoutez des commentaires. Vous trouverez des idées et des expressions utiles dans les activités 2 et 3 et dans *Compétences*.

## Grammaire  ➡️ 166 ➡️ W58–59

### The imperative

The imperative is used to tell someone what to do or to make a suggestion. It has three forms: for *tu*, *vous* and *nous*. It looks the same as the present tense, except that for *-er* verbs, the final 's' on the *tu* form is omitted.

**A** Read the advertising slogans. Spot the imperative in each one and in pairs guess the products advertised.

1 **Prenez soin de vous.**

2 **Ouvrez un compte sans vous déplacer, sans paperasserie et sans aucun frais.**

3 *Profitons d'une expérience de niveau international sur une compagnie mondiale.*

4 Ne choisis plus entre le plaisir et la sécurité.

5 **Simplifiez-vous la vie!**

**B** Copy and complete these translations:

1 Regarde cette publicité. *Look at …*

2 Achetons cette marque de café. *Let's …*

3 Invente un nouveau slogan. …

4 Ne manquez pas cette offre spéciale! …

**C** Put these sentences into French:

1 Try this chocolate. (*vous*)

2 Don't buy that! (*tu*)

3 Invent a new product. (*vous*)

4 Let's analyse this advert. (*nous*)

## Compétences

### Persuasive language

Certain constructions will help you persuade someone to do something or to agree with your point of view. They include:

● **the imperative** – see *Grammaire* on the left.

● **comparisons** – favourable ones, of course!

**1** Translate these examples into English.

1 *Vous aurez plus de confort et moins de frais.*

2 *Il est toujours préférable de (+ infinitif).*

3 *Il vaut mieux (+ infinitif).*

● **superlatives**

**2** Make up three more examples to add to this list.

*C'est la meilleure imprimante jamais inventée.*

*Offrez-lui la plus belle robe de toutes.*

● **repetition, often using groups of three.**

**3** Find a slogan in *Grammaire* which uses this technique. Use it as a model to write another slogan.

● *questions* to lead readers to think the way you'd like them to!

**4** Add three examples to this list. You'll find one at the end of *Qui peut résister?* on page 88.

*Qui ne pense pas à la sécurité?*

# La télévision

L'influence de la télévision est-elle positive ou négative?

**1a** 🔊 « *Trouvez-vous que la télévision ait une bonne ou mauvaise influence sur les jeunes?* » Ecoutez l'opinion de cinq personnes: est-elle positive ou négative?

1  Antoine, professeur
2  Louise, mère de famille
3  Suzanne, mère de famille
4  Elizabeth, ado
5  Martin, ado

**1b** 🔊 Réécoutez. Recopiez et complétez les expressions utilisées.

1  derrière une façade …; faire passer des …

2  déplorer la pauvreté de …;
   des actes de violence de …

3  le vocabulaire se limite à …;
   les relations démontrent …

4  des émissions qui reflètent …

5  la possibilité d'apprécier …

**2a** Lisez la question suivante. Puis lisez la réponse d'un élève de première. Notez en anglais les cinq aspects donnés pour répondre à la question.

**2b** Résumez la conclusion en anglais.

> Considérez l'influence de la télévision sur les jeunes et donnez trois aspects négatifs et deux aspects positifs.
>
> Ensuite, expliquez votre opinion personnelle: la télévision exerce-t-elle une influence éducative ou néfaste sur les jeunes de votre âge?

## Réponse-modèle

*Quels sont les aspects négatifs concernant la télévision et les jeunes? Considérons d'abord la passivité. Celui qui se plante pendant des heures devant la télévision ne fait pas assez d'exercice et grignote peut-être trop. Sans la télé, ne ferait-il pas quelque chose de plus édifiant? Pourquoi consacrer tant d'heures à ce passe-temps inactif et asocial?*

*N'oublions pas le raz-de-marée publicitaire qui vise souvent les jeunes. On se retrouve à chaque moment devant toute une gamme de choses à acheter. Le but est de nous faire envier les autres et convoiter les possessions matérielles, ce qui est certainement un aspect négatif!*

*Pires encore sont les actes de violence qui règnent sur l'écran à toute heure et qui menacent surtout les jeunes bien impressionnables, que ce soit dans un feuilleton américain, un dessin animé japonais ou une série policière française.*

*Quant aux aspects positifs de la télévision, je tiens à souligner premièrement l'importance des émissions éducatives qui font appel au jeu. Les ados aiment apprendre en s'amusant. Donc les quiz et les émissions comme Des Chiffres et des Lettres sont très populaires.*

*Deuxièmement, depuis toujours la jeunesse veut découvrir le monde et les jeunes d'aujourd'hui ont la chance de pouvoir le faire, grâce à la gamme de documentaires, de journaux télévisés et de débats et discussions à laquelle ils ont accès. Mieux vaut en profiter!*

*Je ne veux pas minimiser les dangers d'un excès de télévision pour les jeunes. Mais toute réflexion faite, il est évident que la télévision peut jouer un rôle capital dans leur éducation. Il faut manifestement limiter les heures passées devant l'écran et savoir sélectionner les émissions de façon responsable, mais finalement je dois conclure que l'influence de la télévision sur les jeunes est plutôt positive.*

**3a** Relisez la réponse-modèle. Dans quel paragraphe lit-on que …?

**1** Si on regarde trop de télé, on n'a pas le temps de faire autre chose.

**2** Ce n'est pas seulement en Europe qu'il y a des émissions violentes.

**3** Il faut trouver un juste milieu.

**4** Il y a des jeunes qui mangent trop en regardant la télé.

**5** On peut apprendre en regardant la télé.

**6** Les spots publicitaires ont une mauvaise influence.

**3b** Enrichissez votre vocabulaire en relisant la réponse-modèle.

**a** Trouvez deux synonymes pour "jeunes" et deux pour "télévision".

**b** Faites une liste des termes du domaine "télévision".

**c** Classez les mots suivants dans deux catégories – positive et négative:

| | | | |
|---|---|---|---|
| la passivité | édifiant | inactif | asocial |
| menacer | éducatif | responsable | pire |

**d** Recopiez chaque expression et traduisez en anglais:

| | | |
|---|---|---|
| considérons | pire encore | que ce soit |
| quant à | grâce à | mieux vaut |

**4** Répondez à la question suivante. *Compétences* vous guidera.

Citez trois avantages et trois dangers de la publicité.

Donnez votre opinion personnelle sur la publicité: est-ce qu'elle joue un rôle essentiel dans une société de consommation comme la nôtre?

**5** 🏆 Jeu de rôle. « *Quels sont les effets de la télévision sur la vie de famille?* » Choisissez parmi les rôles suivants, ou inventez-en vous-même.

- un ado dont les parents refusent d'acheter un poste de télévision
- un parent concerné par la violence à la télé
- un prof qui trouve que ses élèves regardent trop de télé et ne discutent pas assez en famille
- une personne âgée qui est souvent seule à la maison

## Compétences

### Answering a structured question

*Activités* 2 and 4 contain typical 'structured questions' of the type found in a Module 2 exam paper. To help you write a good 'structured response' for *activité* 4, work through the steps below.

● Study the question carefully, to be sure you cover all the material asked for.

**1** Look at *activité* 2 and explain why the model answer has six paragraphs. How many paragraphs should you use in *activité* 4?

● Collect ideas.

**2** Study the pages on advertising and jot down ideas you could use. Note whether they are advantages or disadvantages. Keep thinking until you have the required number of pros and cons.

● Add examples.

**3** Make a list of examples to illustrate each of your paragraph ideas.

● Structure your answer.

**4** In which order will you use your paragaphs? What is your conclusion? Will you argue for or against advertising, or conclude that some adverts are acceptable while others are not? Check that your conclusion leads on well from the ideas in your earlier paragraphs and answers the question posed.

● Prepare vocabulary.

**5** Collect vocabulary on advertising from pages 88–89, and phrases for describing positive and negative aspects from *activité* 3 on page 91.

● Make sure you vary the structures you use.

● Write your answer. If you have a good plan, writing it should be straightforward! Remember to:

– stick to your plan

– use the vocabulary and structures you have collected

– use as wide a range of language as possible.

# Au choix

**1 S📼** Ecoutez les informations à la radio et répondez aux questions.

**a Trafic perturbé à la SNCF**

Complétez chaque phrase selon le sens de l'enregistrement.

1   Il y aura des difficultés pour les passagers de la SNCF à cause de …

2   Le reporter se trouve …

3   Maintenant la situation à la gare est meilleure que …

4   Un bon de retard permet aux passagers de …

**b Coca ou Orangina?**

Vrai ou faux?

1   L'entreprise Coca-Cola va acheter la marque Orangina.

2   Le gouvernement a interdit cet achat.

3   Les syndicats étaient en faveur de l'achat.

4   On risque maintenant des licenciements.

5   Pernod-Ricard est le propriétaire de la marque Orangina.

6   L'avenir de la compagnie est maintenant sûr.

**c Football**

Répondez aux questions.

1   Combien de buts est-ce qu'Olympique de Marseille a marqué hier soir?

2   Combien de matchs ont-ils gagné dans les dernières semaines?

3   Expliquez l'observation de l'entraîneur dans vos propres mots.

**d A la Bourse de Paris**

Ecrivez une phrase pour expliquer ce qui s'est passé hier à la Bourse de Paris. Utilisez les termes suivants:

Pernod-Ricard       l'action       4,6%
le véto du gouvernement

**2** « *Parmi les médias modernes – radio, télé, presse écrite, Internet –, quel est le meilleur pour s'informer et pour se détendre?* »

Faites un exposé sur cette question, seul(e) ou à deux. Cherchez des idées et du vocabulaire dans les pages de cette unité, et relisez *Compétences*, page 71, avant de préparer vos notes.

**3** Vous ne supportez plus la surabondance de publicité qui nous entoure: à la télévision, au cinéma, dans les journaux et même dans la rue. Ecrivez une lettre au rédacteur de votre journal préféré pour exprimer votre opinion.

Utilisez le vocabulaire et *Compétences*, pages 88–89.

**4 👥** Vous travaillez pour une agence publicitaire et vous préparez une nouvelle campagne. Choisissez un produit de la liste et inventez deux publicités: une pour les magazines (image + slogan), une pour la radio (trente secondes pour convaincre vos auditeurs!).

dentifrice – service Internet – chocolat – téléphone portable – voiture – jus d'orange – marque de baskets

## Phonétique S📼

### Les consonnes que l'on ne prononce pas

● En général, les consonnes *s*, *t*, *d*, *p*, *x* placées à la fin d'un mot ne se prononcent pas.

① Ecoutez et lisez, puis répétez.

| | |
|---|---|
| s | accès     excès     Paris |
| s | les médias préférés des jeunes |
| t | le débat     le droit de tout savoir |
| d, x | Le Canard Enchaîné     La Voix du Nord |
| p | il y a beaucoup trop de publicité à la télé |

● Cependant, ces consonnes se prononcent lorsqu'elles sont suivies d'un *e*.

② Ecoutez et lisez, puis répétez.

| à la fin d'un mot | suivie d'un 'e' |
|---|---|
| les Français | la radio française |
| il est mort | elle est morte |
| il fait chaud | des températures chaudes |

# L'environnement

By the end of this unit you will be able to:

- Explain what you do to protect the environment
- Say what people could do to protect the environment
- Talk about being a conservation volunteer
- Discuss the pros and cons of nuclear power
- Discuss possible solutions to environmental problems

- Use the conditional
- Recognize the past conditional
- Answer a structured question
- Pronounce the sounds 'o', 'eau' and 'ou'

**1** Lisez les titres de journaux et choisissez une image appropriée pour chacun.

1 **Le nombre de capteurs solaires bat tous les records**

2 **Projet national de replantation des forêts**

3 Des centaines de bénévoles font face à la marée noire

**2** Vous trouverez à droite deux expressions qui vont avec chaque titre (1–6). A vous de les relier!

4 **Les baleines; toujours menacées de disparition**

5 **Non à la mer poubelle!**

6 **VOTRE VERRE D'EAU; UN COCKTAIL DE POLLUANTS?**

une source d'énergie inépuisable
nettoyer la plage
le chêne
une station d'épuration
le risque d'extinction
les ressources renouvelables
la contamination des océans
déverser des déchets radioactifs
l'eau potable
l'écosystème forestier
être massacré
un seau et une pelle

a

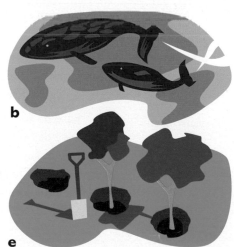

b

c

d

e

f

# Vous pensez écolo?

« L'écologie commence chez soi! » Que faites-vous déjà, et que pourriez-vous faire encore, pour protéger l'environnement?

## QUIZ: VOUS PENSEZ ÉCOLO?

**1** Quand vous achetez un bloc-notes, choisissez-vous ...

  **a** parfois du papier recyclé?

  **b** sans exception du papier recyclé?

  **c** le moins cher?

**2** Quels déchets ménagers recyclez-vous?

  **a** les journaux, les boîtes de conserve et les produits en verre

  **b** les bouteilles

  **c** rien du tout

**3** Que faites-vous pour votre hygiène intime?

  **a** je prends une douche tous les jours

  **b** je prends un bain tous les jours

  **c** je fais les deux tous les jours

**4** Que faites-vous avec les épluchures de légume?

  **a** je les mets à la poubelle

  **b** je les mets dans un sac en plastique avant de les jeter

  **c** nous avons un tas de compost dans le jardin

**5** Est-ce que vous utilisez les sacs en plastique?

  **a** ah non, jamais! je préfère mon panier

  **b** oui, c'est super, les magasins en offrent toujours

  **c** oui, j'en ai toute une collection à la maison

**6** Vous vivez à un kilomètre de votre lycée: vous y allez comment?

  **a** je prends le bus

  **b** j'y vais en voiture ou en taxi

  **c** j'y vais à pied ou en vélo

**7** Est-ce que vous utilisez les transports en commun?

  **a** non, je n'aime pas attendre à l'arrêt d'autobus

  **b** oui, s'il n'y a pas d'autre possibilité

  **c** oui, c'est pratique

**8** Vous fumez?

  **a** oui, un peu, mais j'essaie d'arrêter

  **b** non

  **c** oui, quand je sors le soir avec des copains

**9** Utilisez-vous des produits verts pour faire le ménage?

  **a** ah oui, il faut faire un effort quand même

  **b** non, je ne les trouve pas efficaces

  **c** c'est quoi, les produits verts?

**10** Est-ce que vous faites beaucoup de shopping?

  **a** c'est mon passe-temps préféré

  **b** ah oui, tous les week-ends

  **c** oui, mais je n'achète rien dont je n'ai pas vraiment besoin

### SOLUTIONS

Lisez les solutions et puis trouvez votre "étiquette".
Donnez-vous un point pour chaque bonne réponse:

1b 2a 3a 4c 5a 6c 7c 8b 9a 10c

3, 2, 1 ou 0 écolo zéro
6, 5 ou 4 écolo un peu
8 ou 7 écolo beaucoup
10 ou 9 écolo accro

---

**1a** Faites le quiz: choisissez la réponse qui vous convient le plus.

**1b** Comparez vos réponses avec un(e) partenaire, puis discutez-en en classe. Utilisez les expressions-clés.

### Expressions-clés

Je suis plus/moins écolo que toi

Je devrais + *infinitif*

Je ne devrais plus + *infinitif*

Tu ferais mieux de + *infinitif*

**2a** Dans le texte page 95, quatre personnes décrivent leurs habitudes "vertes". Avant de le lire, devinez le sens des verbes suivants, tirés du texte.

faire de son mieux – gaspiller – compter – éteindre – faire des économies – baisser – conduire – polluer – mieux faire – vivre de (quelque chose) – arriver à (faire quelque chose) – cuisiner – faire les courses – manger bio

## L'écologie commence chez soi!

**Alain**

Chez nous, on fait de notre mieux pour ne pas gaspiller l'éléctricité. Ce sont les petits gestes qui comptent, comme par exemple éteindre la lumière quand on sort d'une pièce, cuisiner dans une seule casserole quand on peut, ne pas mettre un plat encore chaud dans le frigo. Mais on devrait aussi baisser le chauffage central.

**Philippe**

Je viens d'avoir mon permis de conduire, mais j'essaie de laisser la voiture dans le garage le plus possible! Par exemple, je fais du co-voiturage avec deux voisins. Nous travaillons tout près les uns des autres, donc un jour c'est moi qui conduis et puis le lendemain, c'est quelqu'un d'autre. Nous faisons des économies et nous polluons moins l'atmosphère. Je pourrais prendre le bus, mais je préfère le covoiturage.

**Juliette**

A vrai dire, je pourrais faire mieux. C'est ma première année en fac et je vis presque uniquement de plats préparés!

Je sais bien que c'est un peu irresponsable à cause de tous les emballages, mais je n'arrive pas à trouver le temps de cuisiner. Il faudrait faire un petit effort!

**Murielle**

J'ai horreur du plastique! Je fais mes courses avec un vrai panier, donc je n'ai pas besoin d'un tas de sacs en plastique. J'achète des produits verts pour la vaisselle et la lessive. Je mange bio aussi. Je mets les matières putrescibles sur le tas de compost au fond du jardin: je n'aimerais pas jeter tout aux ordures.

**2b** Lisez le texte. Classez chaque personne selon le quiz *Vous pensez écolo?*

**2c** **A** lit le paragraphe d'Alain et puis ferme son livre; **B** vérifie si **A** a retenu le français pour les expressions suivantes.
Changez de rôle pour le paragraphe de Philippe, et ainsi de suite.

**Alain:** small gestures; switching off a light; one saucepan; the fridge

**Philippe:** lift-sharing with neighbours; savings; less pollution

**Juliette:** I could do better; ready meals; packaging

**Murielle:** a basket; green detergents; I eat organic food; the compost heap

**En plus** 🔊 Feuilles 27 et 28.

**3a** 🔊 Ecoutez cinq personnes parler de ce qu'elles font, et ce qu'elles devraient ou pourraient faire en plus, pour protéger l'environnement. Recopiez et complétez la grille.

| action | devrait/pourrait faire |
|--------|------------------------|
| 1 | |
| 2 | |

**3b** 🔊 Réécoutez et lisez les phrases suivantes. Il y a au moins une erreur dans chaque phrase. A vous de les corriger!

1 Je recycle les emballages en plastique dans les conteneurs.
2 Je suis membre de Greenpeace.
3 J'utilise surtout les transports en commun pour me déplacer.
   Je prends mon vélo pour aller au travail.
4 J'exerce peu d'influence en tant que consommatrice.
   J'achète les produits bio parce qu'ils ne sont pas chers.
5 J'essaie d'économiser l'eau, surtout quand je me douche ou que je fais la vaisselle.

**4** Et vous? Vous pensez écolo? Aidez-vous des expressions-clés pages 94 et 95 et du texte ci-dessus.

1 Donnez quatre exemples de ce que vous faites déjà.
2 Comment pourriez-vous changer votre comportement et faire encore mieux?

### Expressions-clés

Je pourrais (me servir des transports en commun.)
J'aimerais (faire du vélo plus souvent.)

# Notre planète en danger

Quels sont les dangers écologiques qui menacent notre planète? Quelles sont leurs causes principales, et quelles solutions possibles y a-t-il?

**1a** 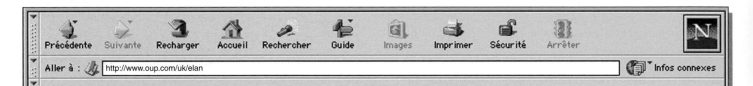 Quelles sont les causes et les solutions de ces problèmes écologiques? Recopiez la grille et, à l'aide d'un dictionnaire, cherchez dans la boîte les expressions pour la compléter.

| Problèmes | Causes | Solutions |
|---|---|---|
| la pollution de l'air | | |
| la déforestation | | |
| les déchets ménagers | | |
| la destruction de l'écosystème marin | | |

**1b** Quels autres dangers écologiques connaissez-vous? Continuez la grille.

*Exemples: la pollution des plages, l'effet de serre*

les emballages
la surpêche
le recyclage
la surconsommation
une exploitation durable des forêts
un système de gestion de pêche plus responsable

la conversion des forêts en terres agricoles
les émissions toxiques des automobiles
le compostage
une amélioration des transports en commun
l'exploitation forestière

---

Précédente  Suivante  Recharger  Accueil  Rechercher  Guide  Images  Imprimer  Sécurité  Arrêter

Aller à : http://www.oup.com/uk/elan        Infos connexes

---

Chers internautes,

Vous avez été nombreux à répondre à notre question sur les problèmes écologiques qui vous concernent le plus. Vos messages nous ont montré qu'il existe toute une gamme d'inquiétudes …

**1** La pollution de l'air atteint un niveau critique dans les grandes villes à cause de la circulation automobile et des émissions toxiques des voitures. Si notre air était plus pur les personnes fragiles ne seraient plus menacées. Moi, je suis asthmatique, je souffre de notre air pollué, je m'inquiète aussi pour les enfants et les personnes âgées qui ont souvent des problèmes respiratoires.

**2** J'aime bien aller à la plage mais la pollution que l'on voit sur les côtes m'inquiète de plus en plus. J'ai été horrifié par la marée noire provoquée par le pétrolier échoué Erika. Combien de temps faudra-t-il pour nettoyer les plages dévastées? Comment assurer

qu'un tel désastre ne se reproduira jamais?

**3** Partout dans mon quartier je vois des tas d'ordures. C'est dégoûtant! Il me semble que notre monde est plein de déchets industriels et d'ordures ménagères! Il faudrait absolument réduire les emballages de toutes sortes – papier, carton, plastique, métal, verre. Tout le monde devrait faire du compostage et tâcher de recyler au maximum. En plus, on devrait se servir de produits recyclés.

**4** Vous pensez peut-être que les forêts tropicales sont loin et que leur disparition ne nous concerne pas? Vous avez tort! Elle nous menace tous. L'écosystème forestier est essentiel à l'équilibre écologique de notre planète. Il faut diminuer notre consommation de bois tropical. Si vous achetez un produit en bois, soyez sûr qu'il provient d'une source gérée de façon durable. Je n'aimerais pas voir nos forêts disparaître!

---

**2a** Lisez les messages sur l'Internet. Travaillez à deux pour créer un sous-titre pour chaque message. Comparez vos idées avec celles des autres.
*Exemple: 1 Donnez-moi de l'air pur!*

**2b** Cherchez dans les messages un synonyme pour chaque expression:

| | | |
|---|---|---|
| j'ai mal | essayer de | utiliser |
| ravagées | une variété | diminuer |

**2c** Sans relire les messages, reliez chacun des noms avec son adjectif. Ensuite, vérifiez avec le texte.

| | | | |
|---|---|---|---|
| 1 | la circulation | **a** | âgées |
| 2 | les personnes | **b** | recyclés |
| 3 | les problèmes | **c** | automobile |
| 4 | la marée | **d** | noire |
| 5 | les déchets | **e** | écologique |
| 6 | les ordures | **f** | respiratoires |
| 7 | les produits | **g** | toxiques |
| 8 | les forêts | **h** | ménagères |
| 9 | l'équilibre | **i** | tropicales |
| 10 | les émissions | **j** | industriels |

**3a** [🔊] Vous allez entendre trois titres d'information sur des sujets écologiques. D'abord, écoutez le premier et choisissez la bonne réponse.

**1** Le but de la journée d'action est de sensibiliser l'opinion sur …
 **a** les problèmes des établissements scolaires
 **b** la mort des forêts
 **c** les pluies acides

**2** Combien de forêts tropicales reste-t-il en Amérique latine, en Afrique et en Asie?
 **a** la moitié  **b** plus de 50%
 **c** moins de 50%

**3** Est-ce que les forêts détruites pourront se reformer?
 **a** oui  **b** non
 **c** on ne sait pas

**3b** [🔊] Ecoutez le deuxième titre d'information et trouvez les mots qui manquent.

Notre planète est à (1) …… % recouverte de mers et d'océans. La surexploitation des ressources (2) …… est devenue une énorme (3) …… mondiale qui menace l'équilibre des écosystèmes marins. Greenpeace a donc lancé une (4) …… contre la surexploitation de nos (5) …… Greenpeace veut que tous les pays adoptent une attitude plus (6) …… envers la gestion des pêches.

**En plus** [🔊] Ecoutez le troisième titre d'information sur les effets invisibles du bruit et prenez des notes.

## Grammaire ⇨166 ⇨W60–61

### The conditional

The conditional is used to express what you would do if certain conditions were met.

It is formed using the future stem of the verb, plus the imperfect tense endings: -*ais*, -*ais*, -*ait*, -*ions*, -*iez*, -*aient*

future – j'essayer**ai** = *I will try*

conditional – j'essayer**ais** = *I would try*

A verb which is irregular in the future tense keeps that future stem for the conditional:

future – je fer**ai** = *I will <u>do</u>*

conditional – je fer**ais** = *I would <u>do</u>*

For irregular verbs, see page 165.

**(A)** Find in the chatline messages on page 96 the phrases which match the translations below:
 **a** frail people would no longer be threatened
 **b** everyone ought to have a compost bin
 **c** I wouldn't like to see our forests disappear

**(B)** Look back at the text on page 95 and find three more examples of the conditional.

**(C)** Complete the sentences below by inserting the suggested verbs in the conditional.

Dans un monde idéal, tout le monde …
 **1** …… des produits recyclés. (*acheter*)
 **2** …… d'aller plus souvent à vélo. (*essayer*)
 **3** …… un tas de compost dans le jardin. (*avoir*)
 **4** …… moins d'énergie. (*consommer*)
 **5** …… toutes leurs ordures ménagères. (*recycler*)
 **6** …… moins d'emballages. (*utiliser*)

**4** La planète en danger! Choisissez un aspect que vous trouvez très inquiétant et faites une présentation.

**5** 👥 Vous fondez un groupe "Action Ecologie" dans votre lycée. Choisissez le thème de la première campagne, en vous référant aux pages 96–97, et puis créez un poster ou un dépliant.

# Qui veut être bénévole?

Aimieriez-vous un jour participer à un projet écologique? Lisez nos rapports sur deux exemples de travaux récents en France.

## Action Rivière Nature

a

b

c

A Neufchâteau, dans les Vosges, une équipe de bénévoles a travaillé pendant dix ans pour ressusciter le ruisseau de l'Abreuvoir.

**1** Regardez les trois photos et reliez les expressions avec la photo qui convient.

| | |
|---|---|
| un projet de rénovation | 9500 heures de travail |
| un paradis écologique aux portes de la ville | un milieu perturbé |
| des truites sauvages de 2 kilos | nettoyer les rives |
| | des ordures de toutes sortes |
| une décharge sauvage | ramasser les débris |
| des bénévoles | |

**2a** 🔊 Ecoutez un entretien avec Roger Dominique, membre de l'association Action Rivière Nature. Dans quel ordre est-ce qu'on fait mention des aspects suivants dans l'interview?

*Exemple:* 5, …

1 quand on a travaillé
2 un des meilleurs résultats du projet
3 une description du site
4 la raison de la réussite du projet
5 une description générale du projet
6 les gens qui ont participé
7 ce qu'ils ont fait exactement

**2b** 🔊 Réécoutez et choisissez un verbe pour compléter chaque expression ci-dessous.

| | | | |
|---|---|---|---|
| enlever | nettoyer | restaurer | transformer |
| effectuer | planter | restituer | |
| faire | ramasser | retrousser | |

1 …… un cours d'eau insalubre
2 …… ses manches
3 …… 9500 heures de travail
4 …… des débris
5 …… les rives
6 …… des tonnes de vase
7 …… des édifices
8 …… des arbres
9 …… le suivi de la faune aquatique
10 …… ses droits à la nature

**2c** En vous référant aux aspects mentionnés (2a) ainsi qu'aux expressions repérées (2b), écrivez un court résumé du projet.

*Exemple: Action Rivière Nature a travaillé pendant dix ans sur un ruisseau pollué. 45 volontaires …*

**3a** 📖 Avant de lire le texte à droite, travaillez à l'aide d'un dictionnaire pour expliquer les termes suivants:

1 un oiseau mazouté
2 mettre des moyens à la disposition de quelqu'un
3 un résultat décevant
4 un élan de solidarité
5 une proportion faible

## Sauvetage des oiseaux mazoutés

**3b** Lisez le texte et répondez aux questions.

1 Nommez trois types de bénévoles.
2 Nommez trois organisations qui ont participé à l'opération de sauvetage.
3 Combien d'oiseaux ont déjà été sauvés?
4 Est-ce qu'ils auraient été sauvés sans les bénévoles?
5 Combien d'oiseaux espère-t-on encore sauver?
6 Est-ce que vous seriez prêt(e) à participer à une telle opération de sauvetage?

**3c** Traduisez la dernière phrase du texte en anglais.

**4** Aimeriez-vous participer à un projet écologique? Préparez une présentation à l'oral sur le travail bénévole: prenez les notes suivantes comme point de départ et utilisez le vocabulaire et les expressions que vous venez d'apprendre.

- Des exemples: décrivez le projet d'Action Rivière Nature et le sauvetage des oiseaux mazoutés. Qui a fait quoi et pourquoi?

- Les résultats: jusqu'à quel point est-ce que les projets ont eu du succès?

- Et vous? Seriez-vous prêt(e) à participer à un travail de bénévole pour une action écologique? Si oui, de quel type? Si non, pourquoi pas?

### SAUVETAGE DES OISEAUX MAZOUTÉS

Protecteurs de la nature, chasseurs et promeneurs se sont donnés la main pour sauver les oiseaux mazoutés, dévastés par la marée noire du pétrolier échoué, l'Erika. La municipalité de La Rochelle (pour n'en citer qu'une) a mis des moyens très importants à la disposition des sauveteurs des oiseaux, coordonnés par la LPO nationale et sa section départementale. En Bretagne, la SEPNB-Bretagne Vivante a aussi déployé de vastes efforts.

Mais les résultats sont souvent décevants. Un mois et demi après le naufrage, 391 oiseaux seulement avaient pu être relâchés, au large de l'île Grande, en Bretagne nord, où un centre LPO permanent avait été établi à la suite de la catastrophe de l'Erika. A la même date, seuls 2500 oiseaux étaient considérés "récupérables" parmi tous ceux qui avaient été "lavés". C'est un immense élan de solidarité qui a permis d'arriver à ce résultat, avec des bénévoles qui venaient parfois travailler de nuit, pour continuer à exercer leur profession de jour. La proportion d'oiseaux sauvés est donc très faible, mais, tant qu'un oiseau sauvage est vivant, il mérite que l'on s'y intéresse.

---

## Grammaire  ⇨166 ⇨W79

### The past conditional

- The past conditional is used to say what **would have happened** or what someone **would have done**.

  To say what **should** or **could have happened**, use the past conditional of *devoir* or *pouvoir*.

- It is formed using the conditional of an auxiliary verb (*avoir* or *être*), plus the past participle of the main verb.

  Elle aurait préféré sauver beaucoup plus d'oiseaux.
  *She would have preferred to save many more birds.*

  Je n'aurais pas aimé voir la rivière dans un tel état.
  *I wouldn't have liked to see the river in such a state.*

  Tu y serais allé si tu avais eu l'occasion?
  *Would you have gone if you'd had the chance?*

(A) Look at *activité* 3b and find a sentence with a conditional in it and one with a past conditional. Copy out both and translate them into English.

(B) Do the following sentences use a conditional or past conditional? Translate them into English.

1 Tu aurais dû participer à l'opération de sauvetage.
2 J'aurais été content si on avait planté des fleurs.
3 La vie serait plus tranquille dans un tel endroit.
4 Il y aurait moins de pollution et plus d'air pur.
5 Je n'aurais jamais jeté toutes ces ordures-là.
6 Il faudrait porter tout ça à la décharge municipale.
7 Ils auraient pu élargir le site.
8 Un groupe plus grand aurait pu travailler plus vite.

# Le nucléaire: pour ou contre?

Nous savons tous que les combustibles fossiles vont s'épuiser et qu'il faut trouver d'autres sources d'énergie. Est-ce que le nucléaire nous offre une solution efficace et sans risques?

**1** Lisez les titres sur le nucléaire et classez-les en deux groupes: positif et négatif.

A **Le danger des déchets nucléaires**

B **CONTRÔLES SYSTÉMATIQUES**

C **Création de nouveaux emplois dans le nucléaire**

D **MANQUE DE SÉCURITÉ**

E **Un héritage toxique pour les générations futures**

F **Tout est fait pour assurer la sécurité**

G **INDÉPENDANCE ÉNERGÉTIQUE**

H **Rayons radioactifs**

I **Le nucléaire: plus propre, moins polluant**

J **Explosion d'un réacteur**

K **CONTAMINATION!**

L **Une réponse à tous nos besoins énergétiques**

## 1 L'AVENIR DU NUCLÉAIRE

Quel est l'avenir du nucléaire en France? Aujourd'hui presque 80% de la production d'électricité en France est d'origine nucléaire. Mais la plupart de nos réacteurs seront obsolètes entre 2010 et 2020. Il faut donc décider: allons-nous les remplacer par une nouvelle génération de centrales atomiques? Ou nous faudra-t-il plutôt des centrales à gaz ou des piles à combustible?

Quels sont les coûts des différentes sources d'énergie? Et les conséquences pour l'environnement? Comment assurer la sécurité? Tant de questions! Voilà pourquoi le gouvernement propose l'organisation d'une vaste consultation sur l'avenir du nucléaire en France.

## 2 Non à la Radioactivité!

La radioactivité se concentre dans les fruits de mer et les algues, se dépose sur les plages, envahit les estuaires, lègue son héritage toxique à tout l'environnement. Une fois dans l'air ou la chaîne alimentaire, elle peut causer des cancers ou des atteintes génétiques.

## 3 Pourquoi la France a choisi le nucléaire

La raison fondamentale qui justifie la politique nucléaire de la France est d'assurer, suite à la crise du pétrole, notre indépendance énergétique. Alors qu'en 1979 nous ne produisions que 24% de l'énergie que nous consommions, ce chiffre s'élève aujourd'hui à 50%. Les centrales nucléaires produisent ainsi 79% de l'électricité globale.

Sur le plan de l'environnement, les centrales nucléaires ne polluent pas l'atmosphère car elles ne libèrent aucun des gaz nocifs des autres carburants, ne contribuant donc pas à l'effet de serre. Les rejets de radioactivité font l'objet d'une réglementation très stricte et restent minimes.

## 4 LES RISQUES NUCLÉAIRES

Qui peut oublier l'accident nucléaire de Three Mile Island en Pennsylvanie qui a secoué l'Amérique en 1979? Ou l'explosion du réacteur de Tchernobyl en 1986 qui a provoqué plusieurs dizaines de morts lors de l'accident, mais sûrement beaucoup plus à long terme, vu la contamination de toute une région de l'ancienne URSS? Que ces catastrophes-là ne se reproduisent jamais!

**2a** Survolez les quatre articles de journaux (page 100) sur le nucléaire en France et décidez lequel:

1 explique les dangers pour l'environnement et les êtres humains

2 constate que la question "nucléaire, pour ou contre?" reste ouverte

3 aborde les risques d'une explosion dans une centrale nucléaire

4 explique pourquoi nous avons besoin du nucléaire.

**2b** Dans quel article lit-on que … ?

1 la côte est polluée par la radioactivité

2 il y a eu des incidents très inquiétants au cours des années

3 le nucléaire joue un rôle capital dans la politique énergétique française

4 il faut peser le pour et le contre

5 à la suite d'un accident nucléaire, la contamination à long terme est encore plus néfaste que les dégâts immédiats

6 le nucléaire pose des risques pour la santé

7 il va falloir bientôt prendre des décisions sur le nucléaire

8 l'énergie nucléaire est moins polluante que tout autre carburant.

**3a** 🔊 Ecoutez cinq personnes donner leur opinion sur le nucléaire. Qui est pour et qui est contre?

**3b** 🔊 Réécoutez et complétez les résumés.

1 Cette personne ne veut plus vivre sous la constante menace d'……

2 Même aux …… ils ne construisent plus autant de …… mais se tournent vers ……

3 Le secteur du nucléaire crée …… et favorise de nouveaux projets comme l'élevage ……

4 Parmi les frais du nucléaire, il faut compter le stockage …… et les coûts du démantèlement des ……

5 Il faut avoir un ……, précédé d'une campagne d'……

## Compétences

### Answering structured questions (1)

Study the example of a structured question given in *activité* 4. In order to do well, you have to remember each of the following points.

● Answer the questions exactly, always giving the number of details requested.

① Read the newspaper headings and articles on page 100 and note down in French three dangers of nuclear power and three points about its safety.

● Give a good personal reaction to the question, with examples to back up your opinions.

② Decide on your viewpoint and find examples in the texts to justify your opinion:

– you are in favour of nuclear power as it will meet our energy needs and is safe.

– nuclear power is dangerous and you are against it.

– nuclear power has risks, but they can be contained through safety measures; on balance you are for it.

● Use a good level of language in your answer. Include the structures you have learned during this year's studies, while maintaining a good level of accuracy. See *Compétences* on page 103.

● Show knowledge of the subject in addition to what is presented in the prescribed texts.

③ To illustrate your argument, add some examples from your own knowledge or look up some extra facts in the reference library.

**4** Oui ou non à l'énergie nucléaire? Pour en discuter, répondez aux questions suivantes.

**a** Donnez trois dangers liés au nucléaire.

**b** Expliquez trois arguments pour la sécurité du nucléaire.

**c** Etes-vous plutôt pour ou contre le nucléaire? Pourquoi?

**5** Faites un débat en classe, sur le thème suivant: « On ne peut jamais justifier les risques du nucléaire. Il nous faut absolument trouver d'autres réponses à nos besoins en énergie. »

# Deux solutions?

Comment combattre définitivement les dangers qui menacent notre environnement? Pourquoi pas nous servir de plus en plus de "ressources renouvelables"?

**1a** Les ressources renouvelables sont les sources d'énergie naturelles qui se remplacent et qui ne vont jamais s'épuiser. Quelles sont les sources d'énergie de la liste qui sont renouvelables? (Il y en a quatre.)

| | | |
|---|---|---|
| l'énergie solaire | le gaz | l'énergie éolienne |
| le charbon | le mazout | le pétrole |
| la biomasse | l'hydroélectricité | |

**1b** Choisissez le symbole approprié pour chaque source d'énergie renouvelable.

**2a** Lisez le texte à droite. Décidez quelle description convient le mieux à chaque paragraphe.

   **1** les avantages des énergies renouvelables
   **2** les sources d'énergie renouvelable
   **3** comment exploiter les sources renouvelables

**2b** Retrouvez ces expressions dans le texte. Servez-vous du contexte et d'un dictionnaire pour les traduire en anglais.

   **1** en quantité inépuisable
   **2** fournir de l'énergie
   **3** le capteur solaire
   **4** un toit photovoltaïque
   **5** l'électricité nécessaire à ses besoins domestiques

**3** Jeu de rôle. Préparez-vous d'abord, en vous aidant du texte à droite.

   **A** est journaliste: on vous a demandé de rédiger un article sur les ressources renouvelables, alors vous allez interviewer un expert.

   **B** est représentant d'une organisation écologique: répondez aux questions du journaliste.

*Thèmes à discuter:*
— *une définition des ressources renouvelables et quelques exemples*
— *comment s'en servir dans la vie quotidienne*
— *les avantages écologiques*
— *les inconvénients*

## LES ÉNERGIES RENOUVELABLES

**A** Les énergies renouvelables regroupent les sources d'énergie que la nature met en permanence à notre disposition et ce, en quantité inépuisable. Ainsi, le soleil nous apporte directement lumière et chaleur, tandis que l'eau et le vent, de part de leur force cyclique et motrice, fournissent aussi de l'énergie. Enfin, il faut mentionner les végétaux, dont la pousse se renouvelle constamment.

**B** D'un point de vue écologique, ces ressources ont l'avantage de ne pas polluer l'environnement. Si l'on prend le cas du chauffage (centrales thermiques et habitations), elles ne présentent pas le danger des produits chimiques dégagés par le gaz, le mazout ou même le charbon. En matière de la production d'électricité, l'énergie solaire ou éolienne, ou bien l'hydroélectricité ne créent aucun risque de radiations ou d'accident fatal, contrairement aux centrales nucléaires.

**C** Nous pouvons citer le cas exemplaire de l'Israël où l'aménagement des habitations en capteurs solaires a permis de fournir de l'eau chaude à 83% des foyers du pays. En équipant sa maison avec un toit photovoltaïque ou solaire, chaque ménage peut prendre la responsabilité de produire l'électricité nécessaire à ses besoins domestiques.

**4** 🔘 Aidez-vous de la Feuille 29 (idées, vocabulaire, et reportage sur cassette) pour répondre aux questions suivantes.

**a** Expliquez qui a organisé la Journée sans Voitures et pourquoi. (Donnez deux raisons.)

**b** Donnez deux effets positifs immédiats.

**c** Expliquez la réaction de:
– la majorité de la population
– quelques commerçants

**d** Que pensez-vous de l'idée de la Journée sans Voitures? Avez-vous d'autres mesures anti-pollution à proposer? Notez vos idées, ensuite travaillez sur la section *Compétences* et revenez à 4d pour améliorer votre réponse.

**En plus** Seriez-vous prêt(e) à vivre définitivement sans voiture? Faites les exercices sur Feuille 29.

## Compétences

### Answering structured questions (2)

Remember that your answer will be judged not only for content, but also for the quality of language that you use to express your answers.

**1** Read these two answers to *activité* 4d. Decide which one would score more marks for language.

**A** Je pense que la Journée sans Voitures est une bonne idée. Les voitures provoquent la pollution à cause des émissions toxiques. Il y a trop de voitures sur les routes. Les gens devraient aller à pied ou en vélo, ou ils pourraient prendre le bus. La Journée sans Voitures montre ces possibilités. Donc, c'est bien!

J'ai beaucoup d'autres idées aussi. On peut organiser des campagnes publicitaires à la télévision. On peut mettre des posters dans les écoles pour expliquer les inconvénients de la voiture aux élèves. Je pense qu'il faut améliorer les transports en commun à la campagne, parce que certaines personnes veulent prendre le bus mais ne peuvent pas parce qu'il n'y a pas de bus dans leur village.

**B** Je suis très impressionné par l'idée de la Journée sans Voitures qui vise à expliquer les effets nocifs de la circulation automobile. Le nombre de véhicules sur nos routes augmente sans cesse et alors la pollution provoquée par les émissions toxiques va aussi de mal en pire. Une journée d'action comme celle-ci montre d'autres possibilités et réussira peut-être à persuader les gens de se déplacer à pied ou à vélo ou même de se servir des transports en commun.

Bien d'autres possibilités se présentent. Pourquoi ne pas organiser une campagne publicitaire dans les médias afin de sensibiliser l'opinion publique? Une mesure essentielle est l'amélioration des transports en commun, surtout en pleine campagne ou les bus ne sont jamais assez fréquents. S'il y avait assez de bus, les villageois n'auraient plus besoin de leur voiture pour chaque petit déplacement.

**2** The second text expresses the following ideas in more interesting ways. List them.

**a** je pense que … est une bonne idée
**b** il y a trop de voitures sur les routes
**c** aller à pied ou à vélo
**d** j'ai beaucoup d'autres idées aussi
**e** il faut améliorer …

**3** The vocabulary in the second text is more varied. List the synonyms used for:

**a** les voitures  **d** loin de la ville
**b** toujours  **e** la Journée sans Voitures
**c** utiliser  **f** un voyage

**4** The grammatical structures in the second text are more interesting. Find an example of:

**a** a past participle used as an adjective
**b** two verbs followed by *à*
**c** a verb followed by *de*
**d** three reflexive verbs
**e** a conjunction meaning 'in order to'
**f** a verb in the future tense
**g** a verb in the imperfect tense followed by one in the conditional
**h** a negative construction meaning 'no longer'

# Au choix

**1** S🔲 Ecoutez la description de deux organisations qui visent à protéger l'environnement et faites les exercices.

**a  La SNPN – la Société Nationale de la Protection de la Nature**

   **1** Est-ce que c'est seulement les amateurs qui travaillent pour la société?

   **2** Qu'est-ce que la société cherche à protéger? (deux choses)

   **3** Pourquoi est-ce que la société maintient des parcs naturels?

   **4** Quand est-ce que la société organise des journées d'information?

   **5** Le but de la société est de faire ...... , ...... et ......... le monde vivant.

   **6** Leur slogan est "Adhérer, ......".

**b  Le SMALA – le Syndicat Mixte de l'Aménagement du Lac d'Aiguebelette**

   **1** Nommez trois sortes d'institutions avec lesquelles le SMALA travaille.

   **2** Continuez les phrases pour compléter la liste des fonctions du lac d'Aiguebelette:

   Il alimente …
   Il constitue …
   Il fait l'objet de …

   **3** Nommez deux visites complémentaires offertes par le SMALA.

   **4** Nommez deux des activités sportives proposées.

**2** 👥 Le groupe "Action Ecologie" de votre école (voir l'activité 5, page 97) a dressé une liste de tâches à faire. Vous trouverez des idées et des expressions utiles dans les textes de cette unité.

**a** Préparez une publicité pour la nouvelle campagne, à transmettre sur la radio locale. Expliquez les détails du projet, le travail qu'il faut faire et demandez aux auditeurs de venir vous aider!

**b** Préparez un discours à présenter devant les autres classes. Parlez du respect pour notre environnement dans la vie quotidienne. Vous pouvez traiter de différents aspects, tels que la vie domestique, l'école, les transports et le shopping.

**c** Ecrivez une liste de slogans pour toutes les campagnes que vous mènerez pendant l'année scolaire.

**d** Rédigez le texte d'un dépliant sur le nucléaire. Donnez d'abord quelques faits, puis l'opinion des organisations vertes et de l'industrie nucléaire, et une conclusion.

## Phonétique S🔲

o ouvert – o fermé – ou

① Ecoutez et répétez les trois sons:

| 'o' ouvert | *solaire* | *bénévole* | *solution* |
| 'o' fermé | *eau* | *beau* | *frigo* |
| 'ou' | *souvent* | *trouver* | *groupe* |

② Classez ces mots en trois listes selon le son souligné, puis vérifiez en écoutant la cassette.

| o ouvert | o fermé | ou |
|---|---|---|

sauvage  nocif  pelouse  douche  oiseau  toxique
les Vosges  nouvelle  bloc-notes  seau  politique
renouvelable

③ Lisez les phrases à haute voix. Ecoutez pour vérifier et répétez.

   **1** Le covoiturage devient de plus en plus populaire.

   **2** Il nous faut une nouvelle politique sur l'environnement.

   **3** L'opération de sauvetage a été un grand succès.

   **4** Le mazout est très polluant.

   **5** Les bénévoles travaillent pour sauver les oiseaux mazoutés.

# Révisions Unités 7-8

## LIGNES OUVERTES

Serais-tu prêt(e) à téléphoner à une station de radio pour parler de tes problèmes personnels devant des milliers d'auditeurs? L'as-tu peut-être déjà fait?

**1** 📼 Ecoutez cinq jeunes qui donnent leur opinion là-dessus et décidez qui téléphonerait à une ligne ouverte et qui ne le ferait pas. *(5 marks)*

| | |
|---|---|
| Laurence | oui / non |
| Isabelle | oui / non |
| Luc | oui / non |
| Claire | oui / non |
| David | oui / non |

**2** 📼 Réécoutez et reliez les phrases. *(8 marks)*

1 Il est bizarre …
2 Les experts savent …
3 Pourquoi pas …
4 Si on a des problèmes et on veut savoir …
5 Ce genre d'émission aide …
6 Les auditeurs ont besoin …
7 Le journaliste traite le sujet …
8 C'est une bonne façon …

a s'adresser aux spécialistes?
b de façon générale
c de confier ses problèmes à un inconnu
d de se renseigner
e de quoi ils parlent
f de conseils personnalisés
g comment s'en sortir
h à ouvrir le dialogue

**3** Lisez le texte et répondez aux questions.

## DES DÉCHETS TOXIQUES MENACENT LE DOUBS

Le 29 août dernier, à Saint-Ursanne, dans le Jura suisse, une cinquantaine de militants de Greenpeace ont fermé les accès de la décharge de déchets toxiques se trouvant dans les galeries de l'ancienne fabrique de chaux. Greenpeace demande un arrêt des travaux dans cette décharge, ainsi qu'une expertise indépendante de ce projet insensé, dangereux et superflu. Greenpeace exige l'évacuation immédiate des produits toxiques qui sont illégalement entreposés à cet endroit.

Greenpeace a porté plainte sur l'exploitant de la décharge et a exigé que Pierre Kohler, le ministre jurassien de l'Environnement, ainsi que les fonctionnaires des autorités cantonales et nationales chargées de l'environnement visitent la décharge incriminée.

L'action menée par Greenpeace a duré une journée. Greenpeace suit l'affaire de très près et interviendra à nouveau si elle estime que tout risque de contamination de la nappe phréatique et du cours d'eau n'est pas écarté. Ou encore si le ministre de l'Environnement ne devait pas tenir ses engagements. Greenpeace demande enfin que "la prévention des déchets à la source" ainsi que la responsabilité civile de l'auteur d'une pollution soient inscrits dans la loi sur la protection de l'environnement que le Parlement suisse est en train de réviser.

**a** Quelles actions ont déjà été prises et lesquelles sont toujours à prendre? Cochez les cases qui conviennent. *(6 marks)*

| | | action prise | action à prendre |
|---|---|:---:|:---:|
| 1 | une manifestation de militants de Greenpeace | ☐ | ☐ |
| 2 | la fermeture d'une décharge de déchets toxiques | ☐ | ☐ |
| 3 | l'évacuation de produits toxiques | ☐ | ☐ |
| 4 | une plainte contre le propriétaire de la décharge | ☐ | ☐ |
| 5 | une visite à la décharge par le ministre de l'environnement | ☐ | ☐ |
| 6 | une révision de la loi sur la protection de l'environnement | ☐ | ☐ |

**b** Now write a brief summary of the text in English, stating:
- ◆ what happened on the day of action
- ◆ two things Greenpeace want to happen at the waste disposal site
- ◆ what Greenpeace want the Minister for the Environment to do
- ◆ what two clauses Greenpeace would like to see written into the law for the protection of the environment *(6 marks)*

**4** Look at this material and prepare your response to the questions given. *(5 marks)*

**Questions**

- De quoi s'agit-il?
- Pourquoi croyez-vous que l'on voit plus d'adultes que d'enfants sur la photo?
- Quels sont les avantages si 'le monde vous attend sur Internet?'
- Quels dangers existe-il?
- Croyez-vous que l'Internet soit vraiment à la portée de tout le monde?

**5** Préparez une présentation à l'oral sur un des sujets suivants. Soyez prêt(e) à parler pendant deux minutes et à répondre ensuite aux questions de votre prof ou des autres élèves.

**a** Le rôle des médias au troisième millénaire. *(10 marks)*

**b** A quoi bon l'écologie? N'est-il pas déjà trop tard pour sauver la planète? *(10 marks)*

**6** Ecrivez approximativement 150 mots sur un des sujets suivants.

**a** Vous avez participé à une journée d'action écologique, où les discours et les expositions étaient très impressionants. Ecrivez une lettre à un(e) ami(e) pour expliquer ce que vous avez appris et comment vous allez changer vos habitudes dès maintenant! *(36 marks)*

**b** Ecrivez une lettre à la rédaction d'un journal pour vous plaindre d'un article qui vous a profondément choqué(e). *(36 marks)*

**7** Ecrivez approximativement 250 mots sur un des sujets suivants:

**a**

- Donnez trois exemples d'organisations qui cherchent à protéger l'environnement. Ecrivez une courte explication sur le travail de chacune.

- Comment peut-on soutenir une telle organisation?
  Donnez deux possibilités différentes.

- A votre avis, quelle est l'importance de ce genre de travail? *(54 marks)*

**b**

En tant qu'internaute expert(e) on vous a demandé d'écrire une liste de sites qui pourraient intéresser les jeunes et de donner quelques précisions sur leur contenu. Vous devez aussi expliquer s'il y a des sites à éviter et si oui, pourquoi. *(54 marks)*

# La France plurielle

By the end of this unit you will be able to:

- ◆ Explain your origins and someone else's
- ◆ Explain briefly the different waves of immigration in France
- ◆ Discuss opinions on immigration
- ◆ Understand some of the problems facing young immigrants
- ◆ Discuss the pros and cons of a multicultural society

- ◆ Recognize the past historic
- ◆ Use relative pronouns
- ◆ Use a present participle
- ◆ Use a monolingual dictionary
- ◆ Extend your vocabulary
- ◆ Pronounce the sounds *in-* and *im-*
- ◆ Stress words correctly

**1** Regardez l'extrait du registre d'une classe dans un lycée parisien. Devinez l'origine des noms.

africaine  allemande  française  italienne
nord-africaine  polonaise  portugaise

| | |
|---|---|
| Ahmed Sadhyia | Hastié Frédéric |
| Armand Benjamin | Lehmann Anne-Sophie |
| Benbetka Rachid | Lenoir Julien |
| Bertholdi Marc | Mathebula Fatimanta |
| Cusumano Lisa | Martinez Amélie |
| Durand Jean-Yves | Moscovics Pierre |
| Franchet Emilie | N'Dour Moussa |
| Gaultier Pascal | Poiret Sylvie |

**2** Sondage: « *Pour vous, c'est quoi la France plurielle?* »
Classez ces réponses en deux colonnes: les réactions positives et les réactions négatives.

**les problèmes d'immigration**

**Le Pen et le Front National**

**une société cosmopolite**

**une richesse culturelle**

**le rejet et l'exclusion**

**une cuisine et des musiques variées**

**le racisme**

**la violence**

**un mélange de traditions**

**la tolérance et le respect de l'autre**

**les problèmes des banlieues**

**une ouverture vers le monde**

**les problèmes d'immigration**

**3** Votre pays a-t-il une société plurielle? Discutez à deux.
**Exemple:** *Je sais qu'il y a de la violence raciste, mais moi, je n'en ai jamais vu.*

# La mosaïque française

Champions du monde en 1998, champions d'Europe en 2000, l'équipe française de football est à l'image de la société multiculturelle de la France. Rencontrez ces Français venus d'ailleurs.

### Zinedine Zidane

Ses parents sont algériens. Ils ont quitté la Kabylie (région d'Algérie, ancienne colonie française) pour la banlieue nord de Marseille, où il est né.

### Christian Karembeu

C'est un Kanak (Mélanésien). Il est originaire de Lifou, une île au large de la Nouvelle-Calédonie, dans l'océan Pacifique devenue T.O.M. en 1946.

### Lilian Thuram

Né à Pointe-à-Pitre, la capitale de la Guadeloupe, D.O.M. depuis 1946, il a grandi à Fontainebleau, au sud de Paris, où sa mère s'est installée.

### Thierry Henry

Il est né aux Ulis, dans la banlieue parisienne, de parents originaires des Antilles françaises.

### Marcel Desailly

Il a deux cultures: celle de sa mère qui vient du Ghana, et celle de son père qui est français.

### Patrick Vieira

Il est natif de Dakar, au Sénégal (colonie française jusqu'en 1960) et a suivi sa mère à Dreux, une ville au sud-ouest de Paris, où elle a immigré.

### David Trezeguet

Il vient de Normandie, mais ses parents sont d'origine argentine.

### Youri Djorkaeff

Comme Alain Boghossian, il est né en France, dans une famille originaire d'Arménie, qu'ils ont quittée pour échapper au génocide.

### Bernard Lama

Il est originaire de Guyane, ce D.O.M. situé à côté du Brésil, connu pour la base spatiale de Kourou.

Victoire d'une France ethnicolore

**1a** 📖 Dans un dictionnaire français, trouvez la définition de:
  – un D.O.M. (département d'outre-mer)
  – un T.O.M. (territoire d'outre-mer).

**1b** Lisez le texte à gauche. Trouvez:
  – 5 nationalités – 13 régions ou pays – 8 villes.

**2a** 📼 Ecoutez et prenez des notes. De qui s'agit-il?
  *Exemple: a – Kanak, Mélanésie = Karembeu*

**2b** Recopiez et complétez le plus possible ce tableau avec le vocabulaire relevé dans l'activité 1b.

| pays/région/ville | adjectif correspondant |
|---|---|
| la France | français/française |
| la Kabylie | kabyle |

# Français, mais aussi …

**3a** [cassette] Ecoutez l'interview de Fatira Berchouche.

**3b** Regardez les expressions-clés et complétez ce portrait.

## Portrait: Fatira Berchouche

Elle s'appelle Fatira Berchouche. Elle est [____] française . Elle [____] du sud de la France: elle [____] et elle [____] à Valliguières, un petit village près de Nîmes.

Elle est ce qu'on appelle une immigrée de seconde géneration: elle est [____] maghrébine. Ses parents sont tous deux [____] de Kabylie, une région du nord de l'Algérie.

Elle est française bien sûr mais elle [____] aussi algérienne. Chez elle, on a gardé des liens avec "le pays", où l'on retourne de temps en temps. Sa mère lui parle en kabyle. Elle [____] un peu mais ne [____] pas le kabyle et l'arabe.

**4a** [cassette] Ecoutez l'interview de Marc Vigano. Notez ses réponses aux questions.

- ◆ Tu peux me parler de tes origines?
- ◆ Tu viens d'où, exactement?
- ◆ Tu as un nom de quelle origine?
- ◆ Comment te considères-tu?

**4b** Ecrivez son portrait en 80 mots.

## Expressions-clés

Il/Elle est (de nationalité) …

Sa famille est d'origine …
Il/Elle a des parents/Ses parents sont … ⎤
Il/Elle se sent/se considère … ⎦ **+ nationalité**

Il/Elle est de/vient de … ⎤
Il/Elle est originaire de … ⎮
Ses parents sont originaire(s) de … ⎮ **+ endroit**
Il/Elle est né(e) à /a grandi à … ⎦

Il/Elle comprend/parle … **+ langue**

**5a** [icon] A deux, imaginez l'interview de ces jeunes Français. Utilisez les questions de l'activité 4a et les expressions-clés. Enregistrez-vous.

**5b** Ecrivez le portrait des deux jeunes. Variez les expressions-clés.

### Rabina Hussein

née à Strasbourg

parents pakistanais

(immigrés en 1987)

### Philippe Olearski

né à Paris

parents et grands-parents français

nom polonais

**En plus** Ecrivez un texte d'environ 80 mots sur vos origines. Aidez-vous des textes-modèles et des expressions-clés. Enregistrez-vous!

# Histoires d'étrangers

Quelle est l'histoire des immigrés en France? D'où viennent-ils?

# UNE PREMIÈRE VAGUE VENUE D'EUROPE

Pendant la révolution industrielle du milieu du 19ème siècle, l'économie de la France se développa rapidement et avec elle, le besoin de main-d'œuvre. On fit d'abord venir des ouvriers belges, puis des Italiens, des Espagnols, des Allemands et des Suisses. En 1881, ils représentaient 2,6% de la population française.

Cela posa des problèmes: la France voulait, en cette fin de siècle, se donner une "identité nationale". Les étrangers, marginalisés, furent victimes de sentiments xénophobes.

### L'entre-deux guerres

Après la guerre de 1914–1918, pour laquelle la France recruta des soldats dans ses colonies (Afrique de l'ouest, etc.), on fit à nouveau venir des étrangers pour l'industrialisation et le repeuplement du pays: on préféra les Européens, jugés plus facilement "intégrables", particulièrement les Polonais. En 1931, la France était le premier pays d'immigration au monde, avec 6,58% d'étrangers.

Après la crise des années 30, le gouvernement sélectionna les étrangers selon des critères d'"utilité économique" et de facilité d'intégration. On continua d'accepter les réfugiés politiques (Juifs d'Europe de l'Est, républicains espagnols, antifascistes italiens) mais on expulsa les chômeurs étrangers. L'étranger devint le bouc émissaire et, une fois de plus, la cible de réactions xénophobes.

### Immigration temporaire ...

Suite à la Deuxième Guerre mondiale (1939–1945), la France vécut une période de reconstruction puis de reprise économique, trente années qu'on surnomma les Trente Glorieuses. De 1954 à 1974, elle connut la vague d'immigration la plus importante de son histoire. Les entreprises françaises recrutèrent des travailleurs au Portugal, en Algérie (alors département français), au Maroc et en Tunisie, pour venir "temporairement" travailler dans l'industrie automobile, la sidérurgie, le bâtiment et les travaux publics. Ces ouvriers non-qualifiés constituaient la main-d'œuvre idéale: flexible, bon marché et, le pays l'espérait, provisoire.

### ... et installation définitive

La crise économique de 1974 affecta la France comme le reste des pays occidentaux et le gouvernement préféra stopper l'arrivée de nouveaux travailleurs et encourager le regroupement familial. Les immigrés – surtout portugais et algériens – firent venir leur famille en vue d'une installation définitive en France.

A partir des années 80, l'immigration resta au cœur des débats politiques, avec une succession de lois, restrictives ou libérales selon le gouvernement en place. L'objectif? L'arrêt de l'immigration et une meilleure intégration des populations déjà installées. L'extrême-droite, elle, exploita les sentiments xénophobes.

### Au cœur de la société française

Aujourd'hui, les immigrés constituent 7,4 % de la population. Un Français sur quatre est d'origine étrangère par l'intermédiaire d'un parent ou grand-parent. On estime à 14 millions le nombre de personnes issues de l'immigration, dont 11 millions sont de nationalité française. Les origines multiples et les identités culturelles diverses de la population font de l'immigration et du multiculturalisme une réalité de la société française.

**1** Lisez le premier paragraphe du texte page 110. Reliez ces mots à leurs définitions.

1 une vague          4 un ouvrier

2 le besoin          5 exclure de la société

3 la main-d'œuvre    6 xénophobe

a l'ensemble des travailleurs

b un travailleur manuel

c hostile aux étrangers

e la nécessité

f marginaliser

g un nombre important de personnes se déplaçant ensemble

**2** 📖 Lisez le deuxième paragraphe. Retrouvez les mots qui correspondent à ces définitions. Vérifiez dans un dictionnaire monolingue.

1 employer quelqu'un

2 l'augmentation de la population

3 une période difficile

4 des personnes qui ont quitté leur pays pour des raisons politiques

5 faire partir de force

6 une personne accusée d'être responsable de tous les problèmes

**3** 📖 Lisez les trois derniers paragraphes. Ecrivez la définition des mots suivants. Aidez-vous d'un dictionnaire monolingue.

1 la reprise          6 une installation

2 les travaux publics  7 une loi

3 bon marché          8 l'arrêt

4 provisoire          9 issu de

5 en vue de          10 une réalité

**4** Vrai ou faux? Notez l'information correcte.

*Exemple: En France, le phénomène de l'immigration commença vers 1750. — Faux; vers 1850.*

1 Les Belges furent les premiers à s'installer en France.

2 Les Français furent hostiles aux étrangers dès la fin du 19ème siècle.

3 Après 1918, la France fit venir des étrangers originaires d'Afrique pour repeupler le pays.

4 La France limita l'immigration après la crise économique des années 30.

5 La France connut une crise économique au début des années cinquante qui entraîna la fin de l'immigration.

6 On engagea seulement des Maghrébins.

7 A partir de 1974, le gouvernement limita l'immigration et favorisa le regroupement familial.

8 Les vagues successives d'immigration influencèrent la société et la culture françaises.

**En plus** Ecrivez un résumé du texte en français (120 mots). Aidez-vous du vocabulaire des activités 1–3 et des phrases de l'activité 4.

**Grammaire** ⇨ 164–165 ⇨ W52–53

The past historic

● It is used in historical texts (mostly in the 3rd person singular and plural) and in literary texts. It is hardly ever used in speech or most kinds of writing where the perfect tense (*passé composé*) is used instead.

● You can recognize it by the context and the regular verb endings.

(A) Work out the meaning of the verbs underlined in the first paragraph of the text on page 110.

(B) List verbs from the text on page 110 that match these endings.

3rd person singular:   -a   -it   -ut   -int

3rd person plural:   -èrent  -irent  -urent  -inrent

(C) Rewrite the sentences in *activité* 4, correcting the false statements, using the perfect tense.

*Exemple: En France, le phénomène de l'immigration commença vers 1750. — En France, le phénomène de l'immigration a commencé vers 1850.*

# Mythes et réalités

On a souvent accusé les immigrés d'être responsables des problèmes de société. Ces accusations sont-elles basées sur des faits ou des préjugés et des idées fausses?

## STATISTIQUES

**A** Les jeunes issus de l'immigration déclarent préférer le mode de vie des Français (71%) que celui de leurs parents (20%). Le nombre des mariages mixtes augmentent depuis 1992.

**B** Les enfants d'immigrés réussissent mieux à l'école que les Français de même catégorie socioprofessionnelle.

**C** Les immigrés paient autant de cotisations sociales que les Français de souche et dépensent moins en soins médicaux. On leur paie plus d'allocations* familiales mais moins de retraites. Moins d'un tiers ont une aide* au logement. Ils dépensent pourtant autant que les Français bien qu'ils disposent de salaires inférieurs.

**D** Actuellement* , le chômage affecte les immigrés deux fois plus que les Français de souche parce qu'ils sont dans des emplois plus vulnérables (non-qualifiés, dans des secteurs à fort taux de chômage).

**E** La France accorde de moins en moins le statut de réfugiés aux demandeurs d'asile (140 000 réfugiés en 1997 contre 350 000 en 1965).

**F** Les immigrés sont plus souvent arrêtés pour des délits mineurs que les Français mais moins souvent condamnés pour des crimes graves.

\* Voir *Compétences*, page 113

1 « Les immigrés prennent les emplois des Français de souche, qui, eux, se retrouvent sans travail. »

2 *« Les immigrés commettent plus de crimes que les Français de souche. »*

3 « Les enfants d'immigrés réussissent moins bien dans leur scolarité que les autres. »

4 « Les immigrés vivent aux crochets des Français: ce sont des assistés sociaux et ils coûtent cher à la société. »

5 « Les immigrés ne respectent pas le mode de vie et la culture de la France. Les jeunes surtout n'en font qu'à leur tête. Ils ne veulent pas s'intégrer dans la société française. »

6 « La France accepte tous les réfugiés qui demandent asile. »

---

Un immigré: *personne née dans un pays étranger de parents étrangers et vivant en France avec ou sans lanationalité française*

Un réfugié: *personne ayant fui son pays pour des raisons politiques et qui a obtenu le droit d'asile*

Un Français "de souche" ou "d'origine": *personne née de parents français et ayant la nationalité française*

## Compétences

**Using a monolingual dictionary**

📖 Use a monolingual dictionary to do activities 1–5.

**1** Choose the correct synonym for these words as used in the text on page 112.

**a** un préjugé = un préjudice?
= une opinion préconçue?

**b** la retraite = le refuge?
= une pension?

**c** dépenser = faire des efforts?
= payer?

**d** le logement = la pension?
= l'habitation?

**2** Write a definition in French for the following words:

**a** un délit   **c** une cotisation
**b** un crime   **d** un taux

**3** Find out the meaning of these phrases.
**a** vivre aux crochets de
**b** n'en faire qu'à sa tête

**4** Beware of *faux-amis*! They look like English words but mean something different. Check the French definition of these and choose the appropriate translation.

**a** une allocation = *allocation* or *allowance*
**b** une aide = *assistant* or *help*
**c** actuellement = *at the moment* or *in fact*

**5** Look up the following words and write down an example of each one used in context. Doing this can help you remember how to use words properly.

**a** coûter   **b** asile   **c** autant

**Remember!** A monolingual dictionary is useful …

◆ to check the use of a word in context (activity 1)
◆ to check meaning and find synonyms (activity 1)
◆ to find explanations and definitions (activity 2)
◆ to find the meaning of idioms (activity 3)
◆ to check the meaning of *faux-amis* (activity 4)
◆ to note down examples of how words are used (activity 5).

**1** Reliez les graffiti 1–6 (page 112) aux thèmes ci-dessous, souvent associés à l'immigration.

– l'échec scolaire    – l'intégration
– le chômage    – le droit d'asile
– les prestations sociales    – l'insécurité

**2a** Reliez chaque préjugé (1–6) avec une statistique (A–F).

**2b** 📼 Ecoutez pour vérifier vos réponses. Notez deux autres détails sur chaque point.

**2c** 📼 Réécoutez et notez les phrases contenant les expressions-clés ci-dessous.

### Expressions-clés

Exprimer le contraire

contrairement à (ce que vous pensez), …
par contre, …
au contraire, …
au lieu de ça, …
à l'inverse de (ce que vous croyez), …
alors qu'en fait, …

**3** 👥 Donnez une des opinions négatives de la page 112. Votre partenaire vous contredit en utilisant les faits mentionnés, les informations relevées sur la cassette et une expression-clé. Puis, changez de rôles.

**4** Résumez par écrit (environ 150 mots) les opinions négatives sur l'immigration en France, en leur opposant le plus d'arguments possibles. Utilisez les expressions-clés.

**En plus** 📼 Travaillez plus à fond le texte de l'enregistrement (Feuille 30).

# Exclusion

Les jeunes Français issus de l'immigration se sentent-ils acceptés dans la société française ou exclus? Saïd et Rachida témoignent.

Saïd est un immigré de seconde génération, un de ces "beurs"* dont ont parlé les médias. Ses parents, algériens, sont arrivés en France il y a plus de quarante ans. Saïd est né dans une cité de la banlieue nord de Paris où il a grandi. Pourtant, Saïd, comme beaucoup d'autres jeunes issus de l'immigration, parle d'exclusion.

1  Pour Saïd, son père est une "victime" des Trente Glorieuses. D'abord logé en foyer, il a eu un petit appartement HLM* quand sa femme et ses fils aînés sont venus le rejoindre. Saïd est né là, entre une autoroute et une déchetterie, dans une cité-dortoir* que l'on a construite vite et mal dans les années soixante.

*« Pas de terrain de sport, pas de ciné, il n'y avait rien pour les gamins. Tout était loin. Je ne pouvais pas avoir mes copains chez moi parce que c'était trop petit et ça faisait trop de bruit chez le voisin qui dormait dans la journée. Alors, on glandait* dehors: foot ou basket sur le parking ou délits mineurs dans la zone commerciale. Moi, je rêvais d'aller voir les Disney au ciné. »*

2  Les cités n'ont pas été conçues comme des lieux de vie, puisqu'on pensait qu'elles seraient provisoires: habitations de mauvaise qualité, manque d'infrastructures sociales et culturelles, chômage, pauvreté, tout a contribué à la dégradation rapide des conditions de vie dans ces banlieues, dont on dit maintenant qu'elles sont "à risque", en raison de la violence qui y est quotidienne. Alors, pourquoi ne pas partir?

*« La cité, c'est un endroit qu'on déteste mais où on est condamnés à vivre: on n'a pas de travail, donc on habite là, et comme on habite là, personne ne veut nous employer. Dès que l'employeur voit mon nom et mon adresse, c'est fini, je sais qu'il ne me donnera pas le poste. Le marché du travail? Inaccessible, à part les petits boulots sous-payés dont personne ne veut. »*

3  Ceux qui ont assez d'argent quittent ces cités violentes pour d'autres, qui le sont un peu moins. Restent les familles les plus pauvres, dont la majorité vient d'Afrique du Nord. A cause de cette mauvaise qualité de vie que l'on décrivait plus haut, la différence, qu'elle soit de culture, de coutumes, de rythme de vie ou de couleur de peau, est accentuée et provoque la suspicion, la peur, la haine. Les tensions xénophobes et racistes montent. Car, quand rien ne va plus, on cherche un responsable, un bouc émissaire: qui de mieux dans ce rôle que "l'étranger"?

*« Le nombre de fois où on me dit: « Dégage d'ici, sale bougnoule*. Rentre chez toi »! Mais chez moi, c'est Saint-Denis. L'Algérie? J'y vais en vacances, comme mes potes "français" qui vont chez leur grand-mère en Normandie ou dans le Limousin. Mais je ne voudrais pas y habiter! De toute façon, comme je ne parle pas arabe et que l'Islam, ça ne m'intéresse pas, l'Algérie, elle ne veut pas de moi! Alors, je vais où, moi? Je fais quoi? »*

**1** 🔊 Lisez et écoutez le témoignage de Saïd. Cherchez une définition des mots suivis de * dans un dictionnaire monolingue.

*Exemple: H.L.M. – une habitation à loyer modéré*

**2** Saïd explique son sentiment d'exclusion en donnant trois raisons. Reliez-les au bon paragraphe (1–3).

**a** L'origine et la couleur de peau
**b** L'environnement géographique
**c** Le chômage et les préjugés sociaux

**3** Expliquez ces quatre affirmations de Saïd. Utilisez des arguments tirés du texte.

*Exemple: 1 Elle a construit des cités à l'extérieur des villes, sans infrastructures sociales ou culturelles.*

1 Pour Saïd, la société française a "exilé" les immigrés.
2 Il se sent prisonnier de son origine et de sa cité.
3 Dans sa cité, la différence entraîne le racisme.
4 Il se sent exclu dans ses deux pays d'origine.

Rachida Ben Jelloun, 18 ans, Lyon

**4** 🔊 Écoutez Rachida et notez ce qu'elle dit sur les points 1–4 soulevés par Saïd (activité 3). Est-elle d'accord en tout point avec lui?

**En plus** Résumez ce que dit Rachida sur sa vie d'immigrée en 100 mots.

**5** Écrivez un texte d'environ 100 mots pour expliquer les problèmes des jeunes Français issus de l'immigration. Utilisez les pronoms relatifs.

**En plus** Lisez le texte du Nouvel Observateur sur l'expérience d'Azzedine: Feuille 31.

---

## Grammaire    ⇨159 ⇨W27

### Relative pronouns – *qui, que, où, dont*

**Use them to avoid repeating a noun and to make more sophisticated sentences by linking two short ones.**

*qui*     who/which

*que/qu'*  whom/which

*où*      where, when

*dont*    whose, of whom, of which (replaces an expression with *de*)

**A** Read these pairs of sentences. In the text on page 114, each pair is linked with a relative pronoun. Write them out and translate them into English.

**a** Saïd est un "beur". Les médias ont parlé de ces "beurs".

**b** Il est né dans une cité de la banlieue nord. Il a grandi dans cette cité.

**c** Il est né dans une cité-dortoir. On a construit cette cité-dortoir vite et mal.

**d** Ça faisait trop de bruit chez le voisin. Le voisin dormait pendant la journée.

**B** Find examples of *qui, que, où* and *dont* in the last two paragraphs and translate the sentences into English.

**C** Match the correct sentence halves

1 Saïd est un jeune …
2 Le Maroc est un pays …
3 Ils habitent dans des banlieues …
4 Saïd fait des boulots …
5 Le racisme est un problème …

**a** où Rachida ne se sent pas chez elle.
**b** dont Saïd et Rachida souffrent beaucoup.
**c** dont les parents sont algériens.
**d** que personne ne veut faire.
**e** qui ont mauvaise réputation.

**D** Make up four sentences about Rachida's experience, using a different relative pronoun in each.

# L'intégration, oui mais ...

Doit-on oublier ses origines si on veut s'intégrer dans la société française?

## Interview avec ... Babacar Diop

Babacar est un jeune Français issu de l'immigration: ses parents sont originaires du Sénégal.

### De quelle nationalité te sens-tu?

– Français, bien sûr! Etant né en France de parents naturalisés français, et ayant toujours vécu en France, je me sens français, c'est normal! Mais le Sénégal fait aussi partie de mon histoire: je suis noir, j'ai un nom africain, de la famille au Sénégal. Comme c'est le pays de ma famille, c'est aussi un peu le mien.

### A ton avis, avoir plusieurs cultures, c'est un avantage?

– Oui, bien sûr, parce que c'est très enrichissant. Mais ça crée une différence et cette différence n'étant pas toujours acceptée, ça pose aussi des problèmes.

### C'est quoi, pour toi, l'intégration?

– A mon avis, "s'intégrer", c'est être bien dans un pays où tu es différent de la "norme" mais où on t'accepte comme tu es, si tu sais respecter cette "norme".

### Penses-tu être bien intégré en France?

– Théoriquement, la question ne se pose pas pour moi! La France, c'est chez moi et je me sens tout aussi français et "intégré" que mes copains d'origine bretonne ou corse! Par contre, ce sont certains Français de souche qui ne "m'intègrent" pas! Sans doute parce que c'est plus facile d'intégrer les immigrés invisibles comme les Portugais que les noirs!

### Comment réagis-tu face à la discrimination?

– Je réagis en la combattant parce qu'elle est dangereuse, comme par exemple les thèses racistes du Front National. Je fais partie d'une association antiraciste. Je veux aider les ados d'origine étrangère souffrant du racisme à réagir énergiquement tout en évitant la violence.

## La "double appartenance"

A cinq ans, Naïma a quitté l'Algérie pour venir vivre dans la banlieue parisienne où son père était ouvrier. Etant immigrée, elle a connu les difficultés de l'exil qui ne l'ont pourtant pas empêché de réussir des études de droit. Aujourd'hui, à 24 ans, elle veut obtenir la nationalité française, tout en gardant sa double culture.

Selon Naïma, la notion d'"intégration" signifie trop souvent que les immigrés doivent s'intégrer ou s'assimiler en renonçant à leur culture d'origine. Trouvant cela injuste et irréaliste, elle préfère l'idée de "double appartenance": elle se sent à la fois française et algérienne et aimerait pouvoir vivre en France tout en restant en contact avec l'origine maghrébine de sa famille.

Cette double appartenance peut cependant être ressentie comme un double exil: on ne la considère pas comme une "vraie" Algérienne en Algérie ni comme une "vraie" Française en France. Mais l'important pour elle, ce n'est pas les préjugés des autres mais la richesse personnelle que sa double culture lui apporte.

Ayant passé sa scolarité dans une école très cosmopolite, elle n'a découvert la discrimination et le racisme qu'en cherchant du travail pour financer ses études. Etre rejetée à cause de ses origines l'a choquée. En raison de cela, elle n'indique plus sur son CV ni sa nationalité ni le fait qu'elle parle l'arabe.

Pour elle, malgré les difficultés, la France reste un merveilleux pays d'accueil qui lui a donné à elle, venant d'un milieu pauvre, les moyens de faire des études et de réussir. Elle lui en est reconnaissante.

**1a** Lisez le témoignage de Babacar. Vrai ou faux? Corrigez.

  **1** Il se sent plus Sénégalais que Français.

  **2** Avoir deux cultures, c'est surtout un avantage.

  **3** L'intégration, c'est le respect mutuel.

  **4** Il ne se sent pas du tout intégré en France.

  **5** Il dit qu'il faut combattre la discrimination raciale.

**1b**  Discutez des points 2, 3 et 5 de l'activité 1a. Résumez votre point de vue en deux minutes.

**2a** Lisez le texte sur Naïma. Comment expliquer: l'exil – la double appartenance – un pays d'accueil?

**2b** Répondez.

  **1** Pourquoi est-elle venue en France?

  **2** Expliquez les conséquences de la "double appartenance".

  **3** Pourquoi n'a-t-elle pas souffert du racisme dans son enfance?

  **4** Quelle conséquence sa venue en France a-t-elle eu sur sa vie?

## Grammaire ⇨ 168 ⇨ W64

### Present participles

- You recognize a present participle by its typical **-ant** ending which corresponds to the English **–ing**.

  **1** <u>étant</u> né en France et <u>ayant</u> vécu ici
    *<u>being</u> born in France and <u>having</u> lived here*

  **2** je réagis <u>en</u> la <u>combattant</u>
    *I react <u>by fighting</u> against it*

  **3** les ados <u>souffrant</u> du racisme
    *teenagers <u>suffering</u> from racism*

  **4** réagir énergiquement <u>tout en évitant</u>
    *to react strongly <u>while avoiding</u>*

You use a present participle to:

**A** indicate that two actions are simultaneous
**B** say how something is done
**C** explain the cause of, or reason for, something
**D** replace an expression with a relative pronoun (*qui*)

**(A)** Match examples 1–4 to uses A–D.

**(B)** Find examples for uses A–D in the article on Naïma.

---

**3** D'après ce que vous savez de Naïma, imaginez ses réponses aux questions posées à Babacar. Faites l'interview à deux.

## Compétences

### Extending your vocabulary

Activities 1–4 will help you build vocabulary starting from some words taken from the texts on page 116. Use a monolingual dictionary and follow the example given each time.

- **Word families**

**(1)** When looking up a word in a monolingual dictionary, make a note of other words in the same family.

  *Example: race, racisme, raciste, antiraciste*

  **a** appartenance?
  **b** enrichissant?
  **c** reconnaissante?

- **Synonyms and antonyms**

**(2)** Make a note of synonyms and antonyms (Unit 4, page 55). Remember them when learning vocabulary.

  *Example: intégrer = assimiler ≠ exclure*

  **a** préjugés?    **b** discrimination?    **c** avantage?

- **Prefixes and suffixes**

**(3)** These are clusters of two or three letters which can be added to the root of words to make new words. Find in the texts new words formed from these:

  *Example: juste –> injuste; danger –> dangereuse*

  **a** raciste?  **b** visible?  **c** théorique?  **d** réaliste?

- **Functions of words**

**(4)** Remember the corresponding terms when appropriate: verb, noun, adjective, adverb. Complete the groups:

  *Example:* v: *respecter*, n: *respect*; adj: *respectueux*;
        adv: *respectueusement*

  **a** différence?    **b** accueil?    **c** merveilleux?

**En plus** Faites d'autres activités de vocabulaire (Feuille 32).

# Au choix

1 **S**🔲 Ecoutez l'interview d'un habitant du quartier parisien de la Goutte d'Or. Il explique l'action de l'association Enfance et Musique.

  **1** Notez les particularités de la Goutte d'Or.

  **2** Expliquez l'objectif d'Enfance et Musique ici.

  **3** Pourquoi la musique est-elle si importante?

  **4** Que dit Pierre de la société multiculturelle?

2 Préparez et parlez deux minutes sur un de ces sujets. Enregistrez-vous.

  **a** Votre famille va émigrer à l'étranger pour le travail. Expliquez ce que vous ressentez.
Utilisez:
  - les idées et le vocabulaire des pages 114–117
  - le participe présent, page 117

  **b** Trouvez le plus d'arguments possible contre ce slogan ultra-nationaliste: *La France aux Français.*
Utilisez:
  - des arguments historiques, pages 110–111
  - les idées et le vocabulaire des pages 112–113
  - les pronoms relatifs, page 115

3 Choisissez un de ces deux sujets et écrivez environ 200 mots.

  **a** Exposez brièvement les avantages et les inconvénients d'une société multiculturelle.

  **b** Cette amie dans la photo voudrait immigrer en Grande-Bretagne. Elle vous demande votre avis. Répondez-lui.
Utilisez:
  - les idées et le vocabulaire des pages 108–117
  - les pronoms relatifs, page 115
  - le participe présent, page 117

## Phonétique S🔲

### Prononciation de -in et -im

- *in-/im-* + consonne sauf *n* et *m*
- *in-/im-* + voyelle, *n*, *m*

① Ecoutez et répétez.

  – intégration, interview, imbécile, important
  – inadmissible, innocent, image, immigré

② Lisez les phrases. Ecoutez pour vérifier et répétez.

C'est inexact de dire que l'immigration implique l'insécurité.

L'inégalité des chances et l'injustice sont indéniables.

Il est inacceptable et inexcusable qu'un pays industrialisé soit incapable d'intégrer des immigrés.

### L'accent de mot

L'accent principal du mot français tombe sur la dernière syllabe.

① Ecoutez et répétez.

  culture
  culturel
  multiculturel
  multiculturalisme

② Dites les mots suivants. Ecoutez pour vérifier et répétez.

en marge, un marginal, marginalisé

respect, respectueux, respectueusement

# La France et l'Europe

By the end of this unit you will be able to:

- Describe what France means to you
- Discuss national stereotypes
- Compare France with other countries in Europe
- Discuss the European Union and the euro
- Describe your vision of Europe

- Use the present subjunctive
- Recognize and use different tenses
- Transfer ideas from English into French
- Pronounce 'ille' and 'gn' correctly

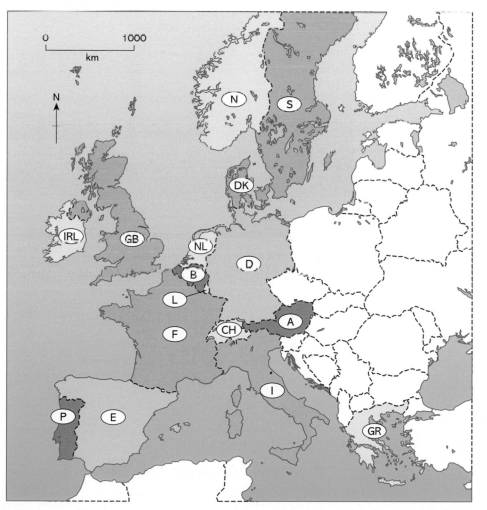

**le Danemark**
**le Luxembourg**
**le Portugal**
**le Royaume-Uni**

**l'Allemagne**
**l'Autriche**
**l'Espagne**
**l'Irlande**
**l'Italie**

**la Belgique**
**la France**
**la Grèce**
**la Norvège**
**la Suède**
**la Suisse**

**les Pays-Bas**

**1a** Identifiez les pays.
*Exemple: F = la France*

**1b** Nommez les pays voisins de la France.

**1c** Dans quels pays ici est-ce qu'on parle français?

**1d** Quels pays font partie de l'Union européenne?

# C'est quoi, la France?

Le mot "France" évoque quoi pour vous: la mer, les baguettes, la tour Eiffel? Quels aspects de la France sont les plus importants pour vous?

## La gastronomie

**Depuis le début du XIX siècle, la gastronomie française a acquis, grâce à des maîtres comme Escoffier, une renommée mondiale.** Chaque région a ses spécialités: les crêpes de Bretagne, la bouillabaisse de Marseille, la raclette de Savoie, la ratatouille de Provence. La France possède aussi une variété incomparable de fromages: plus de 100 espèces et de 350 sortes différentes.

Et n'oubliez pas le vin. Le vignoble français s'étend sur 1 000 000 hectares. On apprécie le vin blanc comme le Muscadet du Pays de Loire, le vin rosé de Provence, le vin rouge de Bordeaux. En plus, on produit 153 millions de bouteilles de champagne par an, dont 25% sont exportées.

## Le cinéma

La France fut le berceau du cinéma. **En 1895, Louis Lumière présenta à Paris ses premières projections animées.** En 1897, Georges Méliès construit à Montreuil le premier studio du monde. Depuis plus d'un siècle, les cinéastes français n'ont cessé d'apporter une riche contribution à l'épanouissement de "l'art des temps modernes".

Avez-vous vu *Les Quatre cents coups* de François Truffaut, *Jean de Florette* de Claude Berry ou *Léon* de Luc Besson?

## L'architecture

Les cathédrales gothiques, comme celles de Reims, d'Amiens et de Chartres sont célèbres partout dans le monde. L'art gothique, né dans l'Ile de France à la fin du XII siècle, a été diffusé dans l'Europe entière.

**De nos jours une nouvelle architecture française est née.** Ces dernières années, des édifices ont été conçus et réalisés tels que le Centre Pompidou et l'Arche de la Défense à Paris. Au Grand Louvre, une pyramide de verre de 22 mètres de haut, conçue par un architecte sino-américain, a été érigée au centre de la Cour Napoléon.

1 Travaillez avec un(e) partenaire. Choisissez un des aspects de la France traités ici, et résumez-le en anglais pour la classe.

**2a** Expliquez en français ce que c'est:

1 le TGV
2 Ariane
3 le Muscadet
4 Jean de Florette
5 l'Arche de la Défense

**2b** Vrai ou faux? Corrigez les phrases qui sont fausses.

1 La Pyramide du Louvre a été conçue par un architecte français.
2 Les ingénieurs français ont construit le métro de Londres.
3 Plus de 140 millions de personnes dans le monde parlent couramment le français.
4 Le littoral français s'étend sur plus de 2000 kilomètres.
5 Le premier studio de cinéma du monde fut construit en France.

**2c** Complétez les phrases.

1 Pendant 200 ans, l'aristocratie européenne parlait …
2 La France fabrique plus de 100 espèces de …
3 Le réseau TGV s'étendra bientôt …

### Les paysages

Une grande diversité caractérise le pays. Les frontières maritimes de l'hexagone s'étendent sur 2700 km, et **chaque été 44% des Français partent à la mer**. Pour ceux qui aiment le soleil, il y a la Côte d'Azur et le Languedoc, pour les amateurs de vent et de vagues, il y a la Bretagne et la Côte Atlantique. On fait de la voile, on va à la pêche et on bronze.

La montagne offre également de nombreuses possibilités touristiques, surtout les Alpes, les Pyrénées et le Jura. Les vacances actives y sont à l'ordre du jour: en été on propose les randonnées, l'escalade et le rafting, et pour l'hiver il y a de nombreuses stations de ski.

### La langue française

Du XVII au XIX siècle, le français fut la langue de l'aristocratie européenne et de la diplomatie mondiale. **Aujourd'hui, 70 millions d'hommes sur le globe ont le français pour langue maternelle**, autant d'autres au moins le parlent couramment et de nombreux Etats l'ont adopté comme langue officielle. Certaines expressions françaises sont passées dans d'autres langues: la joie de vivre, le savoir-faire, l'ambiance, un fait accompli, ayant un certain je ne sais quoi.

### La technologie

L'industrie aéronautique et spatiale française, l'une des plus importantes du monde, a produit des réalisations de dimension internationale: l'avion franco-britannique Concorde, l'appareil européen Airbus et la fusée européenne Ariane, lancée par l'Agence Spatiale Européenne, est également un très grand succès.

Quant à l'industrie ferroviaire, le réseau TGV (Train à Grande Vitesse) est toujours en pleine expansion. **A l'avenir, il s'étendra dans tous les pays voisins de la France** et fera partie d'un réseau européen. Dans le domaine des métros, la France jouit également d'une excellente réputation. Ses ingénieurs ont construit notamment les métros de Montréal, Mexico, Rio, Athènes, Santiago, Le Caire …

**3a** Quels aspects de la France sont les plus importants pour vous? Classez les aspects décrits par ordre de priorité.

**3b** 🧑‍🤝‍🧑 Discutez: quels autres aspects de la France ont de l'importance pour vous? La mode? La peinture? Le sport? Les BD? **La musique?**

**4a** 📼 Ecoutez cinq personnes qui parlent de la France. Notez ce que la France représente pour chacune d'entre elles, et pourquoi.

**4b** 📼 A vous maintenant! C'est quoi pour vous, la France? Réécoutez et notez des expressions utiles. Ensuite, préparez une présentation orale à ce sujet.

**En plus** C'est quoi pour vous, la Grande-Bretagne? Notez des idées, et utilisez les expressions de l'activité 4b.

### Grammaire  ⇨ W56–57

Revising verb tenses

You need to be certain at all times about which tense is used and why. Check that you are confident with the main verb tenses: see grammar section 8 (page 161) on the present, future, perfect, imperfect and past historic.

(A) Look at the sentences in bold in the texts about France. For each one, identify the tense used and say why that tense has been chosen.

(B) Translate the sentences in bold into English. Make sure you use the correct tense of the verb each time.

# Visages de l'Europe

Comment voyons-nous nos voisins européens? Les stéréotypes nationaux, sont-ils vrais, faux, amusants, dangereux?

**B** Les hommes vont au bureau vêtus d'un complet et d'un chapeau melon, un parapluie et un journal à la main. Ils se nourrissent exclusivement de viande bouillie, accompagnée d'une sauce à la menthe, et ils ne boivent que du thé.

**D** Ce sont des paysans blonds aux sabots de bois, qui font du fromage et cultivent des tulipes. Ils habitent tous dans des moulins à vent, et en hiver ils adorent le patin à glace.

**A** C'est un peuple fier mais très paresseux, qui fait la sieste tous les après-midi et laisse tout pour demain. Les hommes se passionnent pour les courses de taureaux, les femmes préfèrent leur danse traditionnelle.

**C** Toujours vêtus d'un tee-shirt à rayures et d'un béret noir, ils ne mangent que des escargots et des cuisses de grenouille et ils boivent tous beaucoup de vin.

**E** Ce sont des mangeurs de pâtes et de glaces, qui chantent des airs d'opéra toute la journée.

**1** Lisez l'article et répondez aux questions.

   **a** Quelles sont les nationalités décrites ici?

   **b** Quels sont les mots-clés de chaque description?
   *Exemple: A fier*

   **c** Quelles expressions indiquent qu'on généralise ici?
   *Exemple: toute la journée*

   **d** Ajoutez une phrase à chaque description.

   **e** Faites le portrait d'une autre nationalité. Présentez-le à la classe.

**2** 🔊 Ecoutez l'émission de radio *Débat du soir: les stéréotypes*. Cinq jeunes téléphonent pour donner leur point de vue.

**a** Lisez et reliez les débuts et fins de phrases.

1 Sandrine trouve que les stéréotypes …

2 Pour Raphaël, les stéréotypes …

3 Selon Nicole, les stéréotypes …

4 Fabien pense que les stéréotypes …

5 Alain remarque que les stéréotypes …

**a** … font partie de la vie

**b** … sont basés sur un fond de vérité

**c** … ne sont pas basés sur la réalité de nos jours

**d** … sont des exagérations démodées.

**e** … encouragent les sentiments nationalistes

**b** Ecoutez encore une fois. C'est qui?

1 Il n'a jamais mangé d'escargots.

2 Elle trouve les stéréotypes amusants.

3 Il apprécie les livres d'Astérix.

4 Il ne boit pas de thé.

5 Ils se moquent des Belges.

**3** Et vous? Que pensez-vous des stéréotypes?

**a** 🔊 Réécoutez la cassette de l'activité 2. Pour chaque personne, notez si vous êtes d'accord ou pas d'accord avec elle. Comparez vos réponses avec celles d'un(e) partenaire.

**b** 👥 Vous téléphonez à Martin. Expliquez votre point de vue.

**4** Ecrivez un rapport sur les stéréotypes (100 mots). Par exemple:

◆ D'où viennent-ils?

◆ Est-il normal qu'on se moque des autres nationalités?

◆ Y a-t-il une différence entre les stéréotypes et les préjugés?

◆ Les stéréotypes peuvent-ils renforcer les sentiments nationalistes?

Utilisez les expressions-clés et des idées tirées de l'émission que vous avez entendue.

## Expressions-clés

Il me semble que …

D'une part … D'autre part …

Beaucoup de gens pensent que …

Il ne faut pas généraliser.

Il faut essayer de comprendre les autres pays.

Les stéréotypes nous font rire.

Il est important de reconnaître les différences.

# La France en Europe

Comment est-ce que les autres nations européennes voient la France? La France ressemble-t-elle aux autres pays?

## LA FRANCE VUE D'AILLEURS

Rien de tel pour décrypter l'image de la France et des Français que de la regarder dans le miroir de la presse étrangère. Chaque semaine, le magazine *Courrier International* sélectionne et traduit des articles émanant de tous les pays du monde.

On peut y retrouver les stéréotypes qui constituent toujours l'image de la France. Côté ombre: l'arrogance; la réticence au multiculturalisme; la propension à parler et l'incapacité à écouter; le désintérêt pour le reste du monde; la centralisation parisienne; la politique néocolonialiste en Afrique …

Côté soleil, les étrangers reconnaissent aux Français leur profond attachement à la culture, leur ouverture récente sur le reste du monde, leur débrouillardise, leur indépendance d'esprit, leur créativité. Ils continuent de vanter la beauté des paysages et des villes (Paris en tête), la qualité de la cuisine et des vins, l'élégance des femmes … Mais ils saluent aussi les réussites de la technologie française: TGV, Ariane, Airbus, Minitel, carte à puce …

L'image de la France se situe donc au carrefour de l'archaïsme et de la modernité. En fait, la France reste un bon sujet pour les journalistes.

---

**1a** 📖 Traduisez en anglais:

1 la réticence au multiculturalisme

2 la politique néocolonialiste

3 leur débrouillardise

4 leur indépendance d'esprit

5 la carte à puce

**1b** Trouvez dans le texte une expression qui correspond à chaque adjectif.

*Exemple: 1 le désintérêt pour le reste du monde*

1 chauvin          4 créatif

2 bavard           5 gourmet

3 corrompu         6 technocrate

**1c** 👥 Faites une liste des qualités et une liste des défauts des Français.

**En plus** Que pensez-vous de l'image des Français présentées dans le texte? Quels aspects sont vrais? Citez des exemples pour justifier votre opinion.

**2** 📼 Ecoutez deux jeunes qui cherchent sur l'Internet des informations sur la société française actuelle.

**a** Lisez ces extraits. Notez les expressions qui manquent, en choisissant dans la liste à droite.

1 La vie familiale est en pleine évolution. Les jeunes préfèrent vivre …. mais ils attachent beaucoup d'importance à ….

2 En ce qui concerne l'Europe, il semble que les Français soient …… Mais il faut noter que …… est moins élevé qu'avant dans tous les pays d'Europe.

3 …… des Français habitent dans une maison et …… dans un appartement. La moitié des gens achètent ……

4 De moins en moins de Français sont …… Il y en a moins qu'avant qui assistent régulièrement …… La religion devient ……

5 L'immigration continue. De plus en plus …… viennent de ……

> 50%   60%   en union libre   à la messe
> l'idée de la famille   un appartement
> un peu déçus   croyants   leur propre maison
> l'Europe   l'Afrique du Nord
> plus importante   moins importante
> d'immigrés   le sentiment européen

**2b** Trouvez-vous ces tendances surprenantes? Qu'est-ce qui vous surprend ici?

**2c** 👥 Décidez si les tendances en Grande-Bretagne sont pareilles qu'en France.

## Cinq pays – cinq modes de vie

**Les séjours à l'étranger**

Taux de départ en vacances à l'étranger

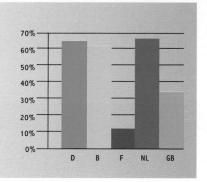

**L'alcool**

Consommation d'alcool en litres par personne et par an

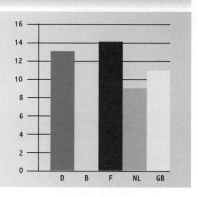

**3a** Etudiez les tableaux. Choisissez le mot correct pour compléter les phrases suivantes.

1 Les vacances à l'étranger sont plus/moins populaires en France qu'ailleurs.

2 Un quart/tiers des Britanniques partent à l'étranger chaque année.

3 Plus de cinquante/soixante pour cent des Allemands partent à l'étranger chaque année.

4 La consommation d'alcool est la plus élevée/basse en France.

5 Les Néerlandais consomment plus/moins d'alcool que leurs voisins européens.

6 Les Belges boivent plus/moins d'alcool que les Britanniques.

**3b** Pour chaque tableau, écrivez une autre phrase. Relisez *Compétences* page 39 pour vous aider.

**4** « La France en pleine évolution ». Ecrivez un résumé de la situation actuelle en France. Inspirez vous des idées et des expressions des pages 124–125. Vous pourriez:

♦ décrire l'image traditionnelle de la France et la société moderne

♦ faire la comparaison entre la France et la Grande-Bretagne ou un autre pays que vous connaissez

**En plus**  Faites d'autres activités (Feuille 33).

---

## Compétences

**Transfer of meaning from English into French**

To convey the meaning of an English sentence in French correctly, you can't just translate word for word. The best way is to use phrases and sentences from a French source and adapt them.

1 Use phrases from *La France vue d'ailleurs* to translate the following sentences into French. Identify your model sentence each time and write it out before starting to translate.

a This magazine selects articles from all over the world.

b Foreigners acknowledge the creativity of the French.

c They praise French successes in the field of technology.

2 Use your answers from *activité 2* to translate these sentences. You will need to adapt more this time.

a The French still attach a lot of importance to family life.

b We should note that 50% of French people live in flats.

c Fewer and fewer French people go to church regularly.

d More and more young people live with a partner.

**En plus** Do the activities on Feuille 34.

# Etes-vous européen(ne)?

Avez-vous de bonnes connaissances sur l'Europe? Et que pensez-vous de l'euro?

**1** Faites le quiz: testez vos connaissances sur l'Europe! (Votre professeur a les réponses.)

### E U R O Q U I Z

**1** Quel pays ne fait pas partie de l'Union européenne?

a l'Angleterre
b l'Autriche
c la Suisse

**2** Comment s'appelle la chaîne de montagnes qui sépare la France et l'Espagne?

a les Alpes
b le Jura
c les Pyrénées

**3** Qui a écrit les histoires de Tintin?

a Hergé
b Goscinny
c Proust

**4** Quelle équipe de football a gagné la coupe de l'Euro 2000?

a l'Italie
b la France
c l'Angleterre

**5** Où trouve-t-on des autoroutes payantes?

a en Belgique
b en Allemagne
c en France

**6** Pour des vacances au bord de la mer Méditerranée, où allez-vous?

a en Suisse
b en Suède
c en France

**7** Pour voir l'Acropole, où allez-vous?

a en Grèce
b aux Pays-Bas
c en Italie

**8** Où peut-on faire du ski?

a au Danemark
b au Portugal
c en Autriche

**9** Dans quel pays existe-t-il deux langues officielles?

a en Suisse
b en Belgique
c en Allemagne

**10** Dans quelle ville siège le Parlement européen?

a à Bruxelles
b à Strasbourg
c à Genève

**11** Quel est le titre de l'Hymne européen ?

a *Le Boléro* de Ravel
b *L'Hymne à la Joie* de Beethoven
c *La Truite* de Schubert

**12** Quelle est l'abréviation officielle de l'euro ?

a E
b EU
c EUR

**2a** 🔊 « *Etes-vous pour ou contre l'euro?* » On a posé la question à huit personnes. Ecoutez leurs réponses. Notez qui est pour l'euro et qui est contre.

**2b** 🔊 Réécoutez pour analyser leurs raisons: notez si chaque personne est pour ou contre …

- ◆ pour des raisons personnelles (PERS)
- ◆ pour des raisons économiques ou commerciales (EC)
- ◆ pour des raisons politiques (POL)

**2c** Parmi les personnes 1–8, qui pourrait dire cela?

« La plupart des Français ne s'intéressent pas beaucoup à l'euro. »

« Il est difficile de s'adapter à l'euro lorsqu'on utilise toujours les francs. »

« L'euro facilitera les déplacements en Europe. »

« Avec l'euro, les Européens vont se sentir plus proches les uns des autres. »

« L'Europe a besoin d'une monnaie unique pour rester aussi forte que les Etats-Unis et le Japon. »

**2d** 🔊 Complétez les phrases. (Réécoutez: il y en a une pour chaque personne qui parle).

1 Les politiciens veulent qu'on puisse …

2 Pour la majorité des Français, je ne pense pas que l'euro soit …

3 Je ne suis pas sûr que l'euro soit …

4 Jusqu'à ce que les billets soient mis en circulation, je pense que …

5 Bien qu'il soit difficile d'abandonner le franc, …

6 On a besoin de l'euro pour que l'Europe puisse …

7 Je veux qu'on dise "Non, …

8 Quoique j'aie des difficultés à me familiariser avec la nouvelle monnaie, …

**2e** Faites une liste de cinq arguments pour l'euro. Mettez-les en ordre de priorité.

**En plus** Pour en savoir plus sur l'euro, voir Feuille 35.

**En plus** Répondez vous-même à la question « *Etes-vous pour ou contre l'euro?* ». Donnez vos raisons. Utilisez les expressions tirées des activités précédentes.

## Grammaire ⇨167 ⇨W62–63

### The present subjunctive (1)

The subjunctive is a mood of the verb which exists to a greater extent in French than in English.

● It is used to suggest doubt or uncertainty. In the following pairs, the first sentence is in the indicative mood, the one you have used until now; the second is in the subjunctive, because some doubt is implied.

**Je suis sûr que l'euro est une bonne chose.**

**Je ne suis pas sûr que l'euro soit une bonne chose.**

**Je crois qu'on peut accepter la nouvelle monnaie.**

**Croyez-vous qu'on puisse accepter la nouvelle monnaie?**

Ⓐ The subjunctive is always used after *Je ne suis pas sûr(e) que …*, *Je ne pense pas que …*, *Je ne crois pas que …*, and *Pensez-vous que …?* Can you explain why?

Ⓑ Note that *Je pense que…* and *Je crois que …* are **not** followed by the subjunctive. Why not?

● It is also used to express a wish that someone do something or that something should happen, e.g. after: *Je veux que …*, *Je préfère que …*

● It is also used after certain conjunctions:

| | |
|---|---|
| *bien que* (although) | *quoique* (although) |
| *pour que* (in order that) | *afin que* (in order that) |
| *avant que* (before) | *jusqu'à ce que* (until) |

② Can you spot examples of those uses in the sentences for *activité* 2d?

● Other uses are explained on page 128.

● For guidance on how to form the subjunctive, see page 167.

# L'Union européenne

Que savez-vous de l'évolution de l'Union européenne? Comment envisagez-vous l'avenir de l'Europe?

**1** Reliez les questions aux bonnes réponses.

**1** Quand est-ce que les pays d'Europe ont décidé de coopérer?

**2** Pourquoi?

**3** Pour quelles raisons politiques?

**4** Pour quelles raisons économiques?

**5** Combien de pays membres y avait-il au début?

**6** Combien y en a-t-il aujourd'hui?

**7** Quel est le rêve des europhiles?

**8** Pourquoi les eurosceptiques sont-ils contre l'Europe unie?

**a** Pour des raisons politiques et économiques.

**b** Six: la France, l'Italie, l'Allemagne, la Belgique, les Pays-Bas et le Luxembourg.

**c** Après la Seconde Guerre mondiale.

**d** Ils ne veulent pas perdre leur souveraineté nationale.

**e** Pour favoriser le commerce et l'industrie.

**f** Ils veulent bâtir une Europe fédérale, les Etats-Unis d'Europe.

**g** Pour garantir la paix en Europe.

**h** Quinze.

**2** Lisez les statistiques et posez les questions suivantes à un(e) partenaire.

**1** L'Union européenne a quelle superficie?

**2** Il y a combien de langues officielles?

**3** Quelle est la population de l'Union européenne?

| L'Union européenne | |
|---|---|
| Superficie (km$^2$): | 3 234 200 |
| Langues officielles: | 8 |
| Population (millions d'habitants): | 373 |

## Grammaire  ⇨ 167  ⇨ W62–63

### The present subjunctive (2)

**In addition to the uses explained on page 127, the subjunctive is also used after:**

*il faut que* … (it is necessary that …)

*il est important que* … (it is important that …)

**A** Find five other expressions followed by the subjunctive in the speech bubbles for *activité* 3. They all follow the pattern: *Il est … que …*

**B** Rewrite the following sentences, starting with one of the expressions in your list. (Use subjunctives!)

*Example: 1 Il est important qu'on fasse partie d'une Europe unie.*

**1** On fait partie d'une Europe unie.

**2** On est prêt à travailler ensemble.

**3** L'Europe agit partout dans le monde.

**4** L'Europe peut rester indépendante des Etats-Unis.

**5** Il y a de bonnes relations entre les pays d'Europe.

**6** On fait un effort pour comprendre le point de vue des autres nations.

**A**
Il est dommage qu'on veuille créer une Europe fédérale.

**B**
Il est possible qu'il y ait des avantages à créer une Europe unie.

**E**
Il est normal qu'on fasse partie d'une entité fédérale.

**C**
Il est nécessaire que les pays d'Europe agissent ensemble pour résoudre les problèmes sociaux.

**D**
Il est important qu'on soit prêt à travailler ensemble.

**F**
Il faut que tout le monde réfléchisse bien.

**G**
Il est préférable que l'Europe se construise peu à peu.

**3a** [🔊] Ecoutez six jeunes qui disent ce qu'ils pensent de l'Union européenne. Pour chacune des phrases A–G, identifiez qui la dit (1–6).

**3b** [🔊] Ecoutez encore une fois. Pour chaque individu, décidez s'il est europhile [✓], eurosceptique [✗], ou ni l'un ni l'autre [?].

**3c** [🔊] Réécoutez. Pour chaque personne, notez encore un détail mentionné de ce qu'elle dit.

**4** A vous maintenant! Que pensez-vous des opinions suivantes? Etes-vous d'accord ou pas d'accord avec chacune?

1 La création d'une Europe fédérale assure la paix en Europe.

2 L'Union européenne représente une atteinte à la souveraineté nationale.

3 L'Union européenne facilite le travail dans un autre pays européen.

4 Le Parlement européen n'a pas d'influence réelle sur notre vie de tous les jours.

5 Avec la monnaie unique, l'Europe va prendre de plus en plus de place dans notre vie.

6 Dans l'Union européenne, trop de décisions sont prises par des experts totalement déconnectés de la vie réelle.

7 Une Europe unie est une puissance forte dans le monde, qui peut intervenir dans d'autres pays pour combattre l'injustice et la souffrance.

« *Mon objectif est de rêver qu'un jour nous puissions applaudir les Etats-Unis d'Europe* »
— *dit Konrad Adenauer*

**5** Comment envisagez-vous l'avenir de l'Europe? Préparez une présentation orale à ce sujet. Titre: *Ma vision de l'Europe.*

◆ Vous pourriez commencer: *C'est l'an 2050 …*

◆ Vous pourriez traiter les aspects suivants, entre autres:

les différents pays     la culture

la monnaie     le commerce

la langue

# Au choix

1 Vous lisez un article dans un magazine français qui accuse les gens du Royaume-Uni d'être nationalistes et xénophobes, parce qu'ils hésitent à adopter l'euro. Ecrivez une réponse dans laquelle vous expliquez pourquoi vous êtes pour l'euro.
Utilisez:
- ◆ les arguments et les expressions tirées des pages 126–127
- ◆ le subjonctif, pages 127 et 128

2 S🔊 Ecoutez la reporter qui décrit les impressions de trois jeunes Européennes en France. Répondez aux questions.

### Le programme Erasmus

1 Combien d'étudiants la France accueille-t-elle chaque année?

### Fiona, l'Anglaise

2 Nommez deux aspects de la France qu'elle apprécie.

3 Selon elle, pourquoi est-ce que beaucoup de Britanniques sont contre l'Union européenne?

4 Quels avantages y voit-elle?

### Ella, l'Autrichienne

5 Qu'est-ce qu'elle reproche à l'enseignement universitaire?

6 Qu'est-ce qu'elle apprécie du point de vue de la culture?

### Daniela, l'Italienne

7 Pourquoi trouve-t-elle que Rennes est trop tranquille?

8 Quelles influences américaines a-t-elle remarquées en France?

9 Quelle différence voit-elle entre les étudiants en France et en Italie?

3 👥 Préparez un dialogue avec un(e) partenaire.

A vous êtes chez votre correspondant(e) en France. Sa grand-mère, qui n'a jamais quitté la France, pense que tous les Britanniques ressemblent aux stéréotypes. Vous devez lui expliquer la vérité.

B vous êtes la grand-mère française: posez des questions.

Des thèmes possibles: le temps, le petit déjeuner, la nourriture, faire la queue, le cricket.

## Phonétique S🔊

### Les sons 'ille', 'gn'

1 Ecoutez et répétez.

- ● **ille**

  Ça se prononce "l" comme:
  **1** ville    tranquille    mille    (million, millier)

  Ça se prononce "ye" comme:
  **2** fille    famille    billet    gentille    habillement

  Ça se prononce "y" suivi d'autres voyelles comme:
  **3** travailler    bouteille    accueille    ailleurs
  j'aille    je veuille    grenouille    ratatouille

- ● **gn**

  Ça se prononce "n-ye" comme:
  **4** Allemagne    Espagne    Bretagne    Avignon
  signer    ignore    oignon    enseignement

  **5** Des milliers de filles vivent à Avignon.
  On mange une bouillabaisse ou des cuisses de grenouille?
  Moi, je préfère de l'agneau avec une sauce à l'oignon.
  Des gentilles filles de la ville de Marseille font la ratatouille et la bouillabaisse à merveille.

**1** Look at this material and prepare your response to the questions given.

*(5 marks)*

**Questions**

- ◆ De quoi s'agit-il?
- ◆ Est-il normal de lire une publicité pour un produit anglais en France?
- ◆ Qu'est-ce que cela indique sur la vie quotidienne en Europe?
- ◆ Trouvez-vous qu'il existe toujours des différences entre les pays européens?
- ◆ Que pensez-vous du fait que les pays se ressemblent de plus en plus?

**2** Allez-vous voter aux élections européennes? Ecoutez Thierry et Mélanie et répondez aux questions en français.

**a** Thierry a-t-il l'intention de voter? Pourquoi (pas)? *(2 marks)*

**b** Qu'est-ce qu'il reproche aux députés européens? *(2 marks)*

**c** Mélanie a-t-elle l'intention de voter? Pourquoi (pas)? *(3 marks)*

**d** Est-ce que l'Europe est importante pour elle? Pourquoi (pas)?

*(2 marks)*

**3** Ecoutez Matthieu et Elodie. Résumez ce qu'ils pensent de l'Europe en anglais. *(6 marks)*

- ◆ Do they intend to vote?
- ◆ Why (not)?

*Nouveau Special K Fruits Rouges, prenez plaisir à cultiver votre ligne.*

**Special K Fruits Rouges**, c'est une nouvelle céréale composée de pétales de riz et de blé complet avec de vrais morceaux de fraises, framboises, cerises qui ont conservé toute leur saveur d'origine et leur teneur en vitamines et minéraux. Kellogg's a ainsi réuni le meilleur de la Nature dans un petit déjeuner* plaisir pour que vous récoltiez ses bienfaits jour après jour.

Special *K* de Kellogg's. Pour être en ligne avec vous-même.

**4** Lisez le texte et répondez aux questions en français.

**a** Pourquoi les parents de Sophie étaient-ils choqués de faire la connaissance de Moussa? *(1 mark)*

**b** Qu'est-ce qu'ils voulaient savoir au sujet de Moussa? *(3 marks)*

**c** Quelles difficultés ont-ils envisagées pour l'avenir? *(2 marks)*

**d** Pourquoi la religion était-elle importante pour Loïc et Djamila? *(1 mark)*

**e** Quels membres de la famille de Loïc n'auraient pas accepté sa nouvelle copine? *(1 mark)*

**f** Faites la comparaison entre les attitudes des parents de Loïc et celles des parents de Djamila. *(3 marks)*

**g** Selon l'auteur, qu'est-ce qu'il faut faire pour combattre les préjugés des parents? *(3 marks)*

**5** Ecrivez approximativement 150 mots sur les sujets suivants.

**a** Que pensez-vous de l'attitude des parents de Sophie, de Loïc et de Djamila? La France est-elle réellement une société multiculturelle ou est-ce qu'il existe toujours des préjugés? Comment peut-on créer une société plus tolérante? *(36 marks)*

**b** Avez-vous l'intention de voter aux élections européennes? Pourquoi (pas)? Pensez-vous que le Parlement européen influence la vie de tous les jours? Quel est le rôle de l'Europe dans le monde du 21-ième siècle? *(36 marks)*

# Mon copain est black

**A**ussi inévitables et branchés soient-ils, les mélanges ethniques et culturels posent tout de même quelques problèmes. Surtout aux parents. Même ceux qui sont officiellement non-racistes ont parfois une réaction de panique quand leur petite fille chérie leur présente son copain noir. "Ils ne s'y attendaient pas" affirme Sophie, en première année de fac. "Je pense qu'ils

m'imaginaient plutôt avec un petit blond. Quand ils ont vu Moussa et sa coiffure rasta, ils ont eu un choc. Ils m'ont demandé d'où venaient ses parents, s'il faisait des études, si c'était un type sérieux, si je l'aimais vraiment, si j'avais bien réfléchi aux problèmes auxquels je m'exposais en restant avec lui, en me mariant et en ayant des enfants. Bref, ils font des efforts, mais je vois bien qu'ils sont mal à l'aise quand Moussa dîne à la maison."

Même ambiance coincée chez Loïc quand il invite Djamila au repas du vendredi soir. Ses parents ont les idées larges et il n'a pas eu besoin de batailler pour faire admettre une musulmane autour de la table. Mais tout de même, la présence de Djamila jette un trouble dans la famille juive pratiquante. "Avant de la connaître, mes parents m'ont demandé si elle était musulmane très pratiquante, si elle ou sa famille n'avait rien contre

les Juifs. J'avais aussi l'ordre de ne rien dire à mes grands-parents pour ne pas "leur faire de peine". Mais je ne leur en veux pas. D'ailleurs, les parents de Djamila aussi étaient sceptiques, au début. Ce n'est pas le fait que je suis Juif qui les embêtait, mais mon côté français qui ne respecte pas les jeunes filles musulmanes désireuses de rester vierges jusqu'au mariage."

Il faut comprendre que les parents ont besoin d'un temps d'adaptation. Inquiets de nature, ils entendent souvent dire que les couples mixtes rencontrent des problèmes. Inutile de se mettre en colère et de leur reprocher d'être racistes; mieux vaut la méthode douce. En parlant au maximum de la famille et de la culture de l'autre, en disant simplement qu'on l'aime, on donne aux parents le temps d'accepter son choix et d'établir des rapports avec son copain en tant qu'individu.

# Le monde francophone

By the end of this unit you will be able to:

◆ Describe positive and negative aspects of the French colonial empire

◆ Understand some of the causes and effects of the Algerian war of independence

◆ Talk about the French-speaking world

◆ Compare varieties of French spoken around the world

◆ Discuss the role of French as an international language

◆ Use the future perfect tense

◆ Use the main verb tenses correctly

◆ Revise successfully for your exam

◆ Pronounce the sounds 'ane', 'une', 'ure', 'one'

**1** Que savez-vous sur la francophonie? Testez vos connaissances avec ce quiz.

**2** 🔲 Certains mots français sont présents dans plusieurs langues – y compris l'anglais.
Retrouvez un maximum de mots français utilisés dans la langue anglaise. Notez si les mots sont utilisés de façon différente.

*Exemples:*

*a* rendezvous

*b* duvet

*c* cul-de-sac

*d* sauté

*e* brunette

*f* petite

*g* maisonette

*h* queue

la Francophonie – *la communauté des peuples francophones qui parle habituellement le français*

## QUIZ

**1** Au total, on estime qu'il y a dans le monde:
  **a** 31 millions de francophones
  **b** 131 millions de francophones
  **c** 301 millions de francophones

**2** La province du Canada majoritairement francophone s'appelle:
  **a** l'Alberta
  **b** l'Ontario
  **c** le Québec

**3** La Francophonie officielle rassemble:
  **a** 32 pays
  **b** 42 pays
  **c** 52 pays

**4** Les trois langues les plus parlées dans l'Union Européenne sont, dans l'ordre:
  **a** l'allemand, le français, l'anglais
  **b** l'anglais, l'espagnol, le français
  **c** le français, l'anglais, l'italien

**5** Trois quarts des francophones vivent en:
  **a** Europe
  **b** Océanie
  **c** Afrique

# L'empire colonial français

La France s'est construit un empire colonial à travers le monde. Où? Quand? Résultats positifs ou négatifs?

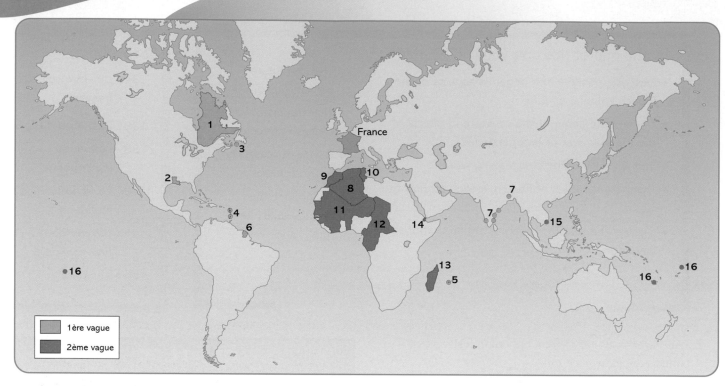

**1a** 🔊 Ecoutez des informations sur l'Empire colonial français. Recopiez la liste et notez la date mentionnée pour chaque ville/région/pays.
*Exemple: Québec 1608.*

**1b** 🔊 Réécoutez et notez ce qui s'est passé exactement à chaque date.

**1c** 👥 Vérifiez votre liste avec un(e) partenaire.
*Exemples:*
– *1608? – Date de la fondation du Québec.*
– *1635? – Les Français s'emparent de la Guadeloupe.*

**1d** Vrai ou faux?

1 L'Amérique du Sud a été le continent le plus colonisé par la France.

2 Saint Pierre-et-Miquelon sont des petites îles à l'ouest du Canada.

3 L'AOF a été colonisée avant l'AEF.

4 L'île de la Réunion se trouve aux Antilles.

5 L'Algérie, le Maroc et la Tunisie se trouvent au Maghreb.

6 Le port de la Nouvelle-Orléans est devenu la capitale du Québec.

**En plus** L'esclavage a joué un rôle important dans la période coloniale française. Lisez la Feuille 36 pour en apprendre plus.

| | |
|---|---|
| 1 | Québec |
| 2 | Louisiane/Nouvelle-Orléans |
| 3 | Saint Pierre-et-Miquelon |
| 4 | Guadeloupe, Martinique |
| 5 | Réunion |
| 6 | Guyane |
| 7 | territoires sur la route des Indes |
| 8 | Algérie |
| 9 | Maroc |
| 10 | Tunisie |
| 11 | L'Afrique Occidentale Française (ou AOF) |
| 12 | L'Afrique Equatoriale Française (ou AEF) |
| 13 | Madagascar |
| 14 | Djibouti |
| 15 | Indochine, Saigon |
| 16 | Wallis et Futuna, Tahiti, Nouvelle-Calédonie |

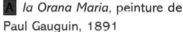
**A** *la Orana Maria*, peinture de
Paul Gauguin, 1891

**B** *Indochine*, photo extraite du film de Régis Wargnier, 1992

**2a** Ecoutez la description de la peinture et l'affiche. Quel pays a influencé chacune? (Voir la liste, activité 1.)

**2b** Réécoutez. Recopiez et complétez les phrases suivantes.

**A** Paul Gauguin left …… in …… and lived in the …… Pacific until his death in ……

**B** *Indochine*, filmed in ……, won an Oscar for the …… film in ,,,…… It is set at the …… of the French colonial period.

**2c** Réécoutez et reliez chaque expression à une photo.

1 paysages splendides
2 couleurs vives des Tropiques
3 plantation d'hévéas
4 costumes chics
5 paysages sauvages du Pacifique
6 les rêves et les cauchemars

**2d** Décrivez oralement une des photos.

◆ Qu'est-ce qu'on voit?
◆ Quand? Où?
◆ La signification?

**3a** Classez les phrases suivantes en deux catégories: aspects plutôt positifs et aspects plutôt négatifs de la période coloniale française.

1 Grâce à la colonisation, le français est aujourd'hui parlé à travers le monde.

2 Le commerce avec les colonies a introduit de nouveaux produits en Europe.

3 Les traditions des populations colonisées n'ont pas été respectées par la France.

4 La période coloniale a aidé la France à devenir un pays important à travers le monde.

5 Les ressources naturelles des colonies ont été exploitées au bénéfice de la France.

6 La période coloniale a enrichi le patrimoine culturel français.

7 La France a utilisé l'esclavage pour construire une partie de son empire colonial. (Feuille 36)

8 Dans les bagnes comme à Cayenne, les Droits de l'Homme n'étaient pas respectés. (Feuille 36)

**3b** A votre avis, la période coloniale française a-t-elle été plutôt positive ou plutôt négative? Pourquoi? Donnez trois raisons positives et trois raisons négatives.

# La guerre d'Algérie

Après la Deuxième Guerre mondiale, la France commence à perdre ses colonies. Une décolonisation marquée par deux grandes guerres: en Indochine (1946–54) et en Algérie: voir ci-dessous.

**A** En 1947, l'Algérie est officiellement rattachée à la France en tant que département.

Il y a à l'époque dans le pays environ 9 millions d'Algériens musulmans (habitants d'origine) et un million de Pieds Noirs (habitants de souche européenne).

Les Pieds Noirs – dont 80% sont nés en Algérie – sont en grande partie des citadins de milieu modeste et considèrent l'Algérie comme leur pays.

**B** En 1954, un groupe de nationalistes algériens crée le FLN (Front de Libération National) dont le but est d'obtenir la restauration d'un état algérien indépendant.

Les 20 et 21 août 1955, le FLN organise un soulèvement et une centaine d'Européens sont tués dans plusieurs massacres. En représailles, des milliers de musulmans sont tués à leur tour. C'est le début de plusieurs années de violence.

**C** De 1956 à 1958, les attentats du FLN se multiplient et l'armée française réplique avec des actions militaires. Elle est accusée d'utiliser la torture contre des membres du FLN.

Le conflit est une guerre sale où de nombreux civils et combattants armés trouvent la mort.

**D** En 1958, de Gaulle propose au FLN une "Paix des Braves", mais il faudra des négociations pendant plusieurs années avant d'arriver aux accords d'Evian, le 18 mars 1962, qui mettent officiellement fin à la guerre.

**E** Le 3 juillet 1962, l'Algérie est déclarée indépendante et plus de 700 000 Pieds Noirs doivent quitter le pays en catastrophe. Ils doivent abandonner leur pays natal en laissant tous leurs biens derrière eux. Une fois rapatriés en France, la majorité d'entre eux aura beaucoup de mal à s'adapter et à recommencer une nouvelle vie.

**F** Environ 2,5 millions de soldats français ont servi pendant la Guerre d'Algérie.

Au total, on estime qu'environ 30 000 personnes ont trouvé la mort du côté français et entre 300 000 et 400 000 du côté algérien.

**1a** Lisez le texte et faites correspondre un titre à chaque paragraphe A–F.

1 Le début de la guerre    4 L'Algérie française
2 Une paix difficile    5 "La valise ou le cercueil"
3 Le bilan humain    6 La guerre sale

**1b** Relisez le texte et décidez si les affirmations suivantes sont vraies ou fausses.

1 Les Pieds Noirs étaient des habitants de souche européenne qui vivaient en Algérie.

2 Le FLN était un groupe de nationalistes européens musulmans.

3 Le but du FLN était d'obtenir l'indépendance de l'Algérie.

4 Le FLN a accepté la "Paix des Braves" tout de suite en 1958.

5 A la fin de la guerre, plus de 700 000 Pieds Noirs ont dû quitter l'Algérie en catastrophe.

6 Une fois rapatriés en France, les Pieds Noirs se sont intégrés facilement.

**1c** Faites une liste des points-clés du texte, en anglais. Utilisez votre liste pour écrire, en anglais, un résumé du texte. Rappel: *Compétences* page 31 vous aidera.
***Exemple:*** *1947 – Algeria was a French département. 9 million Muslims, 1 million "Pieds Noirs" …*

Richard

Laure

Maloud

Trois jeunes concernés par la Guerre d'Algérie racontent.

**2a** 🔊 Lisez et écoutez le témoignage de Laure. Répondez, en anglais, aux questions.

1 What happened to Laure's mother and grandmother when Algeria became independent?

2 What was their arrival in France like?

3 What kind of life did they have in Algeria?

4 What are the consequences of the Algerian war in Laure's family?

### Laure

Mes parents sont tous les deux Pieds Noirs. Mon père est né au Maroc et ma mère est née en Algérie. Quand l'Algérie est devenue indépendante en 62, ma mère et ma grand-mère ont dû quitter le pays en laissant tout derrière elles: leur maison, leurs amis, leurs biens ... Elles sont arrivées en France où elles ne connaissaient personne. Il faisait froid. Les gens étaient peu accueillants ... Je crois que ça a dû être extrêmement difficile pour elles.

De fait, toute ma famille maternelle vivait en Algérie depuis trois générations. Ce n'étaient pas des gens riches. Ils travaillaient dur et ils s'entendaient bien avec la population locale.

Pour moi, aujourd'hui, les conséquences de cette guerre se font encore sentir. Ma mère n'aime pas en parler, à la fois parce que son pays lui manque, et à cause des choses terribles qu'elle a vécues pendant la guerre. Et puis il y aussi la tombe de mon grand-père et celles des autres membres de ma famille sur lesquelles plus personne ne peut aller ...

**2b** 🔊 Ecoutez le témoignage de Richard. Recopiez et complétez les phrases.

1 Le père de Richard a été ...... en Algérie pendant ...... ans.

2 C'est une période dont il ne parle ...... et il fait souvent des ......

3 Le père de Richard fait parfois des commentaires ...... envers les ......

4 Richard a lu que les soldats français avaient ...... et ...... des civils.

5 Des soldats ...... ont aussi été massacrés par des membres du ......

6 Il pense que ...... son père a lui aussi commis des actes ......

**2c** 🔊 Ecoutez le témoignage de Maloud. Choisissez le mot correct dans les phrases.

1 Un harki est un [*Algérien/Français*] qui a choisi de se battre avec [*l'armée française/le FLN*].

2 Le grand-père de Maloud s'entendait [*bien/mal*] avec les [*soldats/Pieds Noirs*].

4 A la fin de la guerre, [*les soldats français/les harkis*] n'avaient nulle part où aller.

5 Les harkis étaient considérés comme des traîtres par [*le FLN/ les Pieds Noirs*] et ils ont dû [*quitter l'/rester en*] Algérie.

6 Maloud considère son grand-père comme un [*ancien combattant/simple Maghrébin*].

**3a** 👥 **A** joue le rôle d'un(e) journaliste. **B** joue le rôle de la mère de Laure, du père de Richard ou du grand-père de Maloud.

Imaginez questions et réponses et changez de rôle.

### Exemple:

*A: Est-ce que vous pensez toujours à la guerre d'Algérie?*

*B: Oui, j'y pense, et je fais parfois des cauchemars.*

**4** Imaginez le récit d'un Pied Noir ou d'un harki et décrivez sa vie:

a avant l'indépendance de l'Algérie

b pendant la guerre d'Algérie

c après avoir été rapatrié(e) en France

**En plus** 🔊 Voir Feuille 37: la Guerre d'Indochine.

# Le monde francophone

C'est quoi, la Francophonie? Et qu'est-ce que cela veut dire, être francophone?

## LA FRANCOPHONIE

**Le français** fait partie des quelques langues parlées aux quatre coins de la planète. Il se situe au neuvième rang des langues les plus utilisées. On compte aujourd'hui un peu plus de 131 millions de francophones à travers le monde, soit 2,5 % de la population mondiale. L'Europe regroupe 21 % de la population francophone, l'Amérique 4 %, et l'Afrique 75 %.

🌍 En **Europe**, la France mise à part, les francophones se trouvent essentiellement en Belgique (40 % de la population), en Suisse (20 % de la population) et au Luxembourg.

Au niveau de l'Union européenne, à laquelle il faut ajouter la Suisse, le français est la deuxième langue la plus parlée avec 67 millions de locuteurs, derrière l'allemand (90 millions), mais devant l'anglais (61 millions).

🌍 En **Amérique du nord**, c'est au Canada que vit la plus forte minorité de population francophone, soit 6,5 millions de locuteurs sur 27,3 millions d'habitants en 1990. Très concentrés géographiquement, ceux-là représentent 80 % des habitants du Québec (7 millions), et plus de 30 % de ceux du Nouveau-Brunswick.

🌍 Sur le **reste du continent américain**, en plus des départements d'outre-mer français (Guadeloupe, Martinique, Guyane), des communautés francophones sont présentes en Louisiane (260 000) et en Haïti, où 22 % des 6,3 millions d'habitants parlent le français.

🌍 Avec plus de 25 millions de francophones au **Maghreb** (49 % des Tunisiens, 49 % des Algériens et 30 % des Marocains), la Francophonie y est très présente.

🌍 **L'Afrique subsaharienne** compte à elle seule presque 39 millions de francophones, dont 34 % en Afrique équatoriale de l'ouest, 29 % en Afrique tropicale, 25 % en Afrique équatoriale de l'est, et enfin 14 % en Afrique sahélienne.

🌍 Dans **l'océan Indien**, le taux global de francophones est de 19 %, pour une population totale de 17,7 millions de personnes.

🌍 Au **Moyen-Orient**, le Liban demeure le pivot de la Francophonie, avec environ 800 000 locuteurs.

🌍 Enfin, en **Asie**, c'est dans la péninsule indochinoise que les francophones sont les plus nombreux (environ 500 000 au Vietnam et 5 % de la population au Laos).

**1a** Lisez le texte en repérant sur la carte chaque endroit mentionné.

**1b** Retrouvez ces pourcentages et nombres:

- pourcentage de francophones dans la population:

  Belgique – Québec – Haïti

  Algérie – Maroc – Laos

- nombre de francophones:

  Union européenne – Canada – Louisiane

  Maghreb – Liban – Vietnam

**1c** Retrouvez dans le texte les informations suivantes:

1 le continent qui a le plus de francophones

2 deux pays où 49% de la population parle français

3 une région avec 39 millions de francophones

**En plus** Comparez la carte du monde francophone à celle des anciennes colonies françaises (page 134). Ont-elles des points en commun? Lesquels?

**2a** [cassette] Écoutez quatres jeunes francophones – Khaled, Irène, Jean-Nicolas et Lucie – et complétez une fiche pour chacun d'entre eux.

> FICHE
>
> Nom:
>
> Domicile:
>
> La francophonie dans sa région:
>
> Les aspects positifs mentionnés:
>
> Les aspects négatifs mentionnés:

**2b** [cassette] Réécoutez et complétez ces phrases avec un ou deux prénoms.

1 ...... espère un jour quitter son pays pour aller travailler en France.

2 ...... et ...... vivent dans des régions où les francophones sont majoritaires.

3 ...... vit dans un pays où il est souvent dangereux d'être francophone.

4 ...... et ...... parlent deux langues.

5 ...... et ...... ne parlent que français.

6 ...... vit dans un pays où une partie de la population parle le flamand.

**Guadeloupe**

**3** Imaginez le témoignage de Li et de Claude en utilisant les notes ci-dessous.

| name | Li | Claude |
|---|---|---|
| **country** | Vietnam | Nouvelle-Calédonie |
| **status of French** | Around 500 000 French speakers | French is official language |
| **positive aspects** | Loves French as a language. Wants to be a French teacher | Goes to France every summer. Likes to be part of Francophonie |
| **negative aspects** | French speakers are a minority. History (colonial period, Indochina war) | Island is in a very remote region. Problems between Kanaks (original inhabitants) and Caldoches (European settlers) |

# Le français dans le monde

**1a** Lisez les mots et expressions québécois (1–14). Devinez leur équivalent en français (a–n).

| | | | |
|---|---|---|---|
| 1 | magasiner | **a** | tourner en rond |
| 2 | barrer | **b** | un long sandwich |
| 3 | chauffer | **c** | bouder |
| 4 | zigonnager | **d** | être parfait |
| 5 | avoir la moppe | **e** | une gomme |
| 6 | faire la baboune | **f** | joli |
| 7 | être diguidou | **g** | conduire |
| 8 | faire du pouce | **h** | un coffre de voiture |
| 9 | épais | **i** | une boîte de conserve |
| 10 | qioute | **j** | être triste |
| 11 | une valise | **k** | faire les courses |
| 12 | une cane | **l** | fermer à clé |
| 13 | un sous-marin | **m** | idiot |
| 14 | une efface | **n** | faire de l'auto-stop |

**1b** Classez les mots et expressions 1–14 en trois catégories:

- ◆ Dérivés du français
  *Exemple: magasiner – du mot magasin*

- ◆ Influencés par l'anglais
  *Exemple: épais – de "thick" en anglais*

- ◆ Imagés
  *Exemple: faire du pouce – doigt utilisé pour faire du stop*

## Le Québec prend le français très au sérieux

Au Québec, le français n'est pas seulement une langue. C'est un débat national, un sujet politique et d'une certaine façon la raison d'être de cette province canadienne.

Le Québec est la seule province majoritairement francophone du Canada. Depuis la victoire électorale du Parti Québécois en 1976, de nombreuses lois ont été votées pour protéger la langue française, sous le nom de "Charte de la langue française". Le français est ainsi devenu la langue officielle du Québec, en opposition avec le reste du Canada qui a pour langue officielle l'anglais.

Ces lois sont parfois extrêmement strictes … Ainsi, le français doit non seulement être utilisé dans les institutions publiques (justice, administration, enseignement, etc.), mais aussi dans le monde du travail. Un médecin, une infirmière ou un ingénieur qui veut travailler au Québec ne peut obtenir de permis de travail que si son niveau de français est jugé suffisant par l'Office de la langue française!

Sans compter la signalisation routière à travers le Québec, qui est écrite exclusivement en français … Un détail qui ne peut guère échapper à la minorité anglophone du Québec!

### Compétences

Revising vocabulary and phrases

Learning vocabulary and phrases for each topic is important. Try to revise in 10-minute blocks, several times a day, and focus on a limited amount each time.

Using a variety of activities can make your revision more effective.

- Make a clear French-English vocabulary list. Cover up the English words, then work down the list seeing how many English meanings you remember. Keep your score every day!

- When you can remember all the English meanings, try covering up the French and testing yourself on that instead. Once you can say all the words, practise writing them.

- Write key words and phrases on cards – about five per card, English on one side and French on the other. Pick cards at random and test yourself or ask a friend to test you. It doesn't have to be someone who speaks French!

- To practise phrases, write out the first letters of the words. Then try to complete them.
  *Example:*
  à t... l... m... → *à travers le monde*

- Revise with a friend. Try brainstorming vocabulary on a topic, to see how many words you can think of.

- Record yourself saying key phrases and listen over and over again.

- Don't forget the detail. Learn *le* or *la* with every noun. Writing words in different colours can help you to remember genders.

- If you know that spelling is not your strong point, practise writing words as well as saying them.

**En plus** See Feuille 38 for more exam revision.

---

**2a** Lisez l'article sur le Québec (page 140) et répondez aux questions.

1 Combien de provinces sont majoritairement francophones au Canada?

2 Qu'est-ce que la "Charte de la langue française"?

3 Quelle est la langue officielle du Québec? Et celle du Canada?

4 Où doit être utilisé le français?

5 Que doit avoir un médecin pour obtenir un permis de travail?

6 Qu'est-ce qui peut être difficile pour la minorité anglophone du Québec? Pourquoi?

**2b** Ecoutez la réaction de six personnes concernant les lois linguistiques du Québec. Notez si chacune est pour ou contre ces lois. Notez aussi les arguments avancés.

*Exemple: 1 contre*
- *gouvernement ne peut pas obliger les gens à parler une langue*
- *contre la liberté d'expression*
- *on devrait avoir le droit de parler français et anglais.*

**2c** Et vous? Discutez en classe. Trouvez-vous les lois linguistiques du Québec plutôt positives ou plutôt négatives? Justifiez votre réponse.

**3** A l'écrit.

a Donnez trois raisons pour lesquelles le français est si parlé dans le monde.

b A votre avis, quelle est la langue la plus utile aujourd'hui: le français ou l'anglais?

# L'avenir de la Francophonie

Les pays membres de la Francophonie peuvent aussi être aussi différents que la Suisse et le Rwanda … Avec ses forces et ses faiblesses, la Francophonie a-t-elle vraiment de l'avenir?

## A

TV5 est la première chaîne mondiale de langue française avec plus de 135 millions de foyers représentant plus d'un demi milliard de téléspectateurs. C'est la troisième chaîne mondiale après MTV et CNN et la première chaîne câble et satellite en France.

TV5 est diffusée 24 heures sur 24, sur les cinq continents avec une grille de programmes construite autour de trois axes principaux: l'information, le cinéma et la fiction (avec des sous-titres en français); les magazines.

C'est une télévision pour les centaines de millions de personnes dans le monde qui aiment le français, le parlent, l'apprennent et l'enseignent.

## B

Depuis plusieurs années, les journalistes francophones en Algérie sont la cible de groupes intégristes musulmans tels que le GIA. Ces agressions se sont soldées par l'assassinat de 60 journalistes et de 10 travailleurs des médias et d'un attentat destructeur et meurtrier contre la Maison de la Presse au centre d'Alger le 12 février 1996.

## C

Il suffit d'étudier les chiffres des revenus par habitant de différents pays de la Francophonie pour décrouvrir les inégalités … Quelques exemples?

En haut de l'échelle: Monaco (25 000 $), la Suisse (24 881 $) ou la France (21 176 $).

En bas de l'échelle: Le Burundi (637 $), le Mali (565 $) ou le Rwanda (400 $).

## D

L'Agence de la Francophonie – aussi connue sous le nom d'ACCT (Agence de Coopération Culturelle et Technique) organise depuis 1970 la coordination de plusieurs actions d'aide. Elle couvre des domaines tels que culture, éducation, commerce. Elle met en place des programmes de coopération technique, économique et judiciaire pour aider les pays francophones en voie de développement.

## E

L'Internet est un parfait exemple de la Francophonie en action. Sélectionnez le français comme langue: Yahoo, Excite, Google et tout autre browser (ou plus exactement "moteur de recherche") qui se respecte va vous donner une liste de résultats en français. Un site français peut côtoyer un site québécois, algérien ou suisse. La définition même de la Francophonie!

**1a** Reliez les titres 1–5 aux extraits A–E.

1 Inégalités au sein de la Francophonie

2 Les médias francophones dans la ligne de mire

3 Le français à l'écran

4 La "toile d'araignée" version française

5 Aide multiforme pour les francophones

**1b** Relisez les textes et répondez aux questions.

1 Comment se manifeste la violence contre les journalistes francophones en Algérie?

2 Comment est construite la grille de programmes de TV5?

3 Que montrent les chiffres des revenus par habitant de différents pays francophones?

4 Quel est le but de l'ACCT?

5 Que peut-il se passer quand on fait une recherche sur Internet en français?

6 Quel genre de personnes regardent TV5?

**1c** Trouvez dans les textes page 142 un synonyme pour les mots et expressions suivants.

| | | | |
|---|---|---|---|
| **1** | familles | **6** | une attaque terroriste |
| **2** | non-stop | **7** | comme |
| **3** | émissions | **8** | choisissez |
| **4** | sont visés par | **9** | être à côté de |
| **5** | le meurtre | | |

**2** Lisez ces opinions sur l'avenir de la Francophonie. Classez-les: sont-elles optimistes ou pessimistes? Puis choisissez trois opinions desquelles vous vous sentez personnellement proche.

**1** « A mon avis, l'avenir de la Francophonie est plutôt sombre. Il y a trop d'inégalités et d'éloignement entre les différents pays qui la composent. »

**2** « Je crois que le monde francophone est en plein développement. Avec des technologies comme l'Internet, il va être de plus en plus facile de communiquer entre francophones. »

**3** « Je crois que le monde francophone est une invention politique qui ne veut pas dire grand chose. Je suis belge, je me sens aussi un peu "européen", mais pas du tout "francophone". »

**4** « La Francophonie est indispensable aujourd'hui. Elle permet à de nombreux pays francophones en voie de développement d'obtenir l'aide de membres plus riches. »

**5** « Personnellement, c'est la culture francophone que je trouve particulièrement intéressante. Le mélange de différents peuples, traditions … C'est une richesse unique au monde. »

**6** « On devrait faire beaucoup plus en ce qui concerne les Droits de l'Homme. C'est un scandale de voir autant de violence dans certains pays francophones. »

**3** Organisez un débat sur la variété des pays qui composent la Francophonie. Un groupe pense que ce mélange est une richesse unique. Un groupe pense que ce mélange est un handicap sérieux.

**4** A votre avis, la Francophonie a-t-elle de l'avenir? Répondez par écrit à cette question. Utilisez les informations fournies dans cette unité pour justifier votre réponse.

## Grammaire ⇨ 166 ⇨ W78

### The future perfect tense

The future perfect tense is used to express what 'will have happened' by some point in the future. To use it, put together either *être* or *avoir* in the future tense plus the past participle of the main verb.

**Important:** with *être*, the past participle agrees with the subject.

***Examples:***

L'an prochain, le nombre de francophones **aura** probablement **augmenté**.
*Next year, the number of French-speaking people will probably have increased.*

Le Sommet de la Francophonie **sera fini** dans deux jours.
*The 'Francophonie Summit' will be finished in two days.*

L'aide économique **sera doublée** d'ici l'An 2010.
*Economic aid will have doubled by the year 2010.*

**A** Reread the extracts on page 142, then match up the sentence halves below. Translate the completed sentences into English.

**1** Le nombre de morts en Algérie …
**2** L'an prochain, plusieurs pays …
**3** En quelques années à peine, l'Internet …
**4** En proposant des émissions variées, TV5 …
**5** Les inégalités au sein de la francophonie …

**a** aura joué un rôle important dans le développement de la Francophonie.

**b** aura probablement augmenté d'ici le prochain sommet.

**c** ne seront pas comblées sans une aide massive.

**d** auront bénéficié de l'aide de l'ACCT.

**e** sera regardée par de plus en plus de personnes à travers le monde.

# Au choix

1 Testez votre mémoire! Retrouvez les réponses aux questions du quiz: d'abord sans relire les pages précédentes. Ensuite, feuilletez les pages de l'unité pour vérifier vos réponses.

## QUIZ

1 Quelles régions d'Amérique ont été occupées par les Français au 17ème siècle?

2 Où se trouve la Guyane?

3 Quel est l'autre nom utilisé pour "l'Afrique du Nord'?

4 Dans quelle région du monde se trouvait l'Indochine?

5 Dans quel océan se trouvent Tahiti et la Nouvelle-Calédonie?

6 Quel continent a été le plus colonisé par la France?

7 Quel peintre célèbre a vécu dans les îles du Pacifique Sud?

8 Dans quel pays vivaient les Pieds Noirs?

9 Qu'est-ce qu'un harki?

10 Il y a environ combien de francophones à travers le monde?

11 Dans quel pays d'Europe parle-t-on français et wallon?

12 Comment s'appelle la chaîne mondiale francophone?

2 Lisez le texte sur les DOM-TOM.

  a Retrouvez les endroits mentionnés sur la carte page 138.

b **S**🔊 Ecoutez huit phrases sur les DOM-TOM et décidez si chacune est vraie ou fausse. Corrigez les fausses.

## Les DOM-TOM

En 1946, quatre anciennes colonies deviennent "Départements d'Outre Mer": la Martinique, la Guadeloupe, la Guyane et la Réunion.

Les "Territoires d'Outre Mer" ont un statut différent, avec un degré d'indépendance variable. Parmi les Territoires d'Outre Mer, on peut citer Madagascar, la Nouvelle-Calédonie, plusieurs archipels autour de Tahiti ou les Comores.

Les DOM-TOM représentent souvent des intérêts stratégiques pour la France, à la fois sur le plan militaire et commercial. La base spatiale de la fusée Ariane, par exemple, se trouve à Kourou, en Guyane; et l'île de Mururoa, dans le Pacifique, a longtemps été célèbre pour les essais nucléaires effectués par la France.

Les DOM-TOM ont cependant de sérieux problèmes économiques avec un niveau de vie souvent plus bas que celui de la métropole. Sans compter les problèmes politiques tels que la tension entre Caldoches et Kanaks en Nouvelle-Calédonie ou les vagues de manifestations dans les îles de la Polynésie française.

3 Présentez un aspect de la Francophonie devant la classe pendant deux minutes. Choisissez entre:

◆ Le passé colonial de la France
◆ Le Québec
◆ Les forces et les faiblesses de la francophonie
◆ La Francophonie: une mosaïque de peuples et de cultures

  Utilisez:

◆ les idées et le vocabulaire de cette unité
◆ *Compétences*, page 71

4 Ecrivez une description (150 mots) d'un des sujets proposés dans l'activité 3.

## Phonétique **S**🔊

Trois voyelles: a – u – o

**Ecoutez et répétez.**

1 a – ane
Louisiane, Guyane, platane, banane

2 u – une
une, lune, dune, prune

3 u – ure
couverture, voiture, écriture

4 o – one
('o' ouvert, voir page 104)
francophone, anglophone, téléphone

# Révisez tout

## Unit 1 Part A

**1** 🔊 Ecoutez ce reportage sur les séjours linguistiques à l'étranger. Lisez les phrases qui suivent. Remplissez les cases vides avec le numéro d'une des expressions.

**a** Les jeunes qui passent un an à l'étranger ……… leur connaissance de la langue.

   **i** apprennent

   **ii** perfectionnent

   **iii** pratiquent          *(1 mark)*

**b** On peut travailler ……….

   **i** dans une famille

   **ii** dans un bureau

   **iii** dans une usine          *(1 mark)*

**c** Les futurs managers profitent d'une année ……….

   **i** dans une université

   **ii** dans une famille

   **iii** dans une grande entreprise    *(1 mark)*

**d** Les jeunes qui ont vécu dans un autre pays sont ……….

   **i** plus sérieux

   **ii** plus mûrs

   **iii** plus travailleurs        *(1 mark)*

**e** Un séjour à l'étranger montre qu'on a ……….

   **i** le sens de l'humour

   **ii** peu de motivation

   **iii** l'esprit ouvert        *(1 mark)*

**2** 🔊 Listen to this news item about holidays in the mountains. Using the bullet points as a guide, summarize the item **in English**.    *(10 marks)*

- the number of French holidaymakers who go to the mountains
- their reasons
- the commercial aspects of "green tourism"
- the accommodation available
- the activities offered

## Unit 1 Part B

**3** 🔊 Ecoutez ce reportage sur le tabagisme en France. Répondez aux questions **en français**. Attention! **Il y a 5 points supplémentaires pour la qualité de votre langue.** Utilisez donc des phrases complètes.

**a** Expliquez les chiffres relatifs aux décès dûs au tabac en France.    *(2 marks)*

**b** Combien de jeunes sont touchés par le tabagisme?    *(1 mark)*

**c** Quelles sont les réactions des fumeurs à la journée sans tabac?    *(2 marks)*

**d** Quelle proportion d'adultes fume en France?    *(1 mark)*

**e** Pourquoi la nouvelle campagne vise-t-elle surtout les femmes?    *(1 mark)*

**f** Si les jeunes continuent de fumer, quelles en seront les conséquences?    *(2 marks)*

**g** Selon l'Organisation Mondiale de la Santé, quels pays seront les plus touchés par le tabagisme à l'avenir?    *(1 mark)*

**h** Remplissez les cinq cases vides de ce résumé. Choisissez un verbe dans la liste fournie. Mettez-le à la forme correcte.    *(5 marks)*

> L'Organisation Mondiale de la Santé ……….. lancer une campagne contre le tabagisme pour ……….. la vie de plusieurs millions de personnes. A présent, la publicité et les prix bas ……….. les gens à fumer, mais cette situation va ……….. Il faut expliquer aux jeunes qu'ils prennent de graves risques en ……….. une cigarette.

| sauver encourager allumer vouloir changer |
| --- |

**4** Lisez l'article sur le permis de conduire. De la liste des phrases qui suit, cochez **six** qui sont vraies.

*(6 marks)*

# Infos – Le permis de conduire

## Choisir son auto-école

Première étape vers l'obtention du fameux papier rose: le choix d'une auto-école et d'une formule d'apprentissage. Le minimum légal est de vingt heures de leçons de conduite. Mais c'est rarement suffisant. Seuls 50 % des candidats obtiennent le permis B (voitures de tourisme) du premier coup, et la facture peut grimper très vite. L'heure de conduite seule coûte entre 140 et 200 F.

## Conduire à 16 ans

La conduite accompagnée est une solution beaucoup plus efficace. Elle vous permet de prendre le volant dès 16 ans, à condition d'avoir obtenu votre code, suivi de vingt heures de conduite et d'être accompagné d'un conducteur âgé de 28 ans minimum, titulaire du permis depuis plus de trois ans. Un conseil: choisissez une personne calme et qui vous fait confiance car vous aurez trois mille kilomètres à parcourir ensemble!

## Les résultats sont excellents:

77 % des apprentis conducteurs ayant choisi cette formule ont réussi l'examen du premier coup. Ils sont aussi meilleurs conducteurs et ont statistiquement moins d'accidents.

## Les vitesses autorisée

Pendant la conduite accompagnée et les deux ans qui suivent l'obtention du permis, la vitesse sur route est limitée à 80 km/h au lieu de 90, sur voie rapide, elle est de 100 au lieu de 110 et sur autoroute de 110 au lieu de 130.

## Préparer son permis sur le Web

**superpermis.com**
Un site impressionnant qui propose 800 questions de code, des tests et des explications sur des points précis. Tout est fait pour imiter au plus près les conditions de l'examen

**www.auto-ecole.net**
Ce site donne des conseils pour préparer l'examen et propose des leçons de code en payantes ligne (7 €).

**a** Il est obligatoire d'avoir au moins 20 heures de leçons de conduite dans une auto-école.

**b** Deux tiers des candidats réussissent à obtenir leur permis du premier coup.

**c** Une heure de conduite coûte plus de deux cent quarante francs.

**d** Il faut suivre un cours dans une auto-école avant de conduire avec un ami ou un parent.

**e** Si vous conduisez avec un ami, il doit avoir plus de vingt-cinq ans.

**f** Une personne qui a obtenu son permis il y a deux ans n'a pas le droit de vous accompagner.

**g** La plupart des jeunes qui optent pour la conduite accompagnée obtiennent le permis sans difficulté.

**h** Les conducteurs qui n'ont appris à conduire qu'à l'auto-école ont moins d'accidents.

**i** Les nouveaux conducteurs doivent rouler moins vite.

**j** Pendant les deux premières années de conduite, on n'a pas le droit de rouler sur les autoroutes.

**k** Les sites Internet vous aident à préparer l'examen théorique.

**l** Le site "auto-école.net" offre des leçons gratuites de Code de la Route.

**5** Lisez le journal d'un lycéen en terminale, Erwan (19 ans et demi), qui prépare son bac STL (Sciences et Techniques de Laboratoires). Répondez aux questions **en français**. Attention! **Il y a 10 points supplémentaires pour la qualité de votre langue**. Utilisez donc des phrases complètes.

**a** En quelle matière Erwan passe-il la première épreuve? *(1 mark)*

**b** Comment est-ce qu'il envisage de réviser pour l'examen de philosophie? *(2 marks)*

**c** Pourquoi Erwan attache-t-il beaucoup d'importance à l'épreuve pratique de microbiologie? *(1 mark)*

**d** Pour Erwan, quelles sont les deux fonctions de l'informatique? *(2 marks)*

## JOURNAL DE BORD

**_15 avril_** Je commence à réviser la chimie. Mais je ne m'y mets pas encore à fond car les premières épreuves me paraissent loin !

Pourtant, j'ai déjà passé mon option d'allemand. L'examinateur m'a dit que je n'étais pas venu pour rien. Donc, ça va. Pendant les cours, les profs nous donnent des feuilles de révision. Nous sommes en retard pour tout ce qui concerne les matières scientifiques. Sans commentaire!

**_15 mai_** Il ne me reste plus qu'à passer les épreuves pratiques cette semaine.

La journée de lundi a très mal commencé car j'ai l'impression d'avoir raté l'épreuve pratique de microbiologie. Je sais que si je ne réussis pas les épreuves pratiques, je risque de ne pas avoir le bac. Mercredi, je passe la biochimie pendant 3h30 et après je pourrais enfin souffler un peu jusqu'aux résultats.

Hier matin, le stress était à son maximum. Aujourd'hui, je suis un peu plus cool et j'espère que tout va bien se passer.

**_1er juin_** Le bac commence dans deux semaines par la philosophie. J'ai planifié mes révisions, je révise d'abord les matières scientifiques, puis je continue avec les mathématiques, l'anglais et la philosophie.

Je travaille sur mes manuels scolaires et lorsque j'ai besoin d'un renseignement que je ne trouve pas, je vais sur Internet lorsque j'ai un peu de temps au lycée.

Pour le moment, j'arrive à gérer mon stress.

J'essaie de me détendre, surtout le mercredi et le week-end, où je vais chez des copains pour faire de l'informatique.

L'ambiance est tendue en classe mais certains élèves sont plutôt calmes car ils ont travaillé toute l'année, donc ils n'ont aucune crainte concernant le bac.

**_29 juin_** Ça y est! Les épreuves du bac sont enfin finies!

Ce matin, c'était la biochimie et dans l'ensemble, ça s'est bien passé. Et maintenant, c'est détente! Toute l'après-midi, je vais faire de l'informatique et aller chez des copains.

Depuis plus de trois semaines que je n'ai pu rien faire, je compte maintenant en profiter!

Cependant le stress n'est pas fini, car avant d'avoir les résultats, il faut que je passe mon permis de conduire et il faut que je trouve une école pour l'année prochaine.

Je pense aller sur Béthune mais je peux aussi aller sur Paris, alors il va falloir choisir.

**_24 juillet_** Ça y est, je suis enfin en vacances! J'ai mon bac du premier coup!

Hier, je me suis rendu à Saint-Maur pour aller chercher les résultats et je suis admis! Dans ma classe, il n'y a qu'une ou deux personnes qui n'ont pas eu le bac.

Aujourd'hui, je célèbre les résultats avec des copains et à partir de demain, je prends rendez-vous avec l'université.

A bientôt ...

---

**e** Selon Erwan, comment est-ce que les élèves se sentent début juin? *(3 marks)*

**f** Décrivez les sentiments d'Erwan après la dernière épreuve. *(2 marks)*

**g** Que fera-t-il au mois de juillet? *(2 marks)*

**h** Qu'est-ce qu'il compte faire l'année prochaine? *(1 mark)*

**i** Pourquoi est-ce que quelques camarades de classe ne vont pas célébrer avec Erwan? *(1 mark)*

**j** A votre avis, quelle sorte de personne est Erwan? *(2 marks)*

# Unit 2

## Les médias

**1** Ecrivez approximativement **150** mots.

Expliquez deux avantages pour ceux qui sont connectés à l'Internet.

Quel est votre opinion personnelle sur l'Internet?

**2** Ecrivez approximativement **250** mots.

Donnez quatre exemples de l'influence des médias sur les jeunes.

Pensez-vous que l'influence des médias est plutôt positive ou negative? Pourquoi?

## La pollution, la conservation et l'environnement

**1** Ecrivez approximativement **150** mots.

Donnez deux exemples de problèmes écologiques au niveau planétaire.

Quelles solutions pouvez-vous suggérer?

**2** Ecrivez approximativement **250** mots.

Donnez quatre exemples de projets qui aident à combattre la pollution.

Pensez-vous que nous faisons déjà assez dans ce domaine?

## L'immigration et le multiculturalisme

**1** Ecrivez approximativement **150** mots.

Donnez deux exemples de problèmes auxquels doit faire face un(e) jeune immigré(e) en France.

Quelle est votre réaction personnelle face à ce type de problème?

**2** Ecrivez approximativement **250** mots.

Donnez quatre mesures pratiques contre le racisme.

Quelles sont les origines du racisme? Et quelle est l'attitude nécessaire pour le combattre?

## La France et l'Europe

**1** Ecrivez approximativement **150** mots.

Donnez deux exemples de "la culture française".

Pensez-vous qu'il faut défendre la culture française face à la culture européenne?

**2** Ecrivez approximativement **250** mots.

Donnez deux arguments europhiles et deux arguments eurosceptiques.

Quelle est votre attitude personnelle envers l'intégration européenne?

## Le monde francophone

**1** Ecrivez approximativement **150** mots.

Donnez deux dangers pour la langue française dans le monde moderne.

Quelle est votre attitude envers les Français qui cherchent à protéger leur langue contre les influences étrangères?

**2** Ecrivez approximativement **250** mots.

Donnez quatre exemples de pays ou régions francophones en dehors de la France.

Analysez la contribution culturelle ou les problèmes économiques et sociaux d'au moins deux de ces pays.

# Unit 3

Look at this material and prepare your response to the questions given.

## A

### LES GRANDS-PARENTS, SONT-ILS INDISPENSABLES?

Aujourd'hui, les grands-parents considèrent qu'ils ont un rôle à jouer dans la famille et des droits à faire respecter. Ils hésitent de moins en moins à aller en justice quand, en cas de divorce de leur enfant ou de conflit familial ils se trouvent privés de leurs petits-enfants. Dans les familles éclatées, les grands-parents représentent un point d'ancrage plus que jamais nécessaire.

Saviez-vous que …?

◆ les grands-parents sont à 82% à garder leurs petits enfants de façon plus ou moins régulière

◆ 74% des grands-parents emmènent leurs petits-enfants en vacances sans les parents

◆ il existe une association qui réunit des petits-enfants et des grands-parents d'emprunt. A défaut de voir leurs grands-parents biologiques – décédés, éloignés ou fâchés – les enfants peuvent désormais trouver des "grands-parrains" Si les grands-parents n'existent pas il paraît qu'il faut les inventer!

### Questions

◆ Est-ce que les grands-parents ont toujours un rôle important à jouer?

◆ Qu'est-ce que vous comprenez par "les droits des grands-parents"?

◆ Quelles sont peut-être les causes des conflits familiaux?

◆ Que pensez-vous du système de "grands-parents d'emprunt"?

◆ Croyez-vous que notre société traite les personnes âgées avec respect?

## B

### UN CONSTAT PREOCCUPANT

| | Age | Jeunes concernés | |
|---|---|---|---|
| Consommation d'alcool au moins une fois par semaine | 12-14 ans 19-20 ans | 6% 43% | |
| Nombre moyen d'ivresses au cours des 12 derniers mois selon le sexe et l'âge | | **Filles** 1,7 2,5 3,4 | **Garçons** 3,7 4,6 6,6 |
| | 12-14 ans 15-17 ans 18-19 ans | | |
| Consommation d'alcools forts | 12-13 ans 14-15 ans 16-17 ans | 21% 44% 64% | |
| Consommation en fonction du sexe: - Abstinents - Plus de 2 verres par jour | 19-20 ans | **Filles** 26% 10% | **Garçons** 11% 33% |

### DES CONSEQUENCES GRAVES

**Violence**
Parmi les jeunes considérés commes violents, 21% ont une consommation régulière d'alcool, un chiffre qui atteint 36% chez les jeunes racketteurs.

**Accidents de la route**
Ils sont la première cause de décès des jeunes de 18 à 24 ans. Les samedis, dimanches et fêtes sont les jours à plus haut risque: la moitié des jeunes sont victimes d'accidents ces jours-là. L'alcool et la vitesse constituent les principaux facteurs des ces accidents.

**Relations sexuelles non protégées**
L'abus d'alcool conduit souvent les jeunes à prendre des risques en s'exposant aux contaminations virales (hépatitis B et C, VIH) en raison d'une sexualité à partenaires multiples et de l'effet de l'alcool qui favorise les relations sexuelles impulsives et non protégées.

### Questions

◆ Pourquoi est-ce que les jeunes boivent de l'alcool?

◆ Pourquoi est-ce que les garçons boivent plus que les filles?

◆ Quels sont les problèmes liés à la surconsommation d'alcool qui vous inquiètent le plus?

◆ Comment éduquer les jeunes à consommer des boissons alcoolisées de façon responsable?

◆ Quel est le rôle des parents dans ce domaine?

# Unit 3

**1** Préparez une présentation sur un des thèmes suivants. Soyez prêt(e) à parler pendant deux minutes et puis à répondre aux questions de votre professeur.

## La famille

- ◆ Le rôle de la famille au troisième millénaire.
- ◆ Les familles monoparentales – pourquoi elles existent, leurs problèmes, quelques solutions.

## Les loisirs

- ◆ L'importance des loisirs pour les jeunes/pour les adultes.
- ◆ Les loisirs dans l'avenir.

## L'éducation

- ◆ Une comparaison entre le bac et les 'A' Levels.
- ◆ Le rôle de l'éducation – plus important que jamais?

## L'immigration et le multiculturalisme

- ◆ Les avantages d'une société multiculturelle.
- ◆ Le racisme – causes, exemples, solutions.

## La France et l'Europe

- ◆ Le rôle de la France dans la Communauté Européenne.
- ◆ Les rapports franco-britanniques.

## Le monde francophone

- ◆ Le portrait d'un pays francophone.
- ◆ Un aspect de la culture française ou francophone.

**2** Préparez une réponse d'une minute au minimum à chaque question.

## Les droits et les responsabilités

**a** Quels sont les avantages de la majorité (18 ans)? Et les inconvénients?

**b** Croyez-vous que les jeunes soient irresponsables?

**c** Etes-vous bénévole? Pourquoi?

**d** Allez-vous voter aux prochaines élections? Pourquoi?

**e** Est-ce qu'il y a une 'grande cause' qui est importante por vous?

## La santé

**a** Pourquoi est-ce que pas mal de jeunes sont tentés par le tabagisme?

**b** Etes-vous pour ou contre la loi anti-tabac?

**c** Pourquoi est-ce que plus de filles que de garçons souffrent de boulimie et d'anorexie?

**d** Pensez-vous que les Français mangent de façon plus saine que les Britanniques?

**e** Comment est-ce que nous pouvons lutter contre la toxicomanie?

## Les métiers

**a** Est-ce que tout étudiant devrait avoir un petit boulot? Ou est-ce qu'il vaut mieux se concentrer sur ses études?

**b** Quel est votre métier idéal? Pourquoi?

**c** Est-ce que tout enfant a besoin d'un parent qui reste au foyer au lieu de se consacrer à son métier?

**d** Croyez-vous que le harcèlement sexuel existe toujours?

## Les médias

**a** Croyez-vous que les enfants regardent trop de télévision de nos jours?

**b** Quel est le rôle de la radio dans le monde moderne?

**c** Est-ce que toute personne éduquée doit apprendre à se servir de l'Internet?

**d** Voyez-vous des aspects positifs à la publicité?

**e** Croyez-vous que certains journalistes ont une attitude irresponsable?

## La pollution, la conservation et l'environnement

**a** Que font les élèves de votre école pour l'environnement?

**b** Etes-vous optimiste ou pessimiste par rapport à l'écologie?

**c** Comment combattre la crise énergétique? Faut-il plutôt économiser ou utiliser de nouvelles sources d'énergie?

**d** Quelle sorte de monde espérez-vous léguer à vos petits-enfants?

# Grammar

## 1 Nouns and determiners

### 1.1 Gender: masculine & feminine

All French nouns are either masculine or feminine.

Most nouns referring to people have two forms.
To make a masculine noun feminine:
- add an -e: *un employé / une employée*
- double the final consonant and add -e: *un Italien / une Italienne*
- change -eur to —euse and -teur to -trice (with some exceptions).

Some nouns can be of either gender: *un élève / une élève, un prof / une prof.*
Some nouns are masculine even when they refer to a woman: *un professeur, un médecin.*

The ending of the noun can help you work out its gender (but there are exceptions, so check in a dictionary!).

Nouns that end as follows are usually masculine:

| -é | -eau | -acle | -age |
|---|---|---|---|
| -ège | -ème | -isme | -asme |
| nouns ending in a consonant | | | |

Nouns that end as follows are usually feminine:

| -ée | -ère | -eur | -ade | -itude |
|---|---|---|---|---|
| -ace | -ance/anse | -ence/ense | -ie | -ise |
| -oire | -ité | -té | -tié | |
| -tion | -sion | -aison | -ison | |
| nouns ending in a silent -e following two consonants | | | | |

### 1.2 Singular & plural

The plural is used when referring to more than one thing. Most French nouns add -s to make them plural.
*le copain* —> *les copains*
Some nouns do not follow this regular pattern:
- nouns ending in -al usually change to -aux:
  *un animal* —> *des animaux*
- nouns already ending in -s, -x or -z usually stay the same:
  *le bras* —> *les bras le prix* —> *les prix*
  *le quiz* —> *les quiz*
- nouns ending in -eau or -eu add -x:
  *un château* —> *des châteaux*
  *un jeu* —> *des jeux*
- a few nouns change completely:
  *un œil* —> *des yeux*     *monsieur* —> *messieurs*

Compound nouns (made up of more than one element): check in a dictionary and learn them individually.
*un grand parent* —> *les grands-parents*
*une porte-monnaie* —> *les porte-monnaie*

### 1.3 Determiners: definite & indefinite articles

The determiner (the word which introduces the noun) can tell you whether the noun is masculine (m.) or feminine (f.), singular (sing.) or plural (pl.).
The most common determiners are the definite article ('the') and the indefinite article ('a/an', 'some', 'any').

| | singular | | plural |
|---|---|---|---|
| | m. | f. | m. and f. |
| the | le/l' | la/l' | les |
| a/an | un | une | des |

| *le* chômage | *la* famille | *les* jeunes |
|---|---|---|
| *un* ami | *une* école | *des* étudiants |

Use *l'* instead of *le/la* for nouns that start with a vowel or a silent *h*:

*l'hôtel* (m)     *l'armoire* (f)

(but *le hockey*: check words beginning with *h* in a dictionary)
The indefinite article isn't used in front of names of jobs:
*Je voudrais être journaliste.* I'd like to be **a** journalist.

## 1.4 de + noun (partitive)

Remember:

de + le → **du**    de + la → **de la**

de + l' → **de l'**    de + les → **des**

Use *du, de la, de l'* or *des* before a noun when you want to say 'some' or 'any' or 'of the'.

In French, you can't leave out the partitive, as you can in English.

*Il a **des** frères et sœurs?*    Has he got (any) brothers and sisters?

*le déclin **du** mariage*    the decline of marriage

◆ Use *de* + noun to show who (or what) something belongs to (see 5.2 for more on this):

*la maison **de mon père***    **my dad's** house

◆ Use *de* on its own (not *du, de la, des*) in a negative phrase (see 12.2 for more on this):

*Je n'ai pas **de** frères.*    I haven't got any brothers.

## 1.5 *ce, cet, cette, ces* + noun (demonstrative adjectives)

*Ce, cet, cette, ces* are the determiners you use to say 'this', 'that', 'these' or 'those'. Being adjectives, they change according to gender and number.

|  | **singular** | **plural** |
|---|---|---|
| masculine | ce/cet* | ces |
| feminine | cette | ces |

* *cet* is used before masculine singular words that begin with a vowel or a silent h, e.g. *cet étage, cet hôtel*.

◆ To distinguish more clearly between 'this and that', or 'these and those', you can add *-ci* or *-là* after the noun:

*J'aime **ce sweatshirt-ci** mais je n'aime pas **cette** chemise-**là**.*

I like **this** sweater but I don't like **that** shirt.

(See 6.11 for demonstrative pronouns: *celui-ci/là, celle-ci/là,* etc.)

## 1.6 *mon, ma, mes* (possessive adjectives)

These are determiners which indicate who the thing, person or object belongs to. In French, the word for 'my', 'your', 'his', 'her', etc. changes according to whether the noun which follows is masculine, feminine, singular or plural.

|  | singular | | plural |
|---|---|---|---|
|  | **masculine** | **feminine** | **masculine** or **feminine** |
| my | mon | ma* | mes |
| your (informal) | ton | ta* | tes |
| his/her | son | sa* | ses |
| our | notre | notre | nos |
| your (formal) | votre | votre | vos |
| their | leur | leur | leurs |

* Before a feminine noun that begins with a vowel or silent h, use *mon, ton, son*, e.g. *mon amie, ton imagination, son histoire.*

*J'habite avec **ma** mère.*  I live with my mother.

*Je passe les week-ends chez **mon** père.* I spend weekends with my father.

***Sa** sœur aime **ton** frère.*  His sister likes your brother.

*Vous avez **votre** livre?*  Do you have your book?

See 6.10 for possessive pronouns: *le mien, la mienne*, etc.

See 1.4 for *de* + noun.

## 1.7 Other determiners (indefinite adjectives)

◆ *chaque*    each
  ***Chaque** élève a un entretien.*    Each student has an interview.

◆ *autre(s)*    other
  *J'ai vu Sophie l'**autre** jour.*    I saw Sophie the other day.

◆ *même(s)*    same
  *J'ai le **même** CD.*    I have the same CD.

◆ *n'importe quel(le)(s)*    any
  *On trouve ça dans **n'importe quelle** encyclopédie.*    You can find it in any encyclopedia.

◆ *quelque(s)*    some, a few
  *Il travaille avec **quelques** collègues.*    He's working with some colleagues.

◆ *plusieurs*    several
  *Il a travaillé **plusieurs** mois en France.*    He worked in France for several months.

◆ *tout, toute, tous, toutes*    all
  *Il a lu **tous** les livres de Pagnol.*    He's read all the Pagnol books.

# 2 Adjectives

## 2.1 Form of adjectives

In French, adjectives have different endings depending on whether the words they describe are masculine or feminine, singular or plural:

|          | masculine | feminine |
|----------|-----------|----------|
| singular | –         | -e       |
| plural   | -s*       | -es      |

*no change in pronunciation

*J'ai un ami intelligent. J'ai une amie intelligente.*
*J'ai des amis intelligents. J'ai des amies intelligentes.*

◆ Adjectives which already end in *-e* don't need to add another one in the feminine (but they do add *-s* in the plural):

*un frère timide    une sœur timide    des enfants timides*

◆ Adjectives ending in a single consonant double it before adding *-e*:

|     | masculine | feminine  |
|-----|-----------|-----------|
| -el | naturel   | naturelle |
| -il | gentil    | gentille  |
| -as | gras      | grasse    |
| -et | muet      | muette    |
| -en | ancien    | ancienne  |

◆ Adjectives ending in these letters have other masculine/feminine patterns:

*-er* changes to *-ère: premier/première*

*-x* changes to *-se: capricieux/capricieuse, généreux/généreuse, heureux/heureuse* (exceptions: *faux/fausse, doux/douce*)

*-eur* changes to *-euse: menteur/menteuse* (exceptions which just add *-e: meilleur, extérieur, intérieur, supérieur, inférieur*)

*-f* changes to *-ve: créatif/créative*

*-c* changes to *-che* ou *-que: blanc/blanche, public/publique*

◆ Adjectives normally add an *-s* in the plural, though it is not pronounced.

Adjectives ending in *-x* don't add an *-s* in the plural:
*un copain généreux, des copains généreux*

Adjectives ending *-al* or *-eau* change to *-aux* in the plural:
*un tarif normal, des tarifs normaux*
*beau/beaux, nouveau/nouveaux*

◆ A few adjectives stay the same whether they are masculine or feminine, singular or plural: *sympa, super, marron* and compound colour adjectives:
*un cousin sympa, une cousine sympa, des cousins sympa*
*un tee-shirt rouge foncé avec une jupe bleu clair*

◆ Some adjectives have their own pattern:

| m. singular | f. singular | m. plural | f. plural |
|-------------|-------------|-----------|-----------|
| beau*       | belle       | beaux     | belles    |
| nouveau*    | nouvelle    | nouveaux  | nouvelles |
| long        | longue      | longs     | longues   |
| bon         | bonne       | bons      | bonnes    |
| fou*        | folle       | fous      | folles    |
| frais       | fraîche     | frais     | fraîches  |
| gros        | grosse      | gros      | grosses   |
| vieux*      | vieille     | vieux     | vieilles  |

* These become *bel, fol, nouvel, vieil* before a masculine noun that starts with a vowel or silent h: *le nouvel an*

## 2.2 Position of adjectives

In French, most adjectives go <u>after</u> the noun:
*les yeux **bleus**, une partenaire **extravertie**,*
*un politicien **ambitieux***

Some adjectives come <u>before</u> the noun:
*un **nouveau** jean, la **jeune** fille, de **bonnes** idées*

| grand* | petit   | jeune     | vieux   | nouveau | ancien* |
|--------|---------|-----------|---------|---------|---------|
| bon    | mauvais | excellent | beau    | joli    |         |
| gros   | vrai    | cher*     | propre* | brave*  |         |

* If placed after the noun, the meaning of these adjectives is different:
*mon cher ami / un repas cher*
a dear friend / an expensive meal
*un homme grand / un grand homme*   a tall man / a great man
*son ancienne maison / une maison ancienne*
her previous house / an old house

When there are several adjectives with one noun, each adjective goes in its normal place:
*un **petit** chien **noir**; un **joli petit** chien **noir***
If there are two adjectives after the noun, they are linked with *et*:
*un joli petit chien **noir et marron***

See 1.5 for demonstrative adjectives (*ce/cette/ces*).
See 1.6 for possessive adjectives (*mon/mon/mes*, etc.).

# 3  Adverbs

Adverbs are words which you use to describe a verb, an adjective or another adverb.

## 3.1  Formation of adverbs

In English, most adverbs are made from an adjective + -ly (e.g. soft/softly). To form French adverbs, you usually add -ment to the feminine form of the adjective:

*normal* —> **normale** —> **normalement** (normally)
*heureux* —> **heureuse** —> **heureusement** (happily)

◆ If the adjective ends in a vowel, add -ment to the masculine form:
   *timide* —> *timidement*
   *vrai* —> *vraiment*

◆ A few exceptions:
   – change final -e to -é before adding -ment:
     *précis* —> *précise* —> *précisément*; *énorme* —> *énormément*
   – change final -ent/ant to -emment/amment:
     *prudent* —> *prudemment*; *brillant* —> *brillamment*

◆ Some common irregular adverbs:
   *très* (very)   *assez* (rather)   *trop* (too)   *beaucoup* (a lot)
   *vite* (quickly)   *bien* (well)   *mal* (badly)
   *gentiment* (kindly)   *même* (even)
   *tout* (all/quite/completely)

   *Je suis **très** fatiguée.*   I'm very tired.
   *Il est **assez** timide.*   He's rather shy.
   *Il parle **trop** vite.*   He speaks too fast.
   *Elle aime **beaucoup** le chocolat.*   She likes chocolate a lot.
   *Il n'aime **pas beaucoup** lire.*   He doesn't like reading much.
   *On regarde **un peu** la télé le soir.*   We watch a bit of TV at night.
   *J'aime **bien** courir.*   I quite like running.

## 3.2  Position of adverbs

Adverbs usually <u>follow</u> the verb:
*Elle aime **beaucoup** le cinéma.*   She likes cinema a lot.
*Elle y va **souvent**.*   She often goes there.

Adverbs often come <u>before</u> an adjective or another adverb:
*C'est un **très** beau film.*   It's a really good film.
*Je l'ai **vraiment** beaucoup aimé.*   I really loved it.

# 4  Comparisons

## 4.1  The comparative

To compare two things, use *plus*, *moins* or *aussi*:
*plus* + adjective/adverb + *que*   more … than
*moins* + adjective/adverb + *que*   less … than
*aussi* + adjective/adverb + *que*   as … as

◆ With an adjective:
   *Julien est **plus** sportif **que** Florence.*
   Julien is sportier than Florence.
   *La natation est **moins** populaire **que** le football.*
   Swimming is less popular than football.
   *Elle est **aussi** sportive **que** moi.*
   She's as sporty as me.

   *Bon* (good) and *mauvais* (bad) are exceptions:
   *bon* —> *meilleur*   *mauvais* —> *pire*
   *Les légumes sont **meilleurs** pour la santé **que** le chocolat.*
   Vegetables are better for your health than chocolate.
   *Le chocolat est **pire que** les légumes.*
   Chocolate is worse than vegetables.

◆ With an adverb:
   *Il parle **plus** lentement **que** le prof.*
   He speaks more slowly than the teacher.
   *Il parle anglais **moins** couramment **que** Marc.*
   He speaks English less fluently than Marc.
   *Il joue **aussi** mal **que** Sophie.*
   He plays as badly as Sophie.

   *Bien* (well) is an exception:
   *bien* —> *mieux*
   *Il joue bien mais je joue **mieux que** lui.*
   He plays well but I play better than him.

## 4.2  The superlative

To say 'the most' or 'the least', use *le*, *la* or *les* in front of *plus* or *moins* + adjective/adverb.

◆ With an adjective:
   *C'est la destination de vacances **la plus populaire** chez les Français.*
   It's the most popular holiday destination for French people.
   *Commence par l'exercice **le moins difficile**!*
   Start with the least difficult exercise.
   *C'est en banlieue que nos associations sont **les plus actives**.*
   It's in the suburbs that our associations are the most active.

Exceptions:

*bon* → *le/la meilleur(e)*   *mauvais* → *le/la pire*

*Elle a le **meilleur** mode de vie.*

She has the best lifestyle.

*Fumer des cigarettes, c'est le **pire**.*   Smoking is the worst.

◆ With an adverb (always *le*, not *la* or *les*):

*C'est elle qui joue **le plus** fréquemment.*

She's the one who plays most often.

*Mon frère conduit **le moins** prudemment.*

My brother drives the least carefully.

Exception: *le mieux* (the best):

*Qui fait **le mieux** la cuisine?*   Who cooks **the best**?

## 4.3   *plus de, moins de, autant de* + noun

Use *plus de, moins de, autant de* to talk about 'more of/less of/fewer of/as much of' something.

*J'ai **plus d'expérience** que toi.* | I have more experience than you.
*Il a **moins d'argent** que moi.* | He has less money than me.
*Il a **autant de** patience que son père.* | He has as much patience as his father.

◆ Add *le/la/les* to *plus de/moins de* to talk about 'the most/the least/the fewest' of something.

*C'est moi qui ai le **plus** d'expérience.* | I'm the one who has the most experience.
*C'est elle qui a **le moins** de temps et pourtant elle travaille plus que nous.* | She's the one with the least time yet she does more than any of us.

# 5   Prepositions and linking words

## 5.1   *à* (at, to, in, on)

◆ Talking about time:

*Il arrive **à** quatre heures.*   He's coming **at** four o'clock.

◆ Talking about a place:

*Il est allé **à** Strasbourg.* | He went **to** Strasbourg.
*J'habite **à la** campagne.* | I live **in** the countryside.
*Ils se retrouvent **au** théâtre.* | They're meeting **at the** theatre.

◆ Other uses:

*à 10 kilomètres* | 10 kilometres **away**
*à 10 minutes* | 10 minutes **away**
*à pied/à vélo* | **on** foot/**by** bicycle
*à Noël* | **at** Christmas

◆ Remember:

*à + le* → *au*       *à + la* → *à la*
*à + l'* → *à l'*       *à + les* → *aux*

Use *à l'* before a vowel or a silent h: *à l'église, à l'hôpital*

## 5.2   *de*

*Il vient **de** Paris.* | He comes **from** Paris
*Il téléphone **de** son travail.* | He's phoning **from** work.
*le livre **de** ma mère* | my mother**'s** book
*les vacances **de** Noël* | the Christmas holiday
***de** 8h à 17h* | **from** 8 am till 5 pm

◆ Remember:

*de + le* → *du*       *de + la* → *de la*
*de + l'* → *de l'*       *de + les* → *des*

## 5.3   *en* (in, to)

◆ Talking about countries:

Most countries are feminine. To say 'in' or 'to' these countries, use *en*:

*Vous allez **en** France?* | Are you going **to** France?
*Ils vivent **en** Ecosse.* | They live **in** Scotland.

For masculine countries, use *au* instead (or *aux* if the country is plural):

*Cardiff est **au** pays de Galles.* | Cardiff is **in** Wales.
*Il est né **aux** Antilles.* | He was born **in the** West Indies.

◆ Talking about time:

***en** juin, **en** été, **en** 2001, **en** une heure*

◆ Talking about transport:

***en** bateau*       by boat

◆ Other uses:

***en** anglais* | in English
***en** coton* | made of cotton
***en** bleu* | in blue
***en** vacances* | on holiday
***en** désordre* | in a mess
***en** forme* | fit/in good form
***en** bonne santé* | in good health

See 6.6 for *en* as a pronoun.

## 5.4   Position

Some prepositions tell you the position of something: *devant* (in front of), *derrière* (behind, at the back of), *entre* (between), *sur* (on, on top of), *sous* (under)

## 5.5  Other common prepositions

| | |
|---|---|
| *après* l'école | after school |
| *avant* demain | before tomorrow |
| *avec* Sophie | with Sophie |
| *chez* moi | at/to my place/home |
| *chez* le docteur | at/to the doctor's |
| *depuis* trois ans | for three years |
| *depuis* 1987 | since 1987 |
| *par* le train | by train |
| *par* ici/là | this/that way |
| *pendant* les vacances | during the holidays |
| *pendant* deux ans | for two years |
| *pour* toi | for you |
| *pour* un an | for a year |
| *sans* toi | without you |
| *sans* regret | without any regret |
| *vers* 8 heures | at about 8 o'cock |
| *vers* Paris | near Paris |

## 5.6  Linking words (conjunctions)

Some common linking words are:

- *alors*    then/so
  *Il n'est pas venu, **alors** je suis partie.*
  He didn't come, **so** I left.

- *donc*    therefore, so
  *Il y a moins d'emplois **donc** plus de chômage.*
  There are fewer jobs **so** more unemployment.

- *et*    and
  *Elle souffre du racisme **et** du sexisme.*
  She suffers from racism **and** sexism.

- *mais*    but
  *Il travaille **mais** il aimerait mieux étudier.*
  He's working **but** he'd rather study.

- *ou (bien)*    or
  *Il pense s'installer à Paris **ou** à Marseille.*
  He's thinking of settling down in Paris **or** Marseilles.

- *parce que*    because
  *La chambre était super **parce qu**'il y avait une vue.*
  The room was great **because** there was a view.

- *pourtant*    yet, although
  *J'aime dessiner et **pourtant** je suis nulle!*
  I like drawing and **yet** I'm useless at it!

- *puis*    then/next
  *Lisez le texte **puis** répondez aux questions.*
  Read the text **then** answer the questions.

- *quand*    when
  *Elle était contente **quand** elle a eu ses résultats.*
  She was happy **when** she got her results.

  Other conjunctions:
  *car* (then, so), *cependant* (however), *sinon* (if not),
  *comme* (as), *puisque* (since, as) *dès que* (as soon as),
  *depuis que* (since), *pendant que* (while)

- Some conjunctions must be followed by a verb in the subjunctive (see 9.3):
  *bien que* (although), *afin que* (so that), *pour que* (so that),
  *à moins que* (unless), *pourvu que* (provided that)
  *Elle a réussi **bien qu'elle n'ait** aucun diplôme.*
  She has succeeded although she has no qualifications.
  *Il n'aura pas le bac **à moins qu'il se mette** à travailler.*
  He won't pass the bac unless he starts working now.

# 6    Pronouns

A pronoun is a small word which is used instead of a noun, a phrase or an idea. It helps to avoid repetition.
*J'ai parlé au directeur et <u>le directeur</u> a signé ma demande de stage. Je vais envoyer <u>ma demande de stage</u> à Paris.* —>
*J'ai parlé au directeur et <u>il</u> a signé ma demande de stage. Je vais <u>l'</u>envoyer à Paris.*
I talked to the director. He (the director) signed my application for a work placement. I'll send it (my application) to Paris.

## 6.1  Subject pronouns

The subject of a verb tells you who or what is doing the action of the verb. It can be a noun or a pronoun.
The French subject pronouns are:

| | | |
|---|---|---|
| I | = **je** | |
| | **j'** | in front of a vowel or a silent h, e.g. j'aime/j'habite |
| you | = **tu** | to a child, a friend or a relative |
| | **vous** | to an adult you are not related to, or more than one person |
| he | = **il** | for a boy or man |
| she | = **elle** | for a girl or woman |
| it | = **il** | if the thing it refers to is masculine |
| | **elle** | if the thing it refers to is feminine |

| we | = | **nous** | *on* is used more than *nous* in conversation |
| | | **on** | Use *on* when speaking or writing to friends. Use *nous* in more official French. |
| they | = | **ils** | for masculine plural |
| | | **ils** | for a mixed group (masculine + feminine) |
| | | **elles** | for feminine plural |
| | | **on** | for people in general |

◆ *On* can mean 'you', 'we', 'they' or 'one'. It is followed by the same form of the verb as *il/elle*. In the perfect tense with *être*, the past participle is often plural.

*On peut travailler à 15 ans.*
You can have a job when you're 15.
*Au Québec, on parle français.*
In Quebec, they speak French.
*On s'est bien amusés.*
We enjoyed ourselves.

## 6.2   Direct object pronouns

A direct object pronoun replaces a noun that is the object of a verb. It has the action of the verb done to it 'directly'. The French direct object pronouns are:

| me* | me |
| te* | you |
| le* | him, it (masculine) |
| la* | her, it (feminine) |
| nous | us |
| vous | you |
| les | them |

*m', t' and l' before words that start with a vowel or a silent h

*Je connais **Ahmed**. Je vois **Ahmed** souvent.* —> *Je **le** vois souvent.*
I know Ahmed. I see Ahmed often.  —>  I see **him** often.

## 6.3   Indirect object pronouns

An indirect object pronoun replaces a noun (usually a person) that is the object of the verb, but linked to the verb by a preposition, usually *à* (or in English, 'to').

The French indirect object pronouns are:

| me/m' | to me |
| te/t' | to you |
| lui | to him, to it (masculine) |
| lui | to her, to it (feminine) |
| nous | to us |
| vous | to you |
| leur | to them |

*Tu parles **à Ahmed**? Je parle **à Ahmed** souvent.* —> *Je **lui** parle souvent.*
Do you speak to Ahmed? I speak to Ahmed often.  —> I speak **to him** often.

You will need these pronouns after verbs such as:
*dire à, donner à, parler à, demander à, répondre à*

Some verbs take an indirect object in French but not in English, e.g. *téléphoner à quelqu'un*, to phone someone.

*Je **te** donnerai un peu d'argent de poche.*
I'll give **you** some pocket money.

*J'ai vu Alain et je **lui** ai demandé de venir me voir.*
I saw Alain and asked **him** to come and see me.

*Les profs sont sympa. On **leur** parle souvent.*
The teachers are nice. We often talk **to them**.

## 6.4   Reflexive pronouns

These are used to form reflexive verbs (see 7.2) and are:

| je | me/m' | myself |
| tu | te/t' | yourself |
| il/elle/on | se/s' | himself/herself/itself |
| nous | nous | ourselves |
| vous | vous | yourselves |
| ils/elles | se/s' | themselves |

## 6.5   *y*

*Y* is used instead of *à* (or *en*) + the name of a place.
*Elle va **à la boucherie**. Elle **y** va.*
She goes **to the butcher's**. She goes **there**.
*On joue **au parc**. On **y** joue.*
People play **in the park**. People play **there**.

*Y* is also used instead of *à* + noun or *à* + infinitive, after a verb such as *penser à, s'attendre à* (see 7.1).
*Tu penses **à ton voyage**? Oui, j'**y** pense tout le temps.*
Do you think **about your holiday**? Yes, I think **about it** all the time.
*Il s'attendait **à obtenir** de bonnes notes. Il s'**y** attendait, et il n'a pas été déçu.*
He expected to get good marks. He expected **it**, and he was not disappointed.

## 6.6  *en*

En replaces *du/de la/des* + a noun. It can mean 'some/any', 'of it/them'.

*Tu as **des devoirs** à faire? Oui, j'**en** ai. J'**en** ai trop.*
Do you have **any homework** to do? Yes, I have **some**. I have too much **of it**.
*Je voudrais **des pommes**. Désolé, il n'y **en** a plus.*
I'd like **some apples**. Sorry, there aren't **any** left.

*En* is also used instead of *de* + noun, after a verb such as *discuter de, se souvenir de*:
*Notez vos idées. Discutez-**en**.*  Note down your ideas. Talk about them.

See 10 for *en* + present participle.

## 6.7  Position of object pronouns

Object pronouns normally come immediately before <u>the verb</u>:

*Je **les** <u>aime</u> bien.*  I like **them**.
*Je **lui** <u>dis</u> tout.*  I tell **him/her** everything.
*J'**y** <u>vais</u> à pied.*  I go **there** on foot.
*J'**en** <u>voudrais</u> un peu.*  I'd like **some**.

In a compound tense, the pronoun goes before the <u>*avoir* or *être*</u> part of the verb:
*Je ne **l'**<u>ai</u> pas écouté.*  I didn't listen to **him**.
*Je **leur** <u>ai</u> donné mon adresse.* I gave my address to **them**.
*Il **y** <u>est</u> déjà allé.*  He's already been **there**.
*J'**en** <u>ai</u> lu trois.*  I've read three **of them**.

When there are two verbs together (a verb + an infinitive), the pronoun comes before <u>the infinitive</u>:
*Je vais **en** <u>prendre</u> un.*  I'll take one **of them**.
*Je ne peux pas **y** <u>aller</u>.*  I can't go **there**.
*Je voudrais **lui** <u>donner</u> ça.*  I'd like to give this **to him/her**.

When there are several object pronouns in the same sentence, they follow this order:

| 1 | 2 | 3 | 4 | 5 |
|---|---|---|---|---|
| me<br>te<br>se<br>nous<br>vous | le<br>la<br>les | lui<br>leur | y | en |

*Je **te le** donne.*  I give **it to you**.
*Je **lui en** ai parlé.*  I've talked **to him/her about** it.

◆ Object pronouns with imperatives (see 9.1)
With negative imperatives, the pronoun comes before the verb:
*Ne **les** appelle pas!*  Don't ring them!

With positive imperatives, it comes after the verb and a hyphen is added:
*Appelle-**les**!*  Ring them!

With positive imperatives, *me* and *te* become *moi* and *toi*:
*Ne **me** parle pas de travail, parle-**moi** plutôt de vacances!*
Don't talk to me about work, talk to me about holidays!

With positive imperatives, columns 1 and 2 of the position grid are reversed:
*Donne-**le-moi**!*  Give it to me!

## 6.8  Emphatic pronouns

| moi | me, I |
|---|---|
| toi | you |
| lui | him, he |
| elle | her, she |
| nous | us, we |
| vous | you |
| eux | them (masculine), they |
| elles | them (feminine), they |

Use an emphatic pronoun:
◆ to emphasize a subject pronoun:
***Moi**, je trouve que c'est normal. Et **toi**?*
I think it's justified. What about you?
*Vous aimez le sport? **Nous**, on adore ça.*
Do you like sport? <u>We</u> love it.

◆ after prepositions like *devant*, *avec* and *chez*:
*Il est devant **moi**.*  He's in front of me.
*Il travaillera avec **moi**.*  He will be working with me.
*Je vais chez **lui**.*  I'm going to his place.

◆ after *c'est* and *ce sont*:
*C'est **lui** qui me l'a dit.*  It's him who told me.
*Ce sont **elles** les responsables.*  They are responsible.

◆ as a one-word answer to a question:
*Qui joue du piano? **Moi**!*  Who plays the piano? Me!

◆ in a comparison
*Il est plus timide que **moi**.*  He's shyer than me.

◆ to express possession
*C'est **à toi** ou **à moi**?*  Is it yours or mine?

## 6.9   Relative pronouns

Relative pronouns are used to link two parts of a sentence and avoid repetition.

| qui | who, which, that |
|-----|------------------|
| que | who, whom, which, that |
| où | where, when |
| dont | whose, of whom, of which |

◆ Use *qui* when the noun to be replaced is the subject of the verb:
*J'ai **un frère**. **Mon frère** s'appelle Ahmed.* →
*J'ai un frère **qui** s'appelle Ahmed.*
I have a brother who's called Ahmed.

◆ Use *que* when the noun to be replaced is the object of the verb:
*J'ai **un frère**. J'aime beaucoup **mon frère**.* →
*J'ai un frère **que** j'aime beaucoup.*
I have a brother whom I love very much.

◆ Use *où* to mean 'where' or 'when':
*C'est là **où** j'habite.*        That's where I live.
*C'était le jour **où** je suis arrivé.*
It was the day when I arrived.

◆ Use *dont* to mean 'of whom' or 'whose':
*C'est le prof **dont** je t'ai parlé.*
It's the teacher I talked to you about.
*Le directeur, **dont** le bureau est au bout du couloir, n'est jamais là.*
The director, whose office is at the end of the corridor, is never there.

## 6.10   Possessive pronouns

Possessive pronouns in English are 'mine', 'yours', 'his', 'hers', 'ours', 'theirs'.
In French, the pronoun changes according to who owns the object and also according to whether the object is masculine, feminine, singular or plural.

|          | singular | | plural | |
|----------|-----------|----------|-----------|----------|
|          | masculine | feminine | masculine | feminine |
| mine | le mien | la mienne | les miens | les miennes |
| yours | le tien | la tienne | les tiens | les tiennes |
| his/hers | le sien | la sienne | les siens | les siennes |
| ours | le nôtre | la nôtre | les nôtres | les nôtres |
| yours | le vôtre | la vôtre | les vôtres | les vôtres |
| theirs | le leur | la leur | les leurs | les leurs |

*J'aime bien tes parents. **Les miens** m'énervent.*
I like your parents. **Mine** get on my nerves.
*Je ne m'entends pas avec ma sœur mais je m'entends bien avec **la tienne**.*
I don't get on with my sister but I get on well with **yours**.

## 6.11   Demonstrative pronouns

Demonstrative pronouns in English are used to say 'the one(s) which …', 'the one(s) belonging to …', or 'this one/that one', etc. In French, they include several different words: *celui, ce, cela, ça.*

◆ *Celui* changes to agree with the noun it replaces:

|           | singular | plural |
|-----------|----------|--------|
| masculine | celui | ceux |
| feminine | celle | celles |

*J'aime bien <u>mon pull</u> mais je préfère **celui** de Paul.*
I like <u>my pullover</u> but I prefer Paul's.
*Je m'occupe des jeunes enfants, **ceux** qui ont moins de cinq ans.*
I look after the small children, those who are not yet five.

After *celui*, you can add *-ci* or *-là* for greater emphasis or to contrast two items:
*Je voudrais des sandales. **Celles-ci** ou **celles-là**?*
I'd like some sandals. These ones or those ones?

See 1.5 for demonstrative adjectives: *ce, cet, cette, ces* + noun with *-ci, -là*.

◆ *Ce/C'* is mostly used with the verb *être.*
*Ce sont mes amis.*        They are my friends.
*C'est bon.*        It's nice.

◆ *Cela* (meaning 'that/it') is often shortened to *ça*.
*Le ski? J'adore ça!*        Skiing? I love it.
*Ça/Cela est facile à comprendre.*
That/It is easy to understand.

## 6.12   Indefinite pronouns

Commonly used indefinite pronouns are:
*quelque chose* (something), *quelqu'un* (someone), *tout/tous* (all), *autre(s)* (other), *chacun(e)* (each).

*Tu veux faire **quelque chose**?*        Do you want to do something?

*J'ai parlé à **quelqu'un**.*        I spoke to somebody.
*C'est **tout**?*        Is that all?

*Les élèves sont **tous** venus à la réunion.*
All the pupils came to the meeting.

*J'ai lu un livre de Camus. Je voudrais en lire un **autre**.*
I've read a book by Camus. I'd like to read another one.

*Donnez un livre à **chacun**.*
Give each person a book.

Other indefinite pronouns:

*quelques-uns* (some, a few), *plusieurs* (several), *certains* (some), *n'importe qui* (anyone), *n'importe quoi* (anything), *pas grand-chose* (not a lot)

## 7 Verbs: infinitive, reflexive verbs, impersonal verbs

### 7.1 The infinitive

The infinitive is the basic, unconjugated form of a verb, e.g. *parler*, to speak.

Infinitives in French end with *-er*, *-ir*, *-re* or *-oir/-oire*, e.g. *écouter*, *choisir*, *prendre*, *pouvoir*, *boire*. The infinitive of a reflexive verb (see 7.2) includes *se* or *s'* at the beginning, e.g. *s'ennuyer*.

To use a verb in a sentence, you usually change the infinitive to another form (i.e. conjugate the verb), following patterns which you need to learn. Many verbs follow the same patterns (= regular verbs). Others have their own pattern (= irregular verbs).

Infinitives are used in several ways:

**1** as nouns

*Travailler, quelle horreur!*    Working, how horrible!

**2** in instructions

*Mettre à four chaud.*    Place in a hot oven.

**3** after another verb

Sometimes there are two verbs next to each other in a sentence. In French, the form of the first verb depends on who is doing the action, and the second verb is in the infinitive:

*On **doit** <u>faire</u> un exposé demain.* We must/have to do a presentation tomorrow.

*Je **vais** <u>voir</u> un dentiste tous les six mois.* I go and see a dentist every six months.

*Il **faut** <u>passer</u> un examen.* You have to take an exam.

**4** verb + *à* + infinitive

*aider à, apprendre à, arriver à, s'attendre à, commencer à, continuer à, se décider à, s'entraîner à, s'habituer à, hésiter à, inviter à, se mettre à, penser à, réussir à*

*Il **se met à** <u>pleuvoir</u>.*    It's starting to rain.

**5** verb + *de* + infinitive

*accepter de, s'arrêter de, avoir envie/peur de, choisir de, conseiller de, décider de, demander de, dire de, empêcher de, envisager de, essayer de, éviter de, finir de, oublier de, permettre de, promettre de, proposer de, refuser de, risquer de, suggérer de, venir de*

*Il m'a **conseillé de** <u>continuer</u> mes études et j'**ai** donc **décidé d'**<u>aller</u> à l'université.*
He advised me to carry on with my studies so I've decided to go on to university.

**6** *pour/sans/avant de* + infinitive

Use the infinitive after *pour* (to/in order to), *sans* (without), *avant de* (before):

*Je vais en France **pour** <u>apprendre</u> le français.*
I'm going to France to learn French.

*On ne peut pas progresser **sans** <u>connaître</u> la grammaire.*
You can't make progress without knowing grammar.

*Prenez votre temps **avant de** <u>répondre</u>.*
Take your time before answering.

**7** *en train de* + infinitive

To say that something is happening at the time of speaking or writing, use *en train de* and an infinitive:

*Il est **en train de** <u>manger</u>.*
He's eating at the moment.

◆ The past infinitive

A past infinitive is used after *après* to say 'after doing'/ 'having done' something. It is made up of *avoir* or *être* and a past participle (see 8.3).

*Après **avoir mangé**, il est parti.*
Having eaten, he left.

*Après **être rentrées**, mes sœurs ont bu un café.*
After they came back, my sisters drank a coffee.

### 7.2 Reflexive verbs

Reflexive verbs need an extra pronoun between the subject and the verb.

| subject | pronoun | verb | |
|---------|---------|------|---|
| je | me | lève | I get myself up/I get up. |
| je | m' | habille | I dress myself/I get dressed. |

The reflexive pronoun changes according to the subject it goes with (see 6.4):

| je | + me/m' |
|---|---|
| tu | + te/t' |
| il/elle/on | + se/s' |
| nous | + nous |
| vous | + vous |
| ils/elles | + se/s' |

The verb changes like any other verb. For example, *s'amuser* (to enjoy oneself) in the present tense:

| je m'amuse | I enjoy myself |
|---|---|
| tu t'amuses | you enjoy yourself |
| il/elle/on s'amuse | he/she/it enjoys himself/herself/ we enjoy ourselves |
| nous nous amusons | we enjoy ourselves |
| vous vous amusez | you enjoy yourselves/yourself |
| ils/elles s'amusent | they enjoy themselves |

Some common reflexive verbs:
*se lever, se laver, se brosser les dents, se coucher, se reposer s'amuser, s'ennuyer, se décider de, s'en aller, se mettre à*

◆ Negative form of reflexive verbs
In negative sentences, the negative expression goes around the pronoun as well as the verb.
*On ne s'ennuie pas ici.* You don't get bored here.
*Je ne me couche jamais tôt.* I never go to bed early.

◆ In questions, the reflexive pronoun stays in the normal place in front of the verb:
*Tu te couches à quelle heure?*
At what time do you go to bed?

◆ Imperative form of reflexive verbs
In a positive imperative, *te* changes to *toi* and the pronoun goes <u>after</u> the verb:
*Couche toi!* Go to bed.
*Habille-toi!* Get dressed.

In a negative imperative, the pronoun does not change and remains before the verb:
*Ne te couche pas!* Don't go to bed.
*Ne t'habille pas!* Don't get dressed.

◆ Perfect tense of reflexive verbs
Reflexive verbs always make their perfect tense with *être* (so the past participle must agree with the subject of the verb). The pronoun stays in front of the verb:
*Je me suis réveillé(e) à six heures.*
I woke up at six o'clock.
*Les enfants se sont couchés.* The children went to bed.
*Sophie s'est bien amusée.* Sophie had a good time.

## 7.3 Impersonal verbs

The impersonal verbs are those that are only used in the 3rd person singular (the *il* form).
The most common ones are:
*il y a, il reste, il manque*
*il faut, il vaut mieux, il s'agit de, il paraît que, il suffit de*
weather phrases – *il pleut, il neige, il fait beau/mauvais/nuageux*, etc.

*Il reste trois questions à faire.*
There are three questions left to do.
*Il s'agit de la période coloniale française.*
It's about the French colonial period.
*Il suffit de bien réfléchir.* You just have to think carefully.

## 8 Verb tenses

### 8.1 The present tense

Use the present tense to refer to an action or a fact:

1 which is taking place now
*Je vais au cinéma.* I am going to the cinema.

2 which takes place regularly
*Je vais au cinéma le lundi.*
I go to the cinema on Mondays.

3 which started in the past and carries on in the present (in English, 'have been –ing')
*J'habite tout près du cinéma depuis trois ans.*
I've been living near the cinema for three years.

4 which will happen in the near future
*Je vais au cinéma demain.*
I'm going to the cinema tomorrow

5 which relates to historical events, bringing them to life
*Louis et Auguste Lumière inventent le cinématographe en 1895.*
Louis and Auguste Lumière invented cinema in 1895.

6 which refers to something timeless or "universal"
*La Lune tourne autour de la Terre.*
The moon goes around the Earth.

Verb endings change according to who is doing the action:
*Je regarde la télé. Nous regardons la télé.*
I watch TV. We watch TV.

In the present tense, most French verbs follow the same pattern, i.e. they have regular endings.

– for verbs that end in *-er*, like *aimer*:

| j' | aime | nous | aim**ons** |
|----|------|------|--------|
| tu | aimes | vous | aim**ez** |
| il/elle/on | aime | ils/elles | aim**ent** |

Main exception: *aller*

– for verbs that end in *-ir*, like *choisir*:

| je | choisis | nous | choisi**ssons** |
|----|---------|------|-------------|
| tu | choisis | vous | choisi**ssez** |
| il/elle/on | choisit | ils/elles | choisi**ssent** |

Other regular *-ir* verbs: *finir, remplir*

– for verbs that end in *-re*, like *vendre*:

| je | vends | nous | vend**ons** |
|----|-------|------|---------|
| tu | vends | vous | vend**ez** |
| il/elle/on | vend | ils/elles | vend**ent** |

Other regular -re verbs: *attendre, descendre, répondre*

◆ Irregular verbs in the present tense
Some verbs do not follow these regular patterns and are very irregular. Look at the tables on pages 171–172 for some of the most useful ones. They include:
*aller, avoir, connaître, croire, devoir, dire, écrire, être, faire, mettre, lire, prendre, recevoir, rire, savoir, tenir, venir, vivre, voir*

◆ *en train de* + infinitive
Use this instead of the present tense to emphasize that something is happening at the time of talking or writing:
*C'est quoi, ce bruit? – Ils sont en train de refaire la chaussée.*
What's that noise? – They're (in the process of) resurfacing the road.

◆ *depuis* + present tense
*Depuis* can usually be translated as 'since' or 'for'. Use it to talk about what has been and still is going on. In English, the verb stresses the past, but in French the verb stresses the present.
*J'habite au Canada depuis 1999.*
I have been living in Canada since 1999 (and I still do).
*Ma sœur est infirmière depuis deux ans.*
My sister has been a nurse for two years (and still is).

When the action lasted for some time but is now over, *depuis* is used with the imperfect tense:
*On habitait à Paris depuis un mois quand mon père a été nommé à Londres.*
We had been living in Paris for a month when my father was given a post in London.

## 8.2  The perfect tense

A verb in the perfect tense describes a completed action which happened in the past. It is used in conversations, letters and informal narratives.
There is more than one way to translate the perfect tense in English:
***J'ai mangé** une pomme.*
**I ate** an apple. or **I have eaten** an apple.
***Ils sont venus** me voir.*
**They came** to see me. or **They have come** to see me.

The perfect tense is made up of two parts: the present tense of *avoir* or *être* + the past participle of the main verb. See 8.3, 8.4, 8.5 and 8.6 for details.
See 12.6 for the perfect tense with negative forms.

## 8.3  The past participle

The past participle is used in the perfect tense and some other compound tenses (see 8.10, 8.14 and 9.3).
The regular pattern to obtain a past participle is to take the infinitive of the verb and change the ending:

◆ infinitives ending *-er*:   take off the -er and add -é
*mang~~er~~ → mangé   parl~~er~~ → parlé*

◆ infinitives ending *-ir*:   take off the -ir and add -i
*chois~~ir~~ → choisi   sort~~ir~~ → sorti*

◆ infinitives ending *-re*:   take off the -re and add -u
*vend~~re~~ → vendu   descend~~re~~ → descendu*

There are exceptions to these rules and you will need to learn them by heart.
Some common irregular past participles:

| | | | |
|---|---|---|---|
| avoir → eu | être → été | | |
| mettre → mis | prendre → pris | | |
| conduire → conduit | dire → dit | écrire → écrit | faire → fait |
| lire → lu | courir → couru | tenir → tenu | venir → venu |
| voir → vu | pleuvoir → plu | recevoir → reçu | |
| boire → bu | croire → cru | | |
| devoir → dû | pouvoir → pu | savoir → su | vouloir → voulu |
| ouvrir → ouvert | rire → ri | suivre → suivi | |
| naître → né | vivre → vécu | mourir → mort | |

## 8.4 *avoir* + past participle

Most verbs take *avoir* + past participle in the perfect tense.

| j' | ai | chanté | (I sang/have sung, etc.) |
|----|-----|--------|--------------------------|
| tu | as | chanté | |
| il | a | chanté | |
| elle | a | chanté | |
| on | a | chanté | |
| nous | avons | chanté | |
| vous | avez | chanté | |
| ils | ont | chanté | |
| elles | ont | chanté | |

(See 8.6 for agreement of the past participle with *avoir*.)

## 8.5 *être* + past participle

Some verbs make their perfect tense with *être* rather than *avoir*. They are mostly verbs that indicate movement. Try learning them in pairs:

| arriver/partir | to arrive/to leave |
|----------------|--------------------|
| entrer/sortir | to go in/to go out |
| aller/venir | to go/to come |
| monter/descendre | to go up/to go down |
| tomber/rester | to fall/to stay |
| naître/mourir | to be born/to die |

All reflexive verbs make their perfect tense with *être* (see 7.2); so do any of the verbs above with *re-* or *de-* added in front, e.g. *revenir* (to come back), *rentrer* (to go home), *devenir* (to become).

| je | suis | sorti(e) | (I went out/have gone out) |
|-----|-------|-----------|----------------------------|
| tu | es | sorti(e) | |
| il | est | sorti | |
| elle | est | sortie | |
| on | est | sorti(e)(s) | |
| nous | sommes | sorti(e)s | |
| vous | êtes | sorti(e)(s) | |
| ils | sont | sortis | |
| elles | sont | sorties | |

## 8.6 Agreement of the past participle

◆ With *être*
The ending of the past participle changes when it comes after *être* in the perfect tense. It agrees with whoever or whatever is doing the action: masculine or feminine, singular or plural.

*Paul: "Je suis **allé** en France."*
*Anne: "Je suis **allée** en France."*
*prof: "Paul et Anne, vous êtes **allés** en France?"*
*Paul + Anne: "Oui, nous sommes **allés** en France. On est **allés** en France."*
*prof: "Anne et Lucie, vous êtes **allées** en France?"*
*Anne + Lucie: "Oui, nous sommes **allées** en France. On est **allées** en France."*

◆ With *avoir*
The past participle normally doesn't change when it comes after *avoir* in the perfect tense.
One case when it does change, so that you need to add an *-e* for a feminine and a *-s* for a plural, is when a direct object comes <u>before</u> the verb.

*– Marc a acheté <u>une veste</u>.*
The direct object (*une veste*) comes after the verb *a acheté*, so there is no agreement of the past participle.

*– Où est <u>la veste</u> que Marc a acheté**e**? Je ne <u>l'</u>ai pas vu**e**.*
The direct object (*la veste*) comes <u>before</u> the verb *a achetée*, and the direct object pronoun *l'* comes <u>before</u> the verb *ai vue*, so the past participle agrees with it each time (*achetée, vue*). (Note that this agreement doesn't apply to indirect objects.)

## 8.7 The imperfect tense

The imperfect tense is used:

1 to describe what something or someone was like in the past:
*Quand elle **était** petite, elle **avait** les cheveux blonds.*
When she was little, she had fair hair.
*La maison où j'**habitais était** grande et moderne.*
The house I used to live in was large and modern.

2 to describe continuous actions or interrupted actions in the past:
*Il **était** assis et il **écoutait** la radio.*
He was sitting down and he was listening to the radio.
*Mon frère **faisait** ses devoirs quand je suis arrivée.*
My brother was doing his homework when I arrived.

3 to describe something that happened frequently in the past:
*Je **commençais** à huit heures tous les matins.*
I used to start at eight o'clock every morning.
*On **allait** voir ma grand-mère le dimanche.*
We used to go and visit my grandmother on Sundays.

**4** after *si* in suggestions and in conditional sentences:
*Si on **allait** à la piscine?*
How about going to the swimming pool?
*Si tu **travaillais** plus, tu aurais de meilleurs résultats.*
If you worked harder, you'd get better results.

To form the imperfect tense, start with the verb stem:
take the *nous* form of the present tense, remove the *-ons*
and add the endings listed below.

*regarder* —> *nous regard~~ons~~* —> *regard-*
*aller* —> *nous all~~ons~~* —> *all-*
*faire* —> *nous fais~~ons~~* —> *fais-*
*voir* —> *nous voy~~ons~~* —> *voy-*

The only exception:
*être* —> *(nous sommes)* —> *ét-*

Then add the correct ending according to who is doing the
action. They are the same for all the verbs.

|  | (ending) | faire | commencer | être |
|---|---|---|---|---|
| je | -ais | faisais | commençais | étais |
| tu | -ais | faisais | commençais | étais |
| il/elle/on | -ait | faisait | commençait | était |
| nous | -ions | faisions | commencions | étions |
| vous | -iez | faisiez | commenciez | étiez |
| ils/elles | -aient | faisaient | commençaient | étaient |

Verbs like *manger* that add an extra *-e* in the *nous* form of
the present tense, and verbs like *prononcer* that change the
*c* to a *ç*, keep those changes in the imperfect before an *a*.
This keeps the soft sound of the *g* or *c*. So, *je mangeais*
(I was eating), *je commençais* (I was starting).

## 8.8   Perfect or imperfect?

It can be quite difficult deciding whether to use the perfect
or imperfect tense.

♦ Use the perfect if you are talking about one particular
event which took place at a particular time in the past,
and which can still have implications in the present:
*Je suis allée à Paris en avion.*     I went to Paris by plane.
*J'ai mangé une pomme (et je n'ai plus faim).*
I ate/I've eaten an apple.

♦ Use the imperfect if you are <u>describing</u> how something
was or <u>giving your opinion</u> in the past, or if you are
talking about what <u>used to</u> happen or what happened
<u>regularly</u> in the past, stressing the duration:
*La leçon était un peu dure mais super!*
The lesson was a bit hard but great!

*Elle se levait à sept heures tous les jours.*
She got up/used to get up at 7.00 every day.
*Les touristes arrivaient par petits groupes tout au long de la
journée.*
Tourists were arriving in small groups all day long.

See the last section of 8.1 for *depuis* + imperfect.

## 8.9   *venir de* + infinitive

To say that you 'have just done' something, use the present
tense of *venir* + *de* + an infinitive.
*Je **viens de** prendre une douche.*     I have just had a shower.
*Nous **venons de** laisser un message.*   We have just left a message.

## 8.10   The pluperfect tense

The pluperfect is used to refer to an event or action that
<u>had taken place</u> before some other event in the past.
*Je suis arrivée trop tard, mes copains **étaient** déjà **partis**.*
I arrived too late, my friends had already left.
*Le prof m'a dit qu'il m'**avait donné** une bonne note.*
The teacher told me that he had given me a good mark.
*Ils s'**étaient** bien **préparés** pour l'entretien.*
They had prepared well for the interview.

The pluperfect is a compound tense, like the perfect tense,
and is also made up of *avoir* or *être* – but in the <u>imperfect</u>
tense – and a past participle.
(See 8.3 for past participles and 8.6 for agreements.)

| with *avoir* | with *être* |
|---|---|
| j'avais chanté (I had sung, etc.) | j'étais allé(e)  (I had gone, etc.) |
| tu avais chanté | tu étais allé(e) |
| il/elle/on avait chanté | il/elle/on était allé(e)(s) |
| nous avions chanté | nous étions allé(e)s |
| vous aviez chanté | vous étiez allé(e)(s) |
| ils/elles avaient chanté | ils/elles étaient allé(e)s |

## 8.11   The past historic

The past historic is used in historical and literary texts,
newspapers and magazines, where the perfect tense would
be used in everyday language. The *il/elle* and *ils/elles* forms
are used most often.

*Louis XIV **régna** de 1643 à 1715. Il **fut** roi de France pendant
72 ans.*
Louis XIV reigned from 1643 to 1715. He was King of
France for 72 years.

*Ils se levèrent et partirent ensemble.*
They got up and left together.
*Ils vécurent heureux et eurent beaucoup d'enfants.*
They lived happily and had many children. (≈ "They lived happily ever after".)

The past historic is formed from a stem (the infinitive of a verb minus the *-er/-ir/-re* ending) and the following endings:

|  | -*er* verbs | -*re*/-*ir* verbs |
|---|---|---|
| je | -ai | -is |
| tu | -as | -is |
| il/elle/on | -a | -it |
| nous | -âmes | -îmes |
| vous | -âtes | -îtes |
| ils/elles | -èrent | -irent |

Many common verbs are irregular:

*avoir   j'eus, tu eus, il eut, nous eûmes, vous eûtes, ils eurent*
*être    je fus, tu fus, il fut, nous fûmes, vous fûtes, ils furent*
*venir   je vins, tu vins, il vint, nous vîmes, vous vîntes, ils vinrent*

## 8.12   The future tense

Use the future tense:

1  to describe plans for the future:
    *Quand il **sera** à la retraite, il **ira** habiter en France.*
    When he retires, he'll go and live in France.

2  to say what you think the future will be:
    *Dans moins de 10 ans, tout le monde **aura** accès à l'Internet.*
    In less than 10 years time, everyone will have access to the Internet.

3  to say what will happen if …:
    *Si j'ai mon bac, **j'irai** à l'université.*
    If I pass the bac, I'll go to university.

4  to give an order:
    *Vous **ferez** une rédaction sur le thème de la pollution.*
    You'll write an essay on pollution.

5  to describe what will happen when … or as soon as …:
    In French, you use a future tense (not a present tense as in English) after *quand* or *dès que*:
    *Quand ils **arriveront**, on se **mettra** tout de suite à table.*
    When they arrive, we'll eat straight away.
    *Dites-lui de me contacter dès qu'il **aura** ses résultats.*
    Tell him to contact me as soon as he has his results.

To form the future tense, add these endings to the <u>infinitive</u> of regular verbs (if the infinitive ends in *-e*, take that off first):

|  | (ending) | regarder | répondre |
|---|---|---|---|
| je | -ai | regarderai | répondrai |
|  |  | (I will look, etc.) | (I will answer, etc.) |
| tu | -as | regarderas | répondras |
| il/elle/on | -a | regardera | répondra |
| nous | -ons | regarderons | répondrons |
| vous | -ez | regarderez | répondrez |
| ils/elles | -ont | regarderont | répondront |

Common irregular verbs:

| aller | j'irai | il faut | il faudra |
|---|---|---|---|
| avoir | j'aurai | pouvoir | je pourrai |
| devoir | je devrai | savoir | je saurai |
| envoyer | j'enverrai | venir | je viendrai |
| être | je serai | voir | je verrai |
| faire | je ferai | vouloir | je voudrai |

## 8.13   Other ways to talk about the future

◆  *aller* + infinitive: *le futur proche*
    Use the present tense of *aller* followed by an infinitive to talk about something that is sure to happen in the near future.
    *Je vais regarder le film ce soir.*
    I'm going to watch the film tonight.
    *Il va travailler ce week-end.*
    He's going to work this weekend.

◆  *je voudrais/j'aimerais/je pense/j'envisage de* + infinitive
    To talk about future plans which are not certain, i.e. wishes, ambitions or dreams:
    *Je voudrais rentrer dans l'armée de l'air.*
    I would like to join the airforce.
    *J'aimerais aller à Paris le week-end prochain.*
    I'd like to go to Paris next weekend.
    *Je pense acheter un vélo cet été.*
    I'm planning to buy a bike this summer.

◆  The present tense
    Use the present tense to refer to an event in the very near future or to something which is more than probable.
    *Tu sors ce soir? – Oui, je retrouve Annie en ville.*
    Are you going out tonight? – Yes, I'm meeting Annie in town.
    *Je vais à l'université de Leeds l'année prochaine.*
    I'm going to Leeds University next year.

## 8.14 The future perfect

This is used to refer to something that will have taken place before something else in the future. It is made up of *avoir* or *être* in the future tense and a past participle.

*Est-ce qu'il **aura fini** de travailler quand la fête commencera?*
Will he have finished working when the party starts?
*Je **serai partie** quand il arrivera.*
I'll have left by the time he arrives.

## 9 Verbs: imperative, conditional, subjunctive

### 9.1 The imperative

The imperative is used to:

1 give orders:
***Viens** ici!*   Come here!

2 give instructions:
***Mélangez** les œufs et la farine.*
Mix the eggs and the flour.

3 give advice and make suggestions:
***Va** au cinéma si tu t'ennuies.*
Go to the cinema if you're bored.
***Essayez** de manger quelque chose.*
Try eating something.
***Allons** voir Catherine.*
Let's go and see Catherine.

To form the imperative simply leave out the subject pronouns *tu* or *vous* (or *nous*, but this is used less often) in the present tense of the verbs. For *-er* verbs, leave out the final *-s* in the *tu* form.

| *Tu éteins la télé.* | ***Eteins** la télé!* | Switch the TV off. |
| *Tu restes ici.* | ***Reste** ici!* | Stay here. |
| *Vous venez avec moi.* | ***Venez** avec moi!* | Come with me. |
| *Nous y allons tous.* | ***Allons**-y tous!* | Let's all go! |

Most verbs are regular, except a few:

*avoir*   aie, ayez (ayons)
*être*   sois, soyez (soyons)
*savoir*   sache, sachez (sachons)

To tell someone **not** to do something, put *ne ... pas* round the command:

*Ne regarde pas!*   Don't look!
*Ne touchez pas!*   Don't touch!

For reflexive verbs in the imperative, see 7.2.

### 9.2 The conditional

The present conditional is used:

1 to express a wish or make a suggestion:
*Je **voudrais** travailler dans un bureau.*
I'd like to work in an office.
*Elle **devrait** faire des études à l'étranger.*
She should go and study abroad.
*Je **prendrais** bien un café.*
I'd quite like to have a coffee.

2 to make a polite request:
***Pourriez**-vous me dire où est la mairie?*
Could you tell me where the town hall is?

3 to refer to an action which depends on another event or situation:
*J'**irais** chercher les enfants si j'avais une voiture.*
I'd go and pick up the children if I had a car.

To form the conditional use the same stem as for the future tense (the infinitive of the verb, dropping the *-e* in *-re* verbs) and add endings which are the same as for the imperfect tense (see 8.7).

| | (ending) | finir | prendre |
|---|---|---|---|
| je | -ais | finirais | prendrai |
| | | (I would finish, etc.) | (I would take, etc.) |
| tu | -ais | finirais | prendrais |
| il/elle/on | -ait | finirait | prendrait |
| nous | -ions | finirions | prendrions |
| vous | -iez | finiriez | prendriez |
| ils/elles | -aient | finiraient | prendraient |

See pages 171–172 for a list of common irregular verbs in the conditional.

♦ The past conditional: *le conditionnel passé*
This is used to say something would have happened given certain circumstances (but actually didn't happen). It is formed from the <u>conditional</u> of *avoir* or *être* and a past participle.
*Nous **aurions gagné** le match si ...*
We would have won the match if ...
*Il **serait venu** s'il avait pu.*
He would have come if he could.
*J'**aurais dû** y aller.*
I should have gone.
*Vous **auriez pu** participer.*
You could have taken part.

## 9.3   The subjunctive

The subjunctive is used to express what you think, what you feel, what you wish, and how you consider events and actions (uncertain, possible, probable, impossible, etc.). The verbs usually appear in a subordinate clause, the second part of a sentence, introduced by *que*.
There are several tenses of the subjunctive, but the present and perfect sujunctive are the most commonly used.

It is used:

1   after many verbs expressing an emotion or an opinion:

–   doubt or fear: *douter que, avoir peur que, ne pas être sûr que\*, ne pas penser que\**, etc.
   *Je ne pense pas qu'il* **vienne** *ce soir.*
   I don't think he'll come tonight.
   \*   These verbs don't need a subjunctive if used in a positive statement, without the *ne ... pas*, e.g. *je pense qu'il* **vient** *ce soir.*

–   wish, will, necessity: *vouloir que, ordonner que*
   *Je voudrais que tu* **partes** *avec moi.*
   I'd like you to go away with me.
   *Le docteur ordonne que vous* **restiez** *au lit.*
   The doctor orders you to stay in bed.

–   regret and happiness: *regretter que, être content que*
   *Ils regrettent que tu ne* **sois** *pas là*
   They're sorry you are not here.
   *Moi, je suis contente qu'elle* **soit** *loin.*
   I'm happy that she's far away.

2   after impersonal expressions such as *il faut que, il est possible que, il est important que*:
   *Il faut que tu* **ailles** *à la poste.*
   You must go to the post office.

3   after certain conjunctions expressing:
–   time: *avant que* (before), *jusqu'à ce que* (until)
   *Je veux partir avant qu'il* **rentre.**
   I want to leave before he comes back.

–   concession: *bien que* (although), *quoique* (although)
   *Il est resté très simple bien qu'il* **soit** *très riche.*
   He's remained simple although he's very rich.

–   aim: *afin que* (so that), *pour que* (so that)
   *Je fais ça pour que tu* **ailles** *mieux.*
   I'm doing this so that you get better.

–   condition: *à condition que* (on condition that), *pourvu que* (provided that), *à moins que* (unless)

*J'irai à la cérémonie à condition que tu* **viennes** *avec moi.*
I'll go to the ceremony provided you come with me.

4   after a relative pronoun (*qui* or *que*) when it follows a superlative or a negative:
*C'est le plus joli bébé que je* **connaisse.**
He's the prettiest baby I know.
*Je n'ai rien qui* **puisse** *t'aider.*
I don't have anything that could help you.

To form the present subjunctive, take the *ils* form of the present tense, leave off the final *-ent* and add these endings:

|   | (ending) | aimer | finir |
|---|---|---|---|
| je | -e | que j'aime | que je finisse |
| tu | -es | que tu aimes | que tu finisses |
| il/elle/on | -e | qu'il aime | qu'il finisse |
| nous | -ions | que nous aimions | que nous finissions |
| vous | -iez | que vous aimiez | que vous finissiez |
| ils/elles | -ent | qu'ils aiment | qu'ils finissent |

For common irregular verbs, see the verb tables on pages 171–172.

♦   **The perfect subjunctive**
   This is a compound tense formed from the <u>present subjunctive</u> of *avoir* or *être* and a past participle. It refers to something which has (perhaps) happened.
   *Il est possible qu'elle* **soit** *déjà* **partie.**
   It's possible she's already left.
   *Je ne suis pas certain qu'elle* **ait pu** *tout finir hier soir.*
   I'm not certain she managed to finish it all last night.

♦   **The imperfect subjunctive**
   This is rarely used, but you need to be able to recognize it in formal written French, like the past historic (see 8.11).
   To form it, start with the *il/elle* form of the past historic, remove the *-t-* from *-ir* and *-re* verbs, and add these endings:
   *-sse, -sses, ^t, -ssions, -ssiez, -ssent*

| *avoir* | *que j'eus, qu'il eût* |
| *être* | *que je fus, qu'elles fussent* |
| *faire* | *que je fis, qu'ils fissent* |
| *finir* | *que je finisse, que tu finisses* |

## 10 The present participle

You recognize a present participle by the -*ant* ending which corresponds to '-ing' in English.

Use it to:

1 indicate that two actions are simultaneous ('while/on doing' something), with *en*:

*Je lis mon journal (tout)* **en mangeant**.
I read my paper while eating.
**En la voyant***, il est parti.*   Seeing her, he left.

2 say how something is done ('by doing' something), with *en*:

*Il nous remonte le moral* **en faisant** *le clown.*
He makes us feel better by clowning around.
*Il s'est blessé* **en skiant**.
He injured himself skiing.

3 explain the reason for or the cause of something:

**Etant** *d'origine algérienne, je parle un peu l'arabe.*
Being of Algerian origin, I speak a bit of Arabic.
**Ayant** *vécu à Paris, je connais la ville.*
Having lived in Paris, I know the city.

4 replace a relative pronoun (*qui/que*) in a sentence:

*Il s'occupe d'enfants* **souffrant** *de troubles mentaux.*
(= *qui souffrent de ...*)
He looks after children with mental problems.

Take the *nous* form of the present tense, remove the *-ons* and add the ending *-ant*. Used as a verb, it is invariable, i.e. has no other endings to add.

*regarder* —> *nous regardoxs* —> *regard* —> **regardant**
(looking)

Three exceptions:

| | | |
|---|---|---|
| *avoir* | **ayant** | (having) |
| *être* | **étant** | (being) |
| savoir | **sachant** | (knowing) |

## 11 The passive voice

When the subject of the sentence has the action of the verb <u>done to it</u> instead of <u>doing</u> the action, the sentence is said to be in the passive voice.

The passive is used:

1 when the person doing the action is unknown or not named:

*Mon chien a* **été écrasé***.*   My dog's been run over.

2 when you want to focus on the person/thing receiving the action rather than on whoever is doing the action:

*La violence* **est** *souvent* **présentée** *comme acceptable (par les médias).*
Violence is often presented as being acceptable (by the media).

3 to highlight the drama of an event, especially in newspaper accounts:

*Les deux jeunes* **ont été arrêtés** *par un détective parisien.*
The two youths were arrested by a Paris detective.

To form a passive, use *être* and a past participle agreeing with the subject of the verb.

<u>*Notre association*</u> **aide** *les enfants en difficulté.*
(subject)         (verb)

<u>*Les enfants en difficulté*</u> **sont aidés** *par notre association.*
(subject)         (verb in the passive)

The passive can be used in several tenses:

**future**:   *Les enfants* **seront aidés** *par l'association.*
(will be helped)

**perfect**:   *Les enfants* **ont été aidés** *par l'association.*
(have been helped)

**imperfect**:   *Les enfants* **étaient aidés** *par l'association.*
(were helped)

**pluperfect**:   *Les enfants* **avaient été aidés** *par l'association.*
(had been helped)

To avoid the passive, especially when translating from English:

— use *on*:
'Speed limits are not respected.' —>
*Les limitations de vitesse ne sont pas respectées.* —>
—>**On ne respecte pas** *les limitations de vitesse.*

— use an 'active' sentence:
'The house was burgled by two men.' —>
*La maison a été cambriolée par deux hommes.* —>
—> *Deux hommes* **ont cambriolé la** *maison.*

— use a reflexive verb:
'The passive is not often used in French.' —>
*Le passif n'est pas beaucoup utilisé en français.* —>
—> *Le passif* **ne s'utilise pas** *beaucoup en français.*

# 12 Negatives

## 12.1 ne … pas

This negative form is used where you would say 'not' in English. In French, you need two words: *ne* and *pas*, which go on either side of the verb.

*ne* → *n'* in front of a vowel or a silent h.

*Je **ne** suis **pas** français.* I'm not French.

*Ils **n'**habitent **pas** à Londres.* They don't live in London.

## 12.2 ne … jamais, ne … rien, ne … personne, ne … plus

These negative forms also go on either side of the verb:

| ne/n' … jamais | never |
|---|---|
| ne/n' … rien | nothing, not anything |
| ne/n' … personne | nobody, not anybody |
| ne/n' … plus | no longer, no more, not any more |

*Il **ne** parle **jamais** en français.* He **never** speaks in French.

*Elle **ne** mange **rien**.* She doesn't eat **anything**.

*Je **ne** connais **personne** ici.* I don't know **anybody** here.

*Nous **n'**y allons **plus**.* We don't go there **any more**.

- When you use *ne* + a negative with a noun, replace *un/une/des* with *de* or *d'*:

  *Il n'y a **pas de** pizza/**de** gâteau/**de** chips.*

  There isn't any pizza/cake/There aren't any crisps.

  *Il n'y a **plus de** timbres.*

  There aren't any more stamps.

  *Je n'ai **jamais d'**argent.*

  I never have any money.

- The second part of a negative form can be used without the *ne* in a short phrase with no verb:

  *Tu as déjà travaillé? Non, **jamais**.*

  Have you ever worked? No, **never**.

  *Qu'est-ce que vous voulez? **Rien**.*

  What do you want? **Nothing**.

  *Qui est dans la salle de classe? **Personne**.*

  Who is in the classroom? **Nobody**.

## 12.3 ne … aucun

This means 'no …' or 'not a single …'. *Aucun* is an adjective and agrees with the noun that follows it.

| | masc. | fem. |
|---|---|---|
| singular | aucun | aucune |
| plural | aucuns | aucunes |

*Il **n'**a **aucun** ami.*

He has **no** friends./He has**n't** got **a single** friend.

*Je **n'**ai **aucune** idée.*

I have **no** idea.

## 12.4 ne … ni … ni …

This means 'neither … nor …'; *ne* goes before the verb and *ni* goes (twice) before the words they relate to:

*Il **n'**a **ni** mère **ni** père.*

He has **neither** mother **nor** father.

*Je **ne** connais **ni** Anne **ni** son frère.*

I **don't** know **either** Anne **or** her brother.

## 12.5 ne … que

One way to say 'only' is to put *ne … que* (*qu'* in front of a vowel or silent h) around the verb.

*Je **n'**aime **qu'**un sport.*

I **only** like one sport.

*On **ne** travaillera **que** le samedi matin.*

We will **only** work on the Saturday morning.

*Il **n'**avait **qu'**un ami.*

He had **only** one friend.

## 12.6 Negatives + the perfect tense

In the perfect tense, *ne* or *n'* goes before the part of *avoir* or *être*, and:

- *pas/plus/jamais/rien* go <u>before</u> the past participle:

  *Je **n'**ai **pas** fait la lessive.* I haven't done the washing.

  *On **n'**a **rien** mangé.* We haven't eaten anything.

- *personne/que/ni … ni …/aucun* go <u>after</u> the past participle:

  *Nous n'avons vu **personne**.*

  We didn't see anybody.

  *Elle **n'**a attendu **que** cinq minutes.*

  She only waited five minutes.

## 12.7 Negative + verb + infinitive

*ne / n'* goes before the first verb and *pas* before the second verb (in the infinitive):

*Je n'aime pas aller au cinéma.*
I don't like going to the cinema.
*On ne peut pas lire ce roman.* We can't read this novel.

See 7.2 for reflexive verbs in the negative.
See 9.1 for negative imperatives.

# 13 Asking questions

There are four ways to ask a question:

1 by raising your voice in a questioning manner at the end of an affirmative sentence:
   *Tu vas au cinéma?* Are you going to the cinema?

2 by starting with *est-ce que* … :
   **Est-ce que** *tu vas au cinéma?*
   Are you going to the cinéma?

3 by inverting the verb and subject:
   *Vas-tu au cinéma?* Are you going to the cinéma?
   *Va-t-il\* venir avec nous?* Is he going to come with us?

   \* Sometimes a *-t-* is added between two vowels to make pronunciation easier:
   *A-t-il parlé au prof?* Has he spoken to the teacher?
   *Que pense-t-elle?* What does she think?

4 by using question words:

   ◆ Who **qui**
   *Qui t'a dit ça?* Who told you that?
   *Avec qui y vas-tu?* Who are you going with?
   *Qui est-ce qui vient ce soir?* Who's coming tonight?
   *Qui est-ce que tu as invité?* Who did you invite?

   ◆ What **que (qu')/quoi**
   *Que désirez-vous?* What would you like?
   *Qu'as-tu acheté?* What did you buy?
   *Qu'est-ce qu'il t'a dit?* What did he tell you?
   *C'est quoi?* What is it?
   *Avec quoi on mange ça?* What do you eat this with?

   ◆ Which **quel/quelle/quels/quelles** (agreeing with gender and number)
   *Quel âge as-tu?* How old are you?
   *Quels exercices faut-il faire?*
   Which exercises do we have to do?

*C'est à quelle page?* On which page is it?
*Quelles chaussures préfères-tu?*
Which shoes do you prefer?

   ◆ Which one(s) **lequel/laquelle/lesquels/lesquelles**
   *Je cherche un hôtel. Lequel recommandez-vous?*
   I'm looking for a hotel. Which do you recommend?
   *Laquelle de ces demandes d'emploi est la meilleure?*
   Which of these job applications is the best?

   ◆ **Others**
   How much/How many **Combien** *as-tu payé?*
   How **Comment** *as-tu payé?*
   Where **Où** *as-tu payé?*
   Why **Pourquoi** *as-tu payé?*
   When **Quand** *as-tu payé?*

   You can use these
   – at the beginning of a sentence, as above
   – at the end of a sentence, except *pourquoi*:
     *Tu as payé combien/comment/où/quand?*)
   – at the beginning, adding *est-ce que*:
     *Combien/Comment/Où/Pourquoi/Quand est-ce que tu as payé?*

# 14 Direct and indirect speech

◆ Use direct speech to report what someone says word for word:
*Le prof dit: "Faites l'activité 4." Un élève demande: "Il faut le faire pour quand?"*
*Léa a dit: "J'ai fait un stage en France".*

Remember to use colons and speech marks.
Use verbs like: *dire, demander, ajouter, s'écrier*.

◆ Use indirect speech to explain what someone says without quoting them in speech marks.
*Le prof dit de faire l'activité 4. Un élève demande pour quand il faut le faire.*
*Léa a dit qu'elle avait fait un stage en France.*

◆ Some changes are necessary when going from direct speech to indirect speech (use of *que*, use of interrogative words, changes in pronouns and tenses).
*Mon père s'est écrié: "J'ai perdu mon porte-feuille!"*
*Mon père s'est écrié qu'il avait perdu son porte-feuille.*
*Le serveur a demandé: "Vous pouvez me payer?"*
*Le serveur a demandé si on pouvait le payer.*

# 15 Verb tables

| infinitif | | présent | passé composé | passé simple | futur simple | conditionnel | subjonctif |
|---|---|---|---|---|---|---|---|
| *-er verbs* | je/j' | parle | ai parlé | parlai | parlerai | parlerais | parle |
| | tu | parles | as parlé | parlas | parleras | parlerais | parles |
| **parler** | il/elle/on | parle | a parlé | parla | parlera | parlerait | parle |
| *to speak* | nous | parlons | avons parlé | parlâmes | parlerons | parlerions | parlions |
| | vous | parlez | avez parlé | parlâtes | parlerez | parleriez | parliez |
| | ils/elles | parlent | ont parlé | parlèrent | parleront | parleraient | parlent |
| *-ir verbs* | je/j' | finis | ai fini | finis | finirai | finirais | finisse |
| | tu | finis | as fini | finis | finiras | finirais | finisses |
| **finir** | il/elle/on | finit | a fini | finit | finira | finirait | finisse |
| *to finish* | nous | finissons | avons fini | finîmes | finirons | finirions | finissions |
| | vous | finissez | avez fini | finîtes | finirez | finiriez | finissiez |
| | ils/elles | finissent | ont fini | finirent | finiront | finiraient | finissent |
| *-re verbs* | je/j' | réponds | ai répondu | répondis | répondrai | répondrais | réponde |
| | tu | réponds | as répondu | répondis | répondras | répondrais | répondes |
| **répondre** | il/elle/on | répond | a répondu | répondit | répondra | répondrait | réponde |
| *to answer* | nous | répondons | avons répondu | répondîmes | répondrons | répondrions | répondions |
| | vous | répondez | avez répondu | répondîtes | répondrez | répondriez | répondiez |
| | ils/elles | répondent | ont répondu | répondirent | répondront | répondraient | répondent |
| **aller** | je/j' | vais | suis allé(e) | allai | irai | irais | aille |
| *to go* | il/elle/on | va | est allé(e)(s) | alla | ira | irait | aille |
| **avoir** | je/j' | ai | ai eu | eus | aurai | aurais | aie |
| *to have* | il/elle/on | a | a eu | eut | aura | aurait | ait |
| **boire** | je/j' | bois | ai bu | bus | boirai | boirais | boive |
| *to drink* | il/elle/on | boit | a bu | but | boira | boirait | boive |
| **devoir** | je/j' | dois | ai dû | dus | devrai | devrais | doive |
| *to have* | il/elle/on | doit | a dû | dut | devra | devrait | doive |
| *to/must* | | | | | | | |
| **dire** | je/j' | dis | ai dit | dis | dirai | dirais | dise |
| *to say* | il/elle/on | dit | a dit | dit | dira | dirait | dise |
| **écrire** | je/j' | écris | ai écrit | écrivis | écrirai | écrirais | écrive |
| *to write* | il/elle/on | écrit | a écrit | écrivit | écrira | écrirait | écrive |
| **être** | je/j' | suis | ai été | fus | serai | serais | sois |
| *to be* | il/elle/on | est | a été | fut | sera | serait | soit |
| **faire** | je/j' | fais | ai fait | fis | ferai | ferais | fasse |
| *to do/* | il/elle/on | fait | a fait | fit | fera | ferait | fasse |
| *make* | | | | | | | |
| **mettre** | je/j' | mets | ai mis | mis | mettrai | mettrais | mette |
| *to put* | il/elle/on | met | a mis | mit | mettra | mettrait | mette |
| **pouvoir** | je/j' | peux | ai pu | pus | pourrai | pourrais | puisse |
| *to be able/* | il/elle/on | peut | a pu | put | pourra | pourrait | puisse |
| *can* | | | | | | | |
| **prendre** | je/j' | prends | ai pris | pris | prendrai | prendrais | prenne |
| *to take* | il/elle/on | prend | a pris | prit | prendra | prendrait | prenne |
| **voir** | je/j' | vois | ai vu | vis | verrai | verrais | voie |
| *to see* | il/elle/on | voit | a vu | vit | verra | verrait | voie |
| **vouloir** | je/j' | veux | ai voulu | voulus | voudrai | voudrais | veuille |
| *to want* | il/elle/on | veut | a voulu | voulut | voudra | voudrait | veuille |

# Vocabulaire

This vocabulary contains all but the most common words which appear in the book, apart from some where the meaning has been provided on the page. Where a word has several meanings, only those which occur in the book are given.

Abbreviations:
*nm* = masculine noun
*nf* = feminine noun
*nmpl* = plural masculine noun
*nfpl* = plural feminine noun
*adj* = adjective
*v* = verb
*adv* = adverb
*prep* = preposition

## A

d' **abord** firstly
**aborder** *v* to tackle, to approach
**abri** *nm* shelter
**accabler** *v* to overwhelm
**accéder** *v* to reach; to grant
**accorder** *v* to grant; to bring together
**accro** *adj* addicted
**accueil** *nm* welcome, reception
**accueillir** *v* to welcome, to receive; to accommodate
**achat** *nm* purchase
**acier** *nm* steel
**actualité** *nf* topicality; **les actualités** the news
**actuel** *adj* present, current
**actuellement** *adv* at present, at the moment
**adepte** *nm/f* follower, enthusiast
**adhérer** *v* to join, to subscribe to
**affaire** *nf* matter, business, case
**affirmation** *nf* assertion
**affirmer** *v* to assert, to maintain
**affronter** *v* to face, to brave
**afin de** *prep* in order to **afin que** + subjunctive so that
**aggraver** *v* to make worse **s'aggraver** to get worse
**agir** *v* to act
**ailleurs** *adv* elsewhere **d'ailleurs** besides **par ailleurs** in addition
**ainsi** *adv* in this way
**ainsi que** as
à l' **aise** comfortable
**alcootest** *nm* breathalyser, breath test
**algue** *nf* seaweed, algae
**aliment** *nm* food
**alimenter** *v* to feed, to sustain
**Alliés** *nmpl* the Allies

**allocation** *nf* allowance, benefit
**allumer** *v* to light, to switch on
**alors** *adv* then; so, in that case **alors que** while, when
**alternance** *nf* alternation, changeover of power
**âme** *nf* soul
**améliorer** *v* to improve
**aménager** *v* to develop; to plan; to fit out
**amende** *nf* penalty
**ancrage** *nm* anchoring
**angoisse** *nf* anxiety
**apporter** *v* to bring
**apprenti** *nm* apprentice; trainee
**apprentissage** *nm* apprenticeship; training
**artisan** *nm* craftsman
**asile** *nm* asylum; refuge
**assassinat** *nm* murder, assassination
**atteindre** *v* to reach; to hit
s' **attendre** *v* to wait; to expect
**attentat** *nm* attack, assassination attempt
**attente** *nf* expectation
**attentif** *adj* attentive; searching; thoughtful
**attirant** *adj* attractive
**attirer** *v* to attract
**augmenter** *v* to increase, to raise
**auparavant** *adv* before(hand)
**auprès** *prep* **-de:** next to; compared with; with, to
**aussi** *adv* too, also; so **aussi … que** as … as
**autant que/de** *adv* as much as
**autrement** *adv* differently; otherwise
**avantageux** *adj* profitable, worthwhile
**avis** *nm* opinion **à mon avis** in my mind **être d'avis que** to think
**avocat** *nm* lawyer

## B

**baccalauréat (bac)** *nm* 'A' level
**bagarre** *nf* fight, struggle
**bagne** *nm* penal colony, hard labour
**baignade** *nf* bathing
**baisse** *nf* fall, drop
**baisser** *v* to lower; to reduce, to drop
**banaliser** *v* to make commonplace, to trivialize
**barrer** *v* to cross out
**bâtir** *v* to build
**battre** *v* to beat, to strike

**bavard** *adj* talkative
**bénéfice** *nm* profit, benefit
**bénévolat** *v* voluntary help
**bénévole** *nmf* volunteer
**BEP (Brevet d'études professionnelles)** *nm* professional qualification
**berceau** *nm* cradle
**besoin** *nm* need **au besoin** if necessary
**bien que** though, although
**bilan** *nm* assessment, report; toll, outcome
**bimensuel** *adj* fortnightly
**biochimie** *nf* biochemistry
**biologique** *adj* organic
**blesser** *v* to wound, to hurt
**blessés** *nmpl* casualty
**boîte** *nf* box; disco
**bonheur** *nm* happiness
**bosser** *v* to work
**bouder** *v* to sulk; to keep away from
**boue** *nf* mud, silt
**bouffe** *nf* grub, food
**bouger** *v* to move
**bouillabaisse** *nf* fish soup
**bouillie** *nf* mash, pulp
**boulimie** *nf* bulimia
**boulot** *nm* job
**bourse** *nf* Stock Exchange
**branché** *adj* in, switched-on
**bref** *adv* in short
**en bref** in brief
**brevet** *nm* GCSE/Standard Grade; diploma, certificate
**briser** *v* to break; to destroy
**bronzage** *nm* (sun)tan
**bronzer** *v* to sunbathe
**bruit** *nm* noise
**brûler** *v* to burn
**BTS (brevet de technicien supérieur)** *nm* technical qualification
**but** *nm* goal, aim

## C

**cacher** *v* to hide, to conceal
**cachet** *nm* tablet
**cachette** *nf* hide-out
**en cachette** secretly
**cadet(tte)** *nm(f)* younger, youngest
**cadre** *nm* frame; setting; executive **dans le cadre de** in the context of
**caisse** *nf* box, crate; till
**caissier** *nm* cashier
**Caldoches** *npl* Europeans from New Caledonia
**cambriolage** *nm* burglary

**cambrioleur** *nm* burglar
**campagne** *nf* campaign; countryside
**CAP (certificat d'aptitude professionnelle)** *nm* professional qualification
**capricieux** *adj* temperamental
**car** for, because
**carburant** *nm* fuel
**carrefour** *nm* crossroads
**carton** *nm* card; cardboard; box
**casque** *nm* helmet
**cauchemar** *nm* nightmare
**cédérom** *nm* CD-ROM
**célibataire** *nmf* single, unmarried person
**centaine** *nf* a hundred
**cependant** however, nevertheless
**cercueil** *nm* coffin
**certes** *adv* certainly, admittedly; indeed
**champ** *nm* field; area
**chaque** *adj* every, each
**charbon** *nm* coal
**chargé** *adj* in charge of; full
**chasse** *nf* hunting
**chasseur** *nm* hunter
**chauffage** *nm* heating
**chauvin** *adj* chauvinistic, jingoistic
**chaux** *nf* lime
**chêne** *nm* oak
**chirugien** *nm* surgeon
**chômage** *nm* unemployment
**choquer** *v* to shock
**chronique** *nf* column, page
**chute** *nf* fall, drop
**cibler** *v* to target
**circulation** *nf* traffic
**citadin** *nm* city dweller
**citation** *nf* quotation
**cité** *nf* housing estate
**citer** *v* to quote
**citoyen** *nm* citizen
**clairement** *adv* clearly
**classer** *v* to classify
**coléreux** *adj* quick-tempered, irascible
**collège** *nm* secondary school
**collégiens** *nmpl* pupils at secondary school
**combattre** *v* to fight against
**combustible** *nm* fuel
**comme** since; like **comme si** as if; how
**commerçant** *nm* shopkeeper
**commune** *nf* council
**comportement** *nm* behaviour
**comporter** *v* to be composed of; **se comporter** to behave

**compostage** *nm* stamping, punching

**compréhensif** *adj* understanding

**comprendre** *v* to understand; to include

**comptable** *nm* accountant

**compter** *v* to count; to reckon; to intend

**concevoir** *v* to conceive; to understand

**conclure** *v* to conclude

**concours** *nm* competition; competitive exam

**concubinage** *nm* cohabitation **vivre en concubinage** to cohabit

**condamner** *v* to condemn; to sentence

**conducteur** *nm* driver

**confiance** *nf* trust

**confier** *v* to entrust **se confier** to confide

**congédier** *v* to dismiss

**congés** *nmpl* holidays

**conjoint** *nm* spouse

**connaissance** *nf* knowledge

**connaître** *v* to know (a person)

**conquérir** *v* to conquer

**conquête** *nf* conquest

**consacrer** *v* to devote, to dedicate

**conseil** *nm* piece of advice; adviser; counsel

**conseiller** *v* to advise

**consommer** *v* to consume; to buy consumer goods

**constamment** *adv* constantly

**construire** *v* to build

**contrairement** *adv* contrary to **contre** against

**contredire** *v* to contradict

**controversé** *adj* much debated

**convaincre** *v* to convince

**convenir** *v* to suit **convenir que** to admit that

**convoiter** *v* to covet

**convoquer** *v* to convene; to summon

**corriger** *v* to correct

**corrompre** *v* to bribe, to corrupt

**cotisation** *nf* contribution, subscription

**côtoyer** *v* to be next to, to mix with

**couramment** *adv* fluently; commonly

**courant** *adj* ordinary, common **au courant** well-informed

**course** *nf* race; errand

**coursier** *nm* courier, messenger

**couture** *nf* sewing; seam; fashion design

**crainte** *nf* fear

**croire** *v* to believe

**croissance** *nf* growth

**croix** *nf* cross

**croyant** *nm* believer

## D

**dada** *nf* hobby horse

**débarquement** *nm* landing

**débouché** *nm* opening

**débris** *nm* rubbish

**débrouillardise** *nf* resourcefulness

**débrouiller** *v* to untangle

se **débrouiller** *v* to manage

**début** *nm* beginning

**décédé** *adj* deceased

**décès** *nm* death

**décevant** *adj* disappointing

**décevoir** *v* to disappoint

**décharger** *v* to unload

**déchets** *nmpl* rubbish

**déchetterie** *nf* rubbish dump

**déclin** *nm* decline

**déconnecter** *v* to disconnect

**déconseiller** *v* to advise against

**décontracté** *adj* casual

**décontraction** *nf* relaxation

**décrocher** *v* to pick up (telephone)

**décrypter** *v* to decipher

**déçu** *adj* disappointed

**défaite** *nf* defeat

**défaut** *nm* fault

**défavorisé** *adj* disadvantaged

**défendre** *v* to defend; to forbid

**déferler** *v* to surge, to unfurl

**dégager** *v* to free

**dégât** *nm* damage

**dégoutant** *adj* disgusting

**dégradation** *nf* degradation, erosion

**dehors** *adv* outside

**déjà** *adv* already

**délit** *nm* crime

**démantèlement** *nm* demolition

**demeure** *nf* residence

**démissionner** *v* to resign

**démodé** *adj* old fashioned

**démontrer** *v* to demonstrate

**dénoncer** *v* to denounce

**déontologique** *adj* ethical

**dépasser** *v* to overtake

**dépense** *nf* expenditure

**déplacements** *nmpl* travel

se **déplacer** *v* to travel

**dépliant** *nm* leaflet

**déployer** *v* to use

**déposer** *v* to put down

**déprimant** *adj* depressing

**député** *nm* member of Parliament

**dès** *prep* from

**désormais** *adv* from now on

**détente** *nf* relaxation

**détenteur** *nm* keeper, holder

**détresse** *nf* distress

**détruire** *v* to destroy

**dévasté** *adj* devastated

**déverser** *v* to pour out

**deviner** *v* to guess

**devoir** *nm* duty, homework

**diffuser** *v* to broadcast

**diplôme** *nm* degree, diploma

**diplômé(e)** *nm (f)* graduate

**diriger** *v* to lead, direct

**discours** *nm* speech

**disparition** *nf* disappearance

**disponibilité** *nf* availability

**disponible** *adj* available

**dissertation** *nf* essay

**divers** *adj* varied

**divertissement** *nm* entertainment

**domicile** *nm* home

**donc** therefore

**dortoir** *nm* dormitory

**doubler** *v* to overtake

**doué** *adj* gifted

**douleur** *nf* pain

**douter** *v* to doubt

se **douter** *v* to suspect

**douteux** *adj* doubtful

**doux** *adj* soft, gentle

**dresser** *v* to draw up

**durer** *v* to last

## E

**écart** *nm* distance

**écarté** *adj* remote

**échapper** *v* to escape

**échec** *nm* failure

**échelle** *nf* ladder, scale

**échouer** *v* to fail

**éclater** *v* to burst out

**économiser** *v* to save

**écran** *nm* screen

**écrasant** *adj* overwhelming

**effacer** *v* to erase

**effectuer** *v* to carry out

**efficace** *adj* efficient

**effrayer** *v* to frighten

**égalité** *nf* equality

**égoïsme** *nm* selfishness

**élargir** *v* to broaden

**élever** *v* to bring up

**éloignement** *nm* distance

s' **éloigner** *v* to move away

**élu** *adj* elected

**emballage** *nm* packaging

**embaucher** *v* to employ

**embêter** *v* to annoy

**embouteillage** *nm* traffic jam

**emmener** *v* to take

s' **emparer** *v* to seize

**empêcher** *v* to prevent

**emprunter** *v* to borrow

**endroit** *nm* place

**enfance** *nf* childhood

**enfer** *nm* hell

**enfin** *adv* finally

**engouement** *nm* infatuation

**enlever** *v* to remove

**enseigner** *v* to teach

**ensuite** *adv* then

**entièrement** *adv* entirely

**entourer** *v* to surround

s' **entraîner** *v* to train

**entreprise** *nf* company

**entretien** *nm* interview

**envahir** *v* to invade

**épais** *adj* thick

**épanouissement** *nm* blossoming

**épluchure** *nf* peeling

**époque** *nf* time

**épouser** *v* to marry

**épreuve** *nf* test

**épuiser** *v* to exhaust

**épuration** *nf* purification

**équilibre** *nm* balance

**ériger** *v* to erect

**esclavage** *nm* slavery

**espèce** *nf* type, species

**espérer** *v* to hope

**espoir** *nm* hope

**essayer** *v* to try

**établir** *v* to establish

**étape** *nf* stage

**état** *nm* state

**éteindre** *v* to put out

s' **étendre** *v* to spread, extend

**étiquette** *nf* label

**étonnant** *adj* astonishing

**étroit** *adj* narrow

en **éveil** on the alert

**événement** *nm* event

**éventail** *nm* fan

**éviter** *v* to avoid

**évoluer** *v* to evolve, develop

**évoquer** *v* to evoke

**exercer** *v* to carry out

**exiger** *v* to demand

**exigeant** *adj* demanding

**expliquer** *v* to explain

**exposition** *nf* exhibition

**exprimer** *v* to express

**expulser** *v* to expel

## F

**fabriquer** *v* to make

**fac (faculté)** *nf* university department

**fâché** *adj* angry

**façon** *nf* way

**facture** *nf* bill

**faiblesse** *nf* weakness

**faute** *nf* fault, mistake

**favoriser** *v* to favour

**fée** *nf* fairy
**fer** *nm* iron
**ferroviaire** *adj* railway
**feuilleter** *v* to flick through
**fiançailles** *nfpl* engagement
**fierté** *nf* pride
**filière** *nf* branch
**fleuve** *nm* river
**foi** *nf* faith
**fonctionnaire** *nm/f* civil servant
**formation** *nf* training
en **forme** fit
**foudre** *nf* lightning
**foule** *nf* crowd
**fournir** *v* to supply
**fourrure** *nf* fur
**foyer** *nm* home; hostel
**frais** *nmpl* fees, expenses
**froideur** *nf* cold
**frontière** *nf* border
**fuir** *v* to flee
**funérailles** *nfpl* funeral
**fusée** *nf* rocket

## G

**gamin** *nm* child
**gamme** *nf* scale, range
**garder** *v* to look after
**gaspiller** *v* to waste
**gaver** *v* to force feed
**genouillère** *nf* kneepad
**genre** *nm* type
**gérer** *v* to manage
**geste** *nm* gesture
**gestion** *nf* management
**gifler** *v* to slap, smack
**gilet** *nm* waistcoat, lifejacket
**glander** *v* to mess about
**glisser** *v* to slide, slip
**goût** *nm* taste
**grandir** *v* to grow up
**graphismes** *nmpl* graphics
**graver** *v* to engrave
**grenouille** *nf* frog
**grève** *nf* strike
**grignoter** *v* to nibble
**grimper** *v* to climb
**guère** *adv* hardly
**guerre** *nf* war

## H

s' **habituer** *v* to get used to
**harcèlement** *nm* harassment
**hausse** *nf* rise
**héberger** *v* to accommodate
**HLM** *nf* council flat
**horaire** *nm* timetable; schedule
**huître** *nf* oyster
**humeur** *nf* mood

## I

**ignorer** *v* to not know
**île** *nf* island
**immigré(e)** *nm(f)* immigrant
**imprimer** *v* to print
**inciter** *v* to encourage, to incite
**inclure** *v* to include, insert
**inconnu** *adj* unknown
**incroyable** *adj* unbelievable
**indice** *nm* indication, clue
**inépuisable** *adj* inexhaustible
**inférieur** *adj* lower
**inquiétude** *nf* worry
**insalubre** *adj* unfit for habitation, dirty
**interdiction** *nf* ban
**interdire** *v* to ban
**internat** *nm* boarding school
**internaute** *nm/f* internet surfer
**intervenir** *v* to intervene
**inutile** *adj* useless
**inverse** *adj* opposite
**ivresse** *nf* drunkenness

## J

**jeter** *v* to throw
**jouir** *v* to enjoy
**Juif (Juive)** *nm (f)* Jew

## L

**lancer** *v* to throw
**langage** *nm* language
**langue** *nf* language; tongue
**large** *adj* wide
**lecteur** *nm* reader
**légende** *nf* caption, key (to map, etc)
**léguer** *v* to bequeath
**lendemain** *nm* the next day
**lent** *adj* slow
**lèpre** *nf* leprosy
**lever** *v* to lift, raise
**liberté** *nf* freedom
**licenciement** *nm* redundancy
**licite** *adj* lawful
**lien** *nm* link
**lier** *v* to link
**lieu** *nm* place
**littoral** *nm* coastline
**location** *nf* hire
**logement** *nm* housing
**loi** *nf* law
**lointain** *adj* distant, far-off
**longer** *v* to border
**lors** *adv* at the time of
**lorsque** when
**louer** *v* to hire
**lourd** *adj* heavy
**ludique** *adj* recreational
**lutter** *v* to fight, struggle

## M

**magasiner** *v* to go shopping
**maghrébin** *adj* North African
**maigre** *adj* thin
**majeur** *adj* of age
**mal** *adv* badly
**maladie** *nf* illness
**malgré** *prep* in spite of
**maltraiter** *v* to ill treat, abuse
**manche** *nf* sleeve
**manière** *nf* way (of doing something)
**manifestation** *nf* demonstration
**manifestement** *adv* obviously
**mannequin** *nm* model
**manquer** *v* to miss
**marchand** *nm* shopkeeper
**marée** *nf* tide
**marin** *nm* sailor
**marque** *nf* brand, trademark
**maternelle** *nf* nursery school
**mazout** *nm* oil
**mélange** *nm* mix, mixture
**menacer** *v* to threaten
**ménage** *nm* household
**mener** *v* to lead
**mensuel** *adj* monthly
**mériter** *v* to deserve
**merveille** *nf* wonder, marvel
**messe** *nf* mass
**mesure** *nf* measurement, measure
**meurtre** *nm* murder
**milieu** *nm* middle; setting/environment
**mille** *nm* one thousand
**millénaire** *nm* millennium
**milliard** *nm* billion
**millier** *nm* (about a) thousand
**mineur** *nm* minor
**ministère** *nm* ministry
**ministre** *nm* minister
**Minitel** *nm* Minitel – telephone information system
**mixité** *nf* mixing of the sexes, co-education
**modalité** *nf* method
**mondial** *adj* global
**monnaie** *nf* change; currency
**monolingue** *adj* monolingual
**monoparentale** *adj* single-parent
**morceau** *nm* piece
**mort** *adj* dead
**mort** *nf* death
**moulin** *nm* mill
**moyen** *nm* means; way
**muet** *adj* dumb
**municipalité** *nf* town, town council
**mûr** *adj* ripe
**musulman** *adj* Muslim
**mystère** *nm* mystery

## N

**naître** *v* to be born
**nappe** *nf* tablecloth, layer
**nappe phréatique** *nf* ground water
**natif** *adj* native
**naufrage** *nm* shipwreck
**néanmoins** *adv* nevertheless
**néfaste** *adj* harmful, ill-fated
**net** *adj* clear
**nettoyer** *v* to clean
**niveau** *nm* level
**nocif** *adj* noxious, poisonous
**nom** *nm* name
**nourrice** *nf* nanny, childminder
**nourriture** *nf* food
**nuisible** *adj* harmful
**nul** *adj* no; none; useless

## O

**obéir** *v* to obey
**obtenir** *v* to obtain
**occidental** *adj* western
**odeur** *nf* smell
**œuvre** *nf* work (of art)
**ombre** *nf* shadow
**onde** *nf* wave
**or** now, then, on that day
**ordures** *npl* rubbish
**orientation** *nf* careers advice, option
**orphelin** *adj* orphaned
**orthographe** *nf* spelling
**oser** *v* to dare
**outre** *prep* as well as, besides
**ouvrier** *nm* worker

## P

**paix** *nf* peace
**paperasserie** *nf* paperwork
**parcourir** *v* to cover a distance, travel
**parcours** *nm* journey; distance
**pareil** *adj* the same, similar
**paresseux** *adj* lazy
**parfait** *adj* perfect
**parfois** *adv* sometimes
**parmi** among
**parole** *nf* spoken word
**parrain** *nm* godfather; sponsor
**partager** *v* to share
**particulier** *adj* specific
**partout** *adv* everywhere
**patrie** *nf* homeland
**patrimoine** *nm* heritage
**patron** *nm* boss
**pauvreté** *nf* poverty
**pavé** *nm* cobblestone
**pays** *nm* country
**paysage** *nm* landscape, scenery
**paysan** *nm* peasant
**peindre** *v* to paint

**peine** *nf* sorrow, trouble
**peintre** *nm* painter
**peinture** *nf* painting, paintwork
**pelle** *nf* spade
**pelouse** *nf* lawn
**pénible** *adj* painful, hard
**péninsule** *nf* peninsula
**perdre** *v* to lose
**périphérique** *nm* ring-road
**permettre** *v* to permit, allow
**permis** *nm* licence, permit
**personnage** *nm* character
**perte** *nf* loss
**perturbé** *adj* disrupted, disturbed
**peser** *v* to weigh
**pétrole** *nm* oil
**pétrolier** *nm* oil tanker
**peu** little
**peuple** *nm* people, nation
**peur** *nf* fear
**pie** *nf* magpie
**pièce** *nf* room; coin; (theatrical) play
**pile** *nf* battery
**piquer** *v* to sting
**plaindre** *v* to pity
**plainte** *nf* complaint
**planifier** *v* to plan
**plat** *nm* dish, course
**plat** *adj* flat
**plein** *adj* full
**pleurer** *v* to cry **pleurer quelqu'un** *v* to mourn someone
**plupart** *nf* majority
**plutôt** *adv* rather
**pointe** *nf* point, tip
**polluer** *v* to pollute
**pont** *nm* bridge
**portée** *nf* range, reach
**posséder** *v* to possess
**potable** *adj* fit for drinking
**poubelle** *nf* dustbin
**pouce** *nm* thumb
**poursuivre** *v* to pursue
**prestation** *nf* benefit, allowance
**preuve** *nf* proof
**privation** *nf* deprivation
**priver** *v* to deprive
**prochain** *adj* next, neighbouring
**profiter** *v* to take advantage
**profond** *adj* deep
**propre** *adj* clean
**propriétaire** *nm/f* owner
**protéger** *v* to protect
**proviseur** *nm* headmaster (of a lycée)
**provisoire** *adj* provisional, temporary
**provoquer** *v* to cause
**publicité (pub)** *nf* advert, advertising

**puce** *nf* flea
**puisque** since, as
**puissance** *nf* power
**punir** *v* to punish
**putrescible** *adj* perishable

### Q
**quant à** as for
**quartier** *nm* district; neighbourhood
**quasiment** *adv* almost
**quoique** although
**quotidien** *adj* daily

### R
**raconter** *v* to tell, recount
**raffiné(e)** *adj* subtle; delicate; refined
**ramasser** *v* to gather; to collect
**randonnée** *nf* hike
**rang** *nm* row; rank
**rappel** *nm* recall; reminder
**raté(e)** *adj* missed; failed
**rayon** *nm* ray
**rayure** *nf* stripe
**raz de marée** *nm* tidal wave
**récemment** *adv* recently; lately
**récupérable** *adj* recoverable
**rédacteur** *nm* editor
**réduire** *v* to reduce
**réglementation** *nf* regulation
**règne** *nm* reign
**rejet** *nm* material thrown out; rejection
**remplacer** *v* to replace
**remplir** *v* to fill up
**renommée** *nf* fame; reputation
**renouvelable** *adj* renewable
**renseigner** *v* to inform
**repeupler** *v* to repopulate (country); to replant (forest)
**réplique** *nf* retort; answer
**réseau** *nm* network
**résoudre** *v* to solve
**retard** *nm* delay
**retraite** *nf* retirement; pension
**revanche** *nf* revenge
**revues** *nfpl* magazines; journals
**rive** *nf* bank (of river)
**roi** *nm* king
**ruisseau** *nm* small stream

### S
**sabot** *nm* clog; hoof
**sacre** *nm* anointing; consecration
**sain** *adj* healthy
**sang** *nm* blood
**sauf** except
**sauvage** *adj* wild
**sauveteur** *nm* rescuer
**savoir** *v* to know
**seau** *nm* bucket

**secoué(e)** *adj* shaken
**secours** *nm* help; relief; aid
**sein** *nm* breast **au sein de** at the heart of
**selon** according to
**sembler** *v* to appear; to seem
**sensibiliser** *v* to make (s.o.) aware of (sth)
**sentir** *v* to smell; to feel
**séropositif** *adj* HIV positive
**serre** *nf* greenhouse
**seuil** *nm* threshold; doorstep
**sida** *nm* aids
**sidérurgie** *nf* metallurgy
**siècle** *nm* century
**siège** *nm* seat; siege
**sieste** *nf* nap
**sinon** otherwise; if not
**SMIC** *nm* minimum wage
**soigner** *v* to nurse
**soldé** *adj* on sale **être soldé(e)(s) par** to result in
**sombre** *adj* dark
**somme** *nf* sum; total; amount
**sommeil** *nm* sleep
**somnifère** *nm* sleeping tablet
**souche** *nf* stock **être Français de souche** to be French born and bred
**souci** *nm* worry
**souffler** *v* to blow
**souiller** *v* to soil; to dirty
**soulèvement** *nm* uprising
**soumis** *adj* submissive; subject (to)
**souple** *adj* flexible
**soutenir** *v* to support
**souvent** *adv* often
**souveraineté** *nf* sovereignty
**spectacle** *nm* show
**subit** *adj* sudden; unexpected; endured
**succomber** *v* to succumb
**superficie** *nf* surface
**sur** on; upon
**sûr** *adj* sure
**surgelé** *adj* deep-frozen
**surnommé** *adj* nicknamed
**surprenant** *adj* surprising; astonishing
**surveiller** *v* to supervise; to watch over
**survoler** *v* to skim; to get a general view
**syndicat** *nm* trade union

### T
**tabagisme** *nm* smoking (as an issue)
**tableau** *nm* board; painting
**tâche** *nf* task
**taille** *nf* height; dimension; size
**tandis que** whereas; while

**tant** *adv* so much
**tas** *nm* heap; pile
**taureau** *nm* bull
**taux** *nm* rate
**télécommande** *nf* remote control
**téléspectateur** *nm* TV viewer
**télétravail** *nm* working from home
**tellement** *adv* so; in such way
**témoignage** *nm* testimony
**tendre** *v* to stretch
**tenir** *v* to hold
**tenté** *adj* tempted; attempted
**terrain** *nm* ground; plot of land
**têtu** *adj* stubborn
**tiers** *nm* third **tiers monde** *nm* third world
**tiré** *adj* pulled out; extracted
**toile** *nf* linen; cloth
**tombe** *nf* grave
**tort** *nm* wrong; error; fault
**tôt** *adv* soon; early
**tournoi** *nm* tournament
**toutefois** *adv* however; nevertheless
**toxicomane** *nm/f* drug addict
**tract** *nm* leaflet
**trahison** *nf* betrayal
**trait** *nm* line; stroke
**traverser** *v* to cross
**tromper** *v* to deceive
**tronc** *nm* trunk (tree)
**trou** *nm* hole
**truc** *nm* thing
**tuer** *v* to kill

### U
**urgence** *nf* emergency
**usine** *nf* factory
**utile** *adj* useful

### V
**valeur** *nf* value; worth
**vanter** *v* to praise
**vedette** *nf* celebrity
**vénérer** *v* to worship
**véritable** *adj* true; genuine
**vérité** *nf* truth
**verser** *v* to pour
**vide** *adj* empty
**vignoble** *nm* vineyard
**viser** *v* to aim
**vitesse** *nf* speed
**vitrine** *nf* shop window
**voire** *adv* indeed; or even
**voisin** *nm* neighbour
**volant** *nm* steering wheel
**volonté** *nf* will
**vraiment** *adv* really; in truth

# OXFORD
## UNIVERSITY PRESS

Great Clarendon Street, Oxford OX2 6DP

Oxford University Press is a department of the University of Oxford.
It furthers the University's objective of excellence in research, scholarship,
and education by publishing worldwide in

Oxford   New York

Auckland   Cape Town   Dar es Salaam   Hong Kong   Karachi
Kuala Lumpur   Madrid   Melbourne   Mexico City   Nairobi
New Delhi   Shanghai   Taipei   Toronto

With offices in

Argentina   Austria   Brazil   Chile   Czech Republic   France   Greece
Guatemala   Hungary   Italy   Japan   Poland   Portugal   Singapore
South Korea   Switzerland   Thailand   Turkey   Ukraine   Vietnam

Oxford is a registered trade mark of Oxford University Press
in the UK and in certain other countries

© Danièle Bourdais, Marian Jones, Gill Maynard, Caroline Terrée 2001

British Library Cataloguing in Publication Data

Data available

ISBN-13: 978-0-19-912290-5
ISBN-10: 0-19-912290-3

9  10  8

Printed in Italy by Rotolito Lombarda

## ACKNOWLEDGEMENTS

*The publishers would like to thank the following for permission to reproduce photographs:*

Action Rivière Nature (Dominique Barret) p.98 (all); Danièle Bourdais p.77, p.109; Center Parcs p.43; Corbis p.4 (middle left, middle centre), p.6 (top right, bottom right), p.8, p.10 a-e, p.11 a,b,c,e,f, p.12 (top left, top right, bottom left), p.20, p.25 (left), p.47 (top left, top right), p.54, p.112 (centre), p.116 (left); Corel p.4 (top centre, top right, bottom right), p.42, p.112 (all except centre), p.118, p.120, p.121, p.126 (all), p.135 (left), p.139 (both); Laurence Delderfield p.30, p.50, p.69 (top left, centre), p.109 (top right, bottom right), p.115; Richard Garrett p.59 (bottom left); David Martyn Hughes p.4 (bottom centre), p.6 (top left), p.14 (all), p.47 (bottom left, bottom right), p.95 (bottom left, centre right); Robert Harding Picture Library p.59 (bottom right), p.64; Image Source p.41, p.114 (top); Katz Pictures p.46, p.66, p.68, p.69 (bottom right); Opale (John Foley) p.116 (right); OUP p.32 (top left, bottom left, bottom right), p.48 (centre top, centre bottom, bottom), p.61, p.75, p.80, p.84, p.95 (top); Photodisc p.49; Ray Roberts p.4 (bottom left), p.7 (top left, bottom left), p.21 (bottom), p.50, p.73; Phillip Sauvain p.10 f, p.12 (top centre, middle left, bottom centre left), p.44; David Simson p.4 (top left, middle right), p.6 (bottom left), p.7 (top right, bottom right), p.15, p.16 (both), p.26, p.28, p.31, p.32, p.34, p.47 (top centre, bottom centre), p.48 (top), p.55, p.62 (both), p.69 (top right, bottom left), p.71, p.72, p.90, p.107, p.110, p.129, p.132, p.136 (all), p.141, p.142 (both); Frank Spooner p.11d, p.12 (middle centre, middle right, bottom centre right and right), p.21 (top), p.33, p.86, p.108, p.114 (bottom); Still Pictures p.25 (right); Tony Stone title page, p.18; Telegraph Picture Library p.9; Jeffrey Tabberner p.140.

Illustrations by: Tim Kahane, Richard Morris and Philippe Tastet.

Cover image by Tony Stone.

*The authors and publishers would like to thank the following for their help and advice:*

Danièle Bourdais and Tony Lonsdale (course consultants); Jenny Gwynne and Sarah Provan (editors of the *Élan Students' Book*); Dr Jocelyne Cox (language consultant); Claudie Planche; also to Jane Wheeler, Dr Toni Markus and their students for their feedback on sample materials.

*The authors and publishers would also like to thanks everyone involved in the recordings for the Élan 1 recordings:*

Marie-Thérèse Bougard and Simon Humphries for sound production; Laurent Dury for music composition; speaking voices: Sonia Anoune, Yves Aubert, Jean-Pierre Blanchard, Adrien Carré, Juliet Dante, Marie Désy-Field, Sylvain Dumas, Eugénie Francœur, Samuel Freeman, Alexandra Goddard, Catherine Graham, Stéphane Lander, Laura Lecocq, Daniel Pageon, Sophie Pageon, Carolle Rousseau, Alexandre Thum.

*The publishers would like to thank the following for permission to reproduce copyright material in this book:*

Netscape Communicator browser Window © 1999 Netscape Communications Corporation. Used with permission. Netscape Communications has not authorized, sponsored, endorsed, or approved this publication and is not responsible for its content.

Every effort has been made to contact copyright holders of material reproduced in this book. If notified, the publishers will be pleased to rectify any errors or omissions at the earliest opportunity.